Harvard Business School Press

The War for Talent

Ed Michaels, Helen Handfield-Jones, Beth Axelrod

ウォー・フォー・タレント

"マッキンゼー式"人材獲得・育成競争

エド・マイケルズ、ヘレン・ハンドフィールド=ジョーンズ、
ベス・アクセルロッド
マッキンゼー・アンド・カンパニー 監訳／渡会圭子 訳

SE
SHOEISHA

ウォー・フォー・タレント

装幀 戸田ツトム＋田中実

The War for Talent
by Ed Michaels, Helen Handfield-Jones, Beth Axelrod

Published by arrangement with Harvard Business Review Press, Watertown,
Massachusetts through Tuttle-Mori Agency, Inc., Tokyo.

本書を推薦する言葉

GEでは、一流の人材を重要な地位につけることが、
ビジネス上の成功の基本であるという信念を貫いてきた。
説得力に満ちたデータと、
興味をそそる逸話が絶妙にミックスされ、
シンプルな理論に、
組織の人材を引きつけ、
能力をさらに高めるための
実際的な経営戦略で肉付けしている。
面白いばかりではなく、非常に役立つ本である。

ゼネラル・エレクトリック人事部門上級副社長　ウィリアム・J・コナティ

人材意識の重要性を訴えた本が、
ここにとうとう出版された。
リーダーはウォー・フォー・タレントを勝ち抜くために、
意識と行動を変えなければならない。
勝利をおさめたいという人は、必読である。

アメリカン・エキスプレス人材および品質部門上級副社長　ウルスラ・フェアベアン

マッキンゼー・アンド・カンパニーが
『ウォー・フォー・タレント』の研究を発表した時から、
この言葉はよく使われるビジネス用語となった。
常に時代の先をゆく継続的な研究により、
なぜ一流の人材育成を
企業戦略の中心としなければならないのか、
その理由を明らかにしている。
ペンシルヴェニア大学ウォートン・スクール人材センター所長・経営学教授　ピーター・カペリ

本書は人材管理戦略マニュアルの決定版だ。
独創的な見解と、
これまでの発想を転換するアイデアが詰め込まれ、
すべてのマネジャーが
熟考するべき行動プランを
要領よくまとめている。
組織の人材を構築する原理と技術を
どのように利用するかを学ぶために
不可欠なガイドブックである。
AOLタイムワーナー、リーダーシップおよび組織開発部門副社長　ジュリアン・カウフマン

この本に書かれているアドバイスを
コンサルタントから受けたとしたら、
非常に高い料金を払わなければならないだろう。
ここには、十年後でも通用する重要な戦略のエッセンスが、
明確に具体的な形で書かれている。
エゴンゼンダー・インターナショナルCEO　A・ダニエル・メイランド

マッキンゼーの『ウォー・フォー・タレント』は、
今日の社員が会社に何を望んでいるのかについて、深く洞察している。
会社の業績を大幅に向上させるため、
いかに人材という資本を強化するか示すものだ。
J・P・モルガン・チェース会長　ダグラス・A・ワーナーⅢ

すばらしい戦略計画だ。
経営に関わる人が本書を読めば、
目からうろこが落ちるはずだ。
小さな企業であれ、大きな企業であれ、
今後ますます、成功するかどうかは、
優秀な社員を集められるかどうかにかかってくる。
ヤング・プレジデント・オーガニゼーション・ワールドワイド前会長　ジョン・ダーデン

ウォー・フォー・タレント　目次

日本版ウォー・フォー・タレント——序文に代えて

マッキンゼー・アンド・カンパニー・インク ジャパン

本書『ウォー・フォー・タレント』は、一九九七年から二〇〇〇年にかけて主に米国で実施したマネジメント人材の獲得・育成に関する調査・研究の成果をまとめたものである。マネジメント人材の獲得・育成・確保は、すべての組織、あらゆるレベルのリーダーの責務であるが、以下の論点を押さえながら読み進めていただくことが、日本の読者各位にとって本書の実りを大きくするものと思われる。

□企業の業績向上には、その企業にとって戦略的に重要な事業を特定し、それを構築・運営することが不可欠である。この構築・運営を実質的にリードする有能なマネジメント人材をどれだけ自社内に抱えているかが、企業の競争力の根源といえる。

□したがって、優れたマネジメント人材の発掘・育成は、トップマネジメント以下、企業全体にとっての最優先課題である。このため、日々の事業運営にあたる際にも、ポテンシャルのある人材の発掘・育成を常に意識すべきである。

□マネジメント人材は今後の企業社会においても希少資源であり、その確保・育成競争は熾烈を極める。各企業は求めるマネジメント人材に対し、他社ではなく、自社の組織で働くことによってしか得られない独自の価値を提示できるかが勝負となる。

□有能な人材に報いる最良の方法は、その成長速度を超える速さでより高い目標と機会を惜しみなく与え続け、潜在能力を休みなく最大限発揮させる機会を徹底して提供することである。

ここで展開される人材論は、米国という、堅調な経済成長を背景に経営者の流動性の高い市場において、いかに優秀な人材を獲得するかという特殊な環境に限定された話ではない。また、リクルーティングの手法論でも、労使関係や人事諸制度の設計の手引書でもない。本書は一貫して、グローバルな高業績企業のリーダーたちはいずれも、マネジメント人材というテーマにフォーカスし、その強化と育成を自らの使命として取り組んでいること、そして、その取り組みの差異が、次代の企業の成長を決していることを繰り返し説いている。そして、まさに同様のことが、日本の企業社会にも適用されつつあるのではなかろうか。

ここで、本書を読み進める上での参考として、日本における「人材育成競争《ウォー・フォー・タレント》」の現状と課題を俯瞰してみたい。

■日本におけるマネジメント人材への意識の高まり

規制緩和やグローバリゼーションに代表されるマクロ経済環境が変化する中で、企業の舵取りを担う人材に求められる資質が本質的に変化している。今、注目すべきは、できあがった仕組みを効率よく間違いなくまわしていける人材ではなく、収益を生み出すメカニズムの設計をしたり、新たな市場や需要を喚起したり、何かを仕掛けて作り出していけるタイプの人材である。変化やチャレンジを恐れない姿勢が求められるのはもちろんだが、同時に、卓越したリスク・マネジメント能力も求められる。事業環境の変化のスピードと複雑さに耐え得る強靭さと、柔軟性が求められているとも言えるだろう。

また、マネジメント人材に強力なリーダーシップが求められるのは常であるが、企業に属する社員の意識にも変化が生じている。若年層を中心に自己実現や成長を求める傾向が高まり、会社や上司への忠誠心は色あせつつある。このような人材は権威や権限では動かない。彼らが求めるのは、引きつけられ、目標とでき、エネルギーを与えてくれるような人物である。同じことが企業経営者の口からも語られている。従順な社員より、何かに突出した強みを持つ人材を求めるトップは多い。日本においても、異質な人材から自分とは異なる意見を引き出し、ぶつかり合いながら物事を進めていくことが、同種の人材の中で議論するよりも尊重されるようになりつつある。これは大きな変化と言えるだろう。

■日本企業に求められるマネジメント人材とは

それでは今日、日本企業で求められているマネジメント人材とはどのようなものなのだろうか。当然ながらマネジメント人材は、各企業、ひいては事業ごとに異なり、しかも時代とともに変化するものであるため、一般化して定義することは困難ではある。ここでは敢えて、構造変化に直面した日本企業に求められるマネジメント人材という側面にフォーカスし、三つのポイントを上げてみたい。

□既成概念に縛られず、リスクとリターンを独自に定量・定性の両面で把握でき、さらに戦略的思考に基づいて事業の設計や運営ができる。

□日本のみならずグローバルに通用する経営手法を理解し、同時に異なる文化的・社会的背景に基づく考えにも耳を傾けるキャパシティと、自分の意見を明確に伝達できるコミュニケーション能力を持つ。

□有能な人材を引きつけ、持てる能力を最大限発揮させられるような指導力・人格を持つ。

一人の人物がこれらのすべての面で秀でることは実際には難しいだろうし、一人のリーダーがすべての要件を満たす必要はない。マネジメント・チームとして全要件を充足し、事業運営にあたればいいわけだ。多くの要素において幅広く合格点という人材よりも、マネジメント人材として致命的といえるほど極端に弱いところがない限りは、三点のいずれかに圧倒的な強みを持つ人材が求められる訳はここにある。

■従来型人事システムの限界

多くの日本企業では伝統的に、人材に関するシステムは、新入社員から経営人材に至るまで、「人事部」あるいはこれに類する部門が設計・管理してきた。そこにおける基本思想は、「公平」であり「秩序」である。人事評価の基準やプロセス、定期人事異動、および集合研修プログラムの策定と運営といった事柄のすべてが、全社員に対して公平で秩序だったものとして組み立てられていた、といっても過言ではあるまい。またこの仕組みは、一律昇格を原則とし、三〇代後半くらいで課長、四〇代半ばで部長という時間軸が大前提となっていた。

これに対して、マネジメント人材育成のために求められるシステムは、限られた次代の事業運営の担い手に向けたものであり、その対象は、現在そのポジションについている者に次世代の候補者を加えた程度の、ごく限られた人数の人材に限定される。これらの人材のパフォーマンスは企業の将来のパフォーマンス向上に直接影響を及ぼすものであり、より事業のニーズに直結した配置、育成、評価、報酬が求められ、育成に関する時間軸もより短期的かつ明確なものとなる。このようなマネジメント人材向けシステムを伝統的な人事システムの延長線上に作ることには無理があり、まったく別のシステムとして設計・運営することを余儀なくされる。

また、マネジメント人材は企業の業績向上へ大きな影響を持つ人材である以上、当然トップマネジメントは相当意識的にこれらの人材の業績や動向を注視しているはずである。現在でも、部長以上の人事考課と配置をトップマネジメントが担っている企業は少なくない。しかしながら「育成」には受動的で、自然発生的に人材が育つのを待っている、という感は否めない。必要なタイミングで必要な人材を輩出するためには、トップマネジメントがマネジメント人材向けシステムの構築と運営に直接深く関与することが求められる。

■日本企業に見られる新たな萌芽

しかし、長年、年功制と終身雇用という仕組みの中で発展してきた日本企業の土壌に、マネジメント人材にフォーカスした選別的な仕組みを作り上げることが可能なのか、果たしてそれがうまくいくのか、という疑問を持つ読者もいるであろう。

マッキンゼー東京支社が最近約二年間にわたって手がけた人材マネジメント関連のプロジェクトの結果、日本企業の従業員が自分の会社や担当する仕事に求めるものは、米国での調査結果と比べて意外にも違いは少ない。いずれも、企業に対しては、価値観や企業文化の合致、卓越した経営を望み、仕事に対しては自由と自主性、およびやりがいを求めている。福利厚生、雇用の安定、年功制といった事柄を必ずしも現在の日本のビジネスマン達は重要視していないという傾向が明らかになっている。むしろ、年功による昇進、機会均等を原則とするローテーション・システムへの重要性の認識は極めて低く、能力と個性に応じた業務と処遇に対するニーズが顕著となっている。

さらに近年になって、高業績企業の中に、マネジメント人材の選抜・育成を認識し、具体的なアクションにつなげている企業も出始めている。その代表例の一つが旭硝子（株）だ。一九九九年三月、同社は旭硝子経営カレッジを設立し、主に課長クラスを対象に経営幹部候補生を年間二十四名選抜して、約一年間の教育プログラムを提供している。受講者は、各事業本部長の推薦により選ばれた約百五十人の候補者の中から、社長も関与して厳正に選出される。受講後二年以内に、実際に関連会社の取締役や海外事業運営、事業戦略立案などのマネジメント・ポストについて、研修の成果を実践で試しつつ、更なる経営マインドの向上、実務経験蓄積の機会が与えられる。トップマネジメントが直接このプログラムの運営に関与し、マネジメント人材を選出、教育し、その後も実際の業務を通じて更なる育成を図るという先進的な取組みと考えられる。

またソニーでも、二〇〇〇年十一月に「ソニーユニバーシティー」を設立した。十八万人の社員の中から約二百人が選出される。この人選は、会長・社長を含む人材委員会によってなされ、研修中にもトップマネジメントとのディスカッションの場が十分に設けられている。また研修の成果として新規事業を提案し、これが経営陣に認められると、自らこの事業をリード・マネージするポジションにつくといったことも行われている。さらに、全世界で重要と思われる百のポジションを定め、その配属に関しては、数名の候補者のプロファイルを精査し、会長、社長を含む経営トップが決定する仕組みを取り入れるなど、マネジメント人材育成へのトップのコミットメントは際立っている。

一九九四年からマネジメント人材の早期選抜・育成プログラムを取り入れたユニ・チャームでは、同プログラムの受講者が、現在の取締役、執行役員、監査役の大半を占めているという。同社は九〇年代、アジア市場への進出という経営戦略を実行するにあたり、これを担うマネジメント人材の早期育成のため、極めて実践的なリーダー育成プログラムを導入した、という経緯がある。ユニ・チャームが堅調に業績を伸ばしていることは、その成長の原動力となる事業をリードするマネジメント人材の育成が、企業の業績に大きく影響することの証左と言えるのではあるまいか。

この他にもアサヒビール、松下電器、シャープなど、好業績企業を中心に、一九九八年以降、マネジメント人材の早期選抜と戦略的配置を含めた人材育成のための大掛かりな仕組みを整える企業が出始めている。しかしながら、多くの日本企業の「選抜・育成制度」の取り組みは未だに試行段階の域を出ておらず、特にポテンシャル人材の発掘、事業戦略に沿ったマネジメント人材像の抽出、および研修後の実務における真のマネジメント環境の創出といった点で課題が多い。また、最近始めたものが多いため、実際にこの制度の創設がマネジメント人材の発掘・育成にどれだけの成果をあげるのか、また、必要な要件を満たす人材を必要な速度で輩出できているのかは、さらなる調査が必要だろう。

■今、日本企業は何をすべきか

多くの日本の経営者や人事関連部門の役員クラスの人々は一様に、自分は人材マネジメントに十分な時間と労力を費やしている、と思っている。しかしながら、本書の事例に出てくるGEやペプシコのように、社内のトップ百人から二百人の詳細な評価とその育成プランの作成に、実質的にかかわっているトップ・マネジメントが日本企業にどれくらいいるのだろうか。企業が求人数を絞っている昨今でも、有名大学の新卒採用には各社とも業界を超えて激しい競争を展開しているが、いったん採用した後は、獲得した人材をいかに早く、いかに有能なマネジメント人材に育成するか、という点において、他社と競争しているという意識を持って取り組んでいる企業がどれだけあるのだろうか。事業計画の立案や予算の策定と同様に、人材計画についても全社を巻き込んで進めている企業の例を耳にしたことはほとんどない。

日本企業がまずすべきこと。それは、自社の戦略・事業計画の実施のために今後どのタイミングで、どのようなタイプのマネジメント人材が必要になるか、その人材の要件と数を明確にし、自社のマネジメント人材の需要サイドをしっかりと把握することである。次にその需要を満たすために必要な、マネジメント人材育成のアクション・プランを策定することだ。

そのためには、現在のマネジメント人材およびその予備軍である候補者一人一人の育成プランを作成し、供給側を把握しなければならない。もちろん戦略や事業計画は一定期間ごとに見直しが必要であり、人材育成プランも変更を前提とするものである。しかしながら、マネジメント人材の需給ギャップが明らかに存在する場合には、その時点で事業戦略を大幅に見直し、場合によっては事業の縮小や延期に踏み切る必要がある。また、人材育成プランの時間軸も、事業計画の内容いかんによっては大幅に短縮しなければならないことも生じてこよう。

加えて、多くの日本企業に欠けていると思われることとして、マネジメント人材の育成に対するコミットメントがあげられる。大多数の日本の大企業においてマネジメント・ポジションにつくのは、早くても三〇代後半、通常は四〇代の後半という状況にあり、それ以降の成長は自己責任と考える節がある。したがって、育成というより、評価、スクリーニングの発想が強い。

しかしながら、トップマネジメントとして将来の企業経営を担う人材に成長する機会は、まさにマネジメント・ポジションでの実務経験の中にこそある。また、次世代の事業運営を担う人材を育成するには、トップマネジメント自身が、今の時代に求められるマネジメント人材のモデルとして、その手本を示さなければならない。次世代のリーダーの育成は、今の経営陣の強化・育成にも直結するものであり、また、これを受け入れられない経営陣は、人材育成競争に勝ち残ることはできず、淘汰されるのを待つばかりである。次世代リーダーの育成と現経営陣の強化・変革は、どちらかを先に行うというものではなく、両方が同時に進行し、相乗効果を高めることが望ましい。

今後も日本企業を取り巻く環境は一層激しく変化することが予想される。次の時代の経営を担う人材像の模索と、これに合致した人材の獲得・育成が最大の経営課題であることに、疑問の余地はないだろう。すでに「成果主義・能力主義賃金」など、何らかの形でマネジメント人材の育成のために手を打っている企業も多いことと思う。しかし、「その成果が十分に出ている」とか、「今のままでいい」と感じている経営者は決して多くはないだろう。本書を読んで、マネジメント人材強化の課題として少しでも思い当たる節があれば、更なる取組みが必要だと改めて認識していただきたい。

本書が取り上げている人材育成競争は、海の向こうの話ではない。日本企業の経営トップがすぐにでもアクションに移すことを検討していただくべき課題である。本書がそのための一助となることを願ってやまない。

はじめに

一九九七年十一月の最終週、私たちはニューヨーク・マッキンゼーの会議室に集まって、データの山を前にあれこれと考えていた。以前、大手企業七十二社の上級マネジャーへ送付したアンケートには、六千枚もの回答が返送されていた。さらに私たちは有名企業十八社について、詳細なケーススタディを実施していた。その目的は、トップ企業がいかに優秀なマネジメント人材層を構築しているか、そして優秀な人材が、いかに企業の業績向上に貢献しているかを調べることだった。そしていまや集まったデータをどう解釈するべきかで、頭を悩ませていた。高い業績を誇る企業は、他社より優れた人事プロセスを備えているだろうと予測していたのだが、そうではなかったのだ。正式な人事プロセスについては、高い業績を誇る企業と平均的な業績の企業の間に、大きな違いはなかった。

大量のデータを細かく調べていくうちに、当時アムジェンのCOO（最高執行責任者）だった（現在はC

EO＝最高経営責任者）ケヴィン・シェアラへのインタビューが話題にのぼった。彼は自社のマネジャーたちに、自分の人材マネジメントの考え方を納得させるのに四苦八苦しており、「管理職についている社員に言い渡したよ。人材に関することは人事部の仕事だと思っているなら、それはとんでもない間違いだ、とね」と言っていた。

その言葉を頭にとどめて、エンロン、インテル、ジョンソン・エンド・ジョンソン、ホーム・デポ、ゼネラル・エレクトリックと戦わせた同様の議論について、もう一度よく考えてみた。どのケースでも、企業のトップは、後継者決定プロセス、評価プロセス、採用プロセス、報奨プロセスなど、人事にかかわるプロセスについて、ついぞ口にすることはなかった。

彼らが熱弁をふるったのは、有能な人材こそ、自社の業績向上と成功にとって重要な要素である、ということだった。さらに、会社のマネジメント人材層を充実させるための、思い切った対策についても解説してくれた。

顔をつき合わせてそのようなことを話すうち、突然ある考えがひらめいた。会社に差をつけるのは人事のプロセスではない。その会社のリーダーたちの意識なのだ、と。

そのことに思い至ってから、集まったデータの意味が分かるようになった。高い業績を上げている企業と、平均的な業績の企業との違いは、人事プロセスではない。人材が重要であるという基本的な認識と、その会社が採用しているマネジメント人材層を強化するための策なのである。

それが分かってから、私たちは何度も何度も、人材意識の重要性を痛感するようになった。この考え方がなければ、求人活動はただ人を集めるだけの活動になり、企業としての成長は、偶然に左右されるものになってしまう。平凡な能力しかないマネジャーが重要な地位につき、労働生産性は低下する。業績は伸び悩む。

このプロジェクトが始まって間もなく、同僚のスティーヴン・ハンキンが勢い込んで、執筆中の最終報告書のタイトルを『人材育成競争《ウォー・フォー・タレント》』にしようと言ってきた。それはいいタイトルだとだれもが思ったが、軍隊色が濃いのではないか、という心配もあった。しかしそれについて議論を深める前に、『ウォー・フォー・タレント』とタイトルに掲げたアンケートを二万部も刷り、ビジネス社会に生きる上級マネジャーたちに送付してしまっていた。いま思えば、それがよい結果を生んだ。このタイトルは人材市場の新しい現実を鮮明に映し出したのである。

二〇〇〇年に、私たちは第二回目の調査に着手した。今回は大企業三十五社、中企業十九社を対象にした。また前回のケーススタディで取り上げた十八社のうち五社を再び訪れ、新たに九社を付け加えた。詳細に調査した二十七社については、後ほど「ウォー・フォー・タレント調査について」で解説する。

二回目の調査で判明したことの中で特に驚いたのは、人材の重要性に対する企業の認識の低さだった。人材育成競争に関する記事が掲載され、マネジメント論が華々しく取り上げられているにもかかわらず、マネジメント人材層の充実を社の最優先事項にしている企業は、四社に一社だった。有能な人材を集めるほど業績が向上することは、分析によって証明されていたが、多くの企業はそれを実践するチャンスを逃していた。

私たちは調査とケーススタディから、優れた人材の管理がいかに重要か、十分に理解することができた。また、コンサルタントとしてクライアントを支援してきた経験を通じて、人材マネジメントの面で他社に先んずることが、企業にとってどれほど難しいかも実感した。私たちが見たところ、数多くのCEOは、リーダーの能力差が業績向上の足かせとなっていることに頭を悩ませていた。また社員のレベルを上げたいと願う、現場の責任者たちの相談にも乗ってきた。しかし一方で、このチャンスを見逃している人々も多く見ている。人事部を、現場の責任者が戦略的な思考を行う上でのパートナーとして位置づけようとしている人事担当役員と話し合ったこともある。私たちが話し合ったマネジャーは例外なく、マネジメント人材層の強化が組織に利益をもたらすことは認めていた。しかし、実行の方法が分からないと言う。自分たちの組織に、どうすれば勢いをつけられるのかが分からないのだ。

本書の目的は、そうしたニーズに応えることである。企業のリーダーたちに、優れた人材マネジメントとは、型にはまった人事プロセスではなく、リーダーたちの信念、確信、行動なのだということを示したい。有能な人材をめぐる争いは、いつも起きている。過去の人材マネジメント法は、今後は通用しなくなってくること、勇気と確信をもって取り組めば、マネジメント人材層の強化は可能であり、その結果として業績も上がるということを示したい。

私たちには、どうすればよいか分かっている。この三年間、世界中の百以上の企業で、人材マネジメントを改善する手助けをしてきた。そしてその結果、業績も上がることを、直接、目にしてきたからだ。

■本書はだれのための本か

本書の目的は、優秀なマネジャーを引きつけ、育て、意欲を引き出し、維持することである。組織におけるあらゆるレベルのリーダー――CEOから事業本部長、部長、プロジェクトチームのリーダーから店長まで、強力なマネジメント人材層を自分のユニットに築くべく努めているリーダーたち――に向けて書かれたものだ。どのような企業であれ、社員を管理する立場にあり、社員のキャリアと成功に影響力を持つすべてのリーダーを対象にしている。基本的には現場のリーダーや、職種別リーダーを対象としているが、人事関連のリーダーが新しい戦略的役割を知る上でも役に立つはずだ。

私たちの調査はアメリカ企業が中心だが、その原則はどこでも通用すると思っている。クライアントの半分が、アメリカ以外の企業と取引をしていた。地域の特色に合わせて多少の手直しを加えれば、この原則を当てはめることができるはずだ。

本書の主張は、教育機関から軍隊まで、非営利団体や公共団体にも当てはまる。また経営のための人材以外にも適用できるだろう。たとえば電気技師やコンピュータ・サイエンスを学んだ技術者のために企業が採用するべき方針は、この本で示されているものと、かなり類似しているはずだ――これもマッキンゼーの最近の調査で明らかになった。

■「タレント（人材）」とは何か

「タレント」とはどういう意味なのだろうか。一般的には、ある人が持つ技量――もともと持っている才能、スキル、知識、経験、知性、判断力、意識、性格、意欲――を総合したものと言える。また学んで成長する力も含まれる。

優れたマネジメント・タレント（経営管理能力）を定義するのは、さらに難しい。どうしても言葉では説明しきれず、目の当たりにしてはじめて、その才能があるということが分かるという類のものなのだ。卓越したマネジャーとはどのような人物か、一般に通用する定義はない。ある企業と別の企業とでは、求められるものがかなり違っているはずだ。各企業が、自分の会社が必要とする能力がどのようなものであるかを理解しなければならない。ホーム・デポで優れた実績を残したマネジャーでも、ゼネラル・エレクトリックのニーズには合わないかもしれない。しかし大まかに言って、マネジメント・タレントとは、鋭い戦略的思考、リーダーシップ、精神的成熟、コミュニケーション能力、有能な人々を引きつけ、その意欲を引き出す能力、進取の気性、実務能力、そして結果を出す能力を組み合わせたものと考えられる。

概念があいまいな部分もあるが、「タレント」というのは魅力的な言葉で、だれもがその意味を心の中で了解していると思われる。そしてそれと自分との関連について思いめぐらす。私には「タレント」があるのか。どうすればその「タレント」を伸ばすことができるのか、と。

「タレント」という言葉自体は古代にまでさかのぼることができ、非常に豊かな歴史を持っている。古代ヘブライ人、ギリシャ人、ローマ人にとって、タラント（タレント）は重さの単位であった。貴金属をその重量によって取り引きするうちに、それは金銭価値の単位となった。現在では価値創造の源であるものが、千年前には金銭を意味していた。さまざまな変化を経て元のところに戻ったと言える。

新約聖書のタラントの寓話では、この言葉にさらに広い意味が加わっている。これはマタイの福音書にある、三人の下僕《しもべ》に八タラントを預けた主人の話だ。その主人は一人目の下僕に五タラント、二人目に二タラント、最後の下僕には一タラントを渡した。二人の下僕は熱心に働いて、お金を倍に増やした。三人目は働かず、お金を地中に埋めた。主人は家に戻ると最初の二人の働きにはほうびを与えたが、最後の下僕は追放した。この話から引き出される教訓は、タレントは使って大きくするためのものであり、野ざらしにしておくものではないということだ。

十六世紀、マルティン・ルターは、この寓話を次のように解釈した――人間は勤勉を通して自己の内なるタレントを活用しなくてはならない、これが神の意思である。それ以降この言葉は、重さの単位からお金の単位、人の内部にある能力、そして才能に恵まれた人という、抽象的な意味合いまで持つようになった。この本では、「タレント」とはマネジメント人材を指し、あらゆるレベルで会社の目標達成と業績向上を押し進める、有能なリーダーとマネジャーを意味する。

古代と同じく、タレントは社会の通貨となった。人のタレントを増大させる企業は繁栄し、そうでない企業は行き詰まる。

私たちは世界中の、何百万人ものマネジャーたちのために本書を書いている。これによって、あなたの周囲にいるマネジメント人材のタレントを伸ばそうという気持ちを高め、組織全体の能力を強化する一助となれば幸いである。

ウォー・フォー・タレント調査について

本書に書かれている考え方は、マッキンゼー・アンド・カンパニーが三人の著者の指揮によって実施した、三つの大がかりな調査に基づいている。その三つとは一九九七年のウォー・フォー・タレント調査、二〇〇〇年の調査、そして一九九七年から二〇〇一年にかけて行われた、人材管理のケーススタディである。この調査は、充実したマネジメント人材層をつくるにあたって、どんな要素が差をつけるのか、量的に理解できるようになっている。ケーススタディは、企業はどうすれば、優れた人材管理ができるか——そしてそれがうまくいっているとき、どのような様相を示すか——質的に理解させてくれる。

またマッキンゼーの社員が行った、他の三つの調査——人材の価値、ウォー・フォー・テクニカルタレント、[*1]パフォーマンス・エシックス——の結果も利用している。

■人材マネジメントのケーススタディ

私たちはケーススタディの対象として、特に高い業績を上げ、有能な人材がいるという評判の企業を選んだ。選んだ企業の中には、何年も前から並はずれた人材マネジメントを実施している企業もあった。最近になって、前より大胆で厳格なアプローチをとり始めた企業や、人材マネジメントと財政面で、劇的な転機を経験した企業もある。目を見張るほどの成長を遂げた企業については、人材マネジメントの面から、何かしら適切な対策がとられたのだろうと推測できる。

一九九七年、二〇〇〇年の調査の一部として、あるいはこの本のために検討を行った企業は、以下の二十七社である。

アムジェン
インテル
サントラスト・バンクス
シマンテック
ゼネラル・エレクトリック
ネイションズ・バンク
ヒューレット・パッカード
メドトロニック
リミテッド
アライド・シグナル
ウェルズ・ファーゴ
シアーズ・ローバック
ジョージア・パシフィック
ダブル・クリック
パーキン・エルマー
ホーム・デポ
メルク
レベル3・コミュニケーションズ
アロー・エレクトロニクス
エンロン
シノヴァス・ファイナンシャル
ジョンソン・エンド・ジョンソン
ナビスコ
ハーレー・ダビッドソン
ホットジョブズ
モンサント・カンパニー
米国海兵隊

※調査企業については、巻末付録も参照のこと

これらの企業のCEO、重役、人事関連のエグゼクティブ、組織の有能なマネジャーたちに、多くの場合、一日から三日かけてインタビューを行った。そこで聞いた印象的な話の大半が本書に記されている。

ここで理解していただきたいのは、これらの企業が人材マネジメントのすべての面で、優れているわけではないということだ。いくつかの点で他社より優れていても、他の面では苦労していることもある。ケーススタディで取り上げた企業の中にも、何年か後には苦しい立場に追い込まれるところも出てくるだろう。成功の要因は人材マネジメント能力だけではないからだ。しかしそれでもこれらの企業から学べる教訓は、非常に示唆に富むものだと考えている。

特に注釈がつけられていない限り、この本で扱う企業の話は、私たちが独自に行ったインタビューに基づいている。

■ウォー・フォー・タレント調査

ウォー・フォー・タレント調査の目的は、企業がどのようにして強力なマネジメント人材層を築いているかを理解することだった。つまり二百もの管理職ポストに、どうやって人を引きつけ、育て、維持しているか、また、いずれ上の立場に立つ優秀な若手ビジネス・リーダー予備軍をどうやって確保しているかである。

調査は高い業績を上げている企業と、平均的な業績の企業は、人材マネジメントという面でどんな違いがあるのかを明らかにするよう計画された。ここで高い業績の企業とは、株主への利益をベースに、業界別上位五分の一に入る企業、平均的な企業とは中位の五分の一に入る企業である。

一九九七年、私たちはアメリカに拠点を置く、数多くの大企業（売上二十億ドル以上）のうち、上位五分の一に入る企業と、中位の五分の一にあたる企業に、調査への参加を依頼した。七十七社が協力に同意してくれた。二〇〇〇年にはやはりアメリカに拠点を置く企業に幅広く参加を呼びかけた。対象は収益が十億ドル以上の大企業、一億ドル以上十億ドル未満の中企業であった。このときは上位五分の一といった業績に限定していない。この二〇〇〇年の調査について、協力に同意してくれたのは、大企業三十五社、中企業十九社である。これらの企業については巻末の付録にリストを掲載した。

さらにそれらの会社の何百人というマネジャーに、アンケートを依頼した。アンケートの一つは企業の幹部、大まかに言うと、各社のエグゼクティブのうちトップ二十を対象にしたものだった。自分の会社のマネジメント人材層充実のための人材管理はどうあるべきか、実際に自分の会社がどのように管理しているかを質問した。もう一つは上級マネジャー向けのアンケートで、社内に百五十から二百ある管理職ポストに就く社員向けである。彼らには、自分の企業が人材管理にどのくらい長けているか、またその人個人のキャリアについても質問をした。なぜその会社に入社し、今でもとどまっているのか。自分の能力開発に何が役立ったか。会社を辞めることを考えているか、といったことだ。

二〇〇〇年の調査では、若い中間管理職のグループも対象に加えた。定義としては三十五歳未満で、上級マネジャーへと続くポストにいる者。このグループを加えたのは、将来をしょって立つ社員の意識が、年長者とどれほど違っているかを調べるためだった。質問の内容については、現在の上級マネジャーに対するものと、ほぼ同じである。

一九九七年の調査では、人事部のエグゼクティブに、その会社の上級マネジャーを管理するのに採用している、実践法、方針、プロセスについてアンケートを実施した。

ウォー・フォー・タレント調査に参加した企業と個人の総数は、下記の通りである。

本書では二〇〇〇年に行った調査結果のデータを使っている。より新しく、前の調査よりも幅広い質問が扱われているからだ。一九九七年の調査と二〇〇〇年の調査で重複しているものについても、結果は一致している。大企業からの回答と、中企業からの回答には、あまり差は見られない。しかし高い業績を上げている企業と平均的な業績の企業に関する差は、すべて統計的に有意だった。

ウォー・フォー・タレント調査の方法についての詳細は、巻末の付録に記した。

■調査の範囲

私たちの調査は、基本的にアメリカに拠点を置く、民間セ

	1997年	2000年
協力企業		
大企業	77	35
中企業	0	19
回答者の数		
幹部	360	400
上級マネジャー	5,600	4,100
中間管理職	0	2400
人事幹部	72	0
総数	5,960	6,900

クターの大企業、中企業を対象にした。アメリカ国外、新興企業、公的セクター、非営利組織については扱っていない。

さらに企業における指導上、管理上の能力のみに焦点をあてている。営業の最前線にいる社員、技術職の社員については、検討していない。技術職については、マッキンゼーのウォー・フォー・テクニカルタレント調査がカバーしている。

＊1　企業の業績向上に向けた行動規範。組織の業績向上が社員の基本理念のレベルにまで落とし込まれている状態、もしくはそのような状態にする努力・行為を指す。

第一章　人材育成競争――ウォー・フォー・タレント

我々マッキンゼー・アンド・カンパニーが「人材育成競争《ウォー・フォー・タレント》（War for talent）」という言葉を考案したのは一九九七年のことだ。当時はまだ、この現象は多くの人が経験していながら、はっきりとは認識されていなかった。しかしこの競争はその後数年間じっくりと醸成され、あるときから一気に顕在化した。一夜明けたら、だれもが人材育成競争のことを話題にしていたという観がある。

一九九〇年代後半、アメリカ経済は絶頂を極め、企業は必要な人材を雇い、つなぎ止めておくことに必死だった。会社は入社時に支払われる一時金を積み上げ、社員は入社三カ月で昇給を求め、ヘッドハンターは有能な新人社員たちを、彼らが新しい就職先に定着する間も与えず、かき集めようとしていた。企業の多くには、何百もの空白のポストがあり、歴史のある投資銀行やコンサルティング企業でさえ、新興企業に人材を奪われていく時代だった。企業間の人材争奪戦が、激化していくのが容易に見て取れた。

やがてネット・バブルがはじけ、ナスダック株式市場が総崩れを起こしたころから、景気後退の恐れが広がっていった。経済が冷え込めば、人材育成競争は終わったと考えられやすい。しかしこの戦いは、とても終焉したとは言えない。事実、私たちはまだ少なくとも二年間は、その戦いが続くと考えている。

■戦略の転換点

アンディ・グローヴは、刺激的な著書『インテル戦略転換』(邦訳：七賢出版)で、新しいテクノロジーの可能性や、新たな競争の影響、顧客と業者のパワーバランスの変化など、重要な変化のポイントは見逃されることが多いと指摘した。グローヴはこうしたポイントを「戦略の転換点」と呼んだ。一例をあげると、ニューヨークとサンフランシスコの港は、コンテナ輸送への転換ポイントを見逃したためビジネスを失ったが、逆にシアトルとシンガポールの港は、それが繁栄のきっかけとなった。同じようにスティーヴ・ジョブズは、ウィンドウズを搭載した大量生産のPCの登場を無視したため、彼が興した二つ目の会社NeXTを、危うくつぶしそうになった。

人材育成競争は、それらと同じく重要な戦略的な転換点だと、私たちは考えている。人材育成競争は一九八〇年代、工業時代の廃墟の中に静かに生まれ、一九九〇年代には時代の主要なテーマとなって、今後も数十年にわたって職場に変化を起こすと考えられる。

いまや人材こそが企業の業績を押し上げる要因であり、人材を引きつけ、育て、維持する力が、将来、競争を勝ち抜く強みになる。

人材育成競争とは単純なメッセージではあるが、企業の多くは、その意味を十分につかみきっていない。ニューヨークやサンフランシスコの港のように、現状にいつまでもしがみついて人材育成競争に有効に対応していないのだ。

人材育成競争は企業内のあらゆる人材を対象に激化しつつあるが、本書では特に経営に大きく影響を与える人材、すなわちマネジメント人材に焦点を絞ることとする。具体的には、職務をリードする、新しい製品チームを指導する、工場のシフトを監督する、十五人から百五十人もの店員を抱える店舗を管理する、といった人材である。これらの人材は、企業の業績向上に不可欠であり、人材育成競争の中核をなす。

■人材育成競争は終わらない

人材育成競争を激化させる基本的な要因は三つある。工業時代から情報時代への移行。ますます優れた経営管理能力を持つ人材へのニーズの高まり。社員の転職志向の増大。こうした構造的な流れが弱まる兆しが見えない以上、マネジメント力(経営管理能力)を持つ人材をめぐる戦いは、これから何年にもわたって企業の競争力を左右する主要因の一つであり続けるだろう。

工業時代から情報時代への移行

人材育成競争は一九八〇年代、情報時代の幕開けとともに始まった。それにともなって有形資産

（機械、工場、資本）は、企業と消費者との独占的なネットワーク、独自ブランド、知的資本、人材といった無形資産に比べて価値が下がった。

企業の人材への依存度は、二〇世紀の間に飛躍的に高まった。一九〇〇年の時点では、知識労働者を必要とする仕事は、全体の十七％にすぎなかった。現在その数字は六十％を越えている。知識労働者が多く必要とされるということは、優秀な人材の重要性がさらに高まるということだ。一流の知識労働者は、はかり知れないほどの価値を生み出す。たとえば最高レベルのソフトウェア開発者は、平均的な開発者より十倍も有用なコードを書くことができるし、その製品は五倍もの利益を生む。システムズのCEO、ジョン・チェンバースは次のようにそれを表現した。「世界的なエンジニアとその仲間五人で、平均的なエンジニア二百人分を上回る生産力がある」

情報時代への移行は終わっていない。経済がさらに知識に基づくものになるにつれ、優秀な人材が生み出す独特な価値は、これからも高まる一方であろう。

優れた経営能力を持つ人材への需要の高まり

幅広い人材の中でも、強力なリーダー人材の需要は、増大する一方である。グローバリゼーション、規制緩和、テクノロジーの急激な進歩によって、ほとんどの産業の競争原理が変わってしまい、マネジャーの仕事は以前よりも困難になった。現在の企業は、この難題に対応できるマネジャーを必要としている。リスクを恐れず世界的な視野を持った起業家タイプ、そして技術に詳しいマネジャー。自分たちのビジネスを考え直し、社員の意欲を引き出すリーダーが必要なのだ。

私たちが実施した調査では、強力なマネジメント力を備えた人材が企業に不足している現状が浮かび上がった。二〇〇〇年に行った調査に参加した企業幹部の九十九％が、自社のマネジメント人材を、これからの三年間で強化充実させなければならないと答えた。会社のビジネスチャンスを追求するのに、十分な人材を確保していると答えたのは、たったの二十％にすぎない。

すでに定評のある大企業において、有能なマネジャーへの需要が高まっているのに加え、新興企業では、まったく新しいタイプのマネジメント人材層への需要が増えた。有能なマネジャーの多くが、小規模企業に引きつけられる傾向は以前からあったが、一九九〇年代半ばから後半にかけてのベンチャー・キャピタルの流入、ハイテクおよびインターネット業界におけるビジネスチャンスの爆発的増加で、小規模企業は一躍人気の就職先となった。二〇〇〇年から二〇〇一年にナスダックが暴落して以来、新興企業への人材の流出は減り、新興企業に加わるリスクについて現実的な認識が広まった。しかしベンチャー・キャピタル企業が投資の条件として、マネジメント力を持つ老練な人材がいることを挙げたことで、今後も小規模企業が相当数の人材を採用していくことが予想される。クライナー・パーキンズのパートナー、レイ・レーンは、こうした変化について次のようにコメントしている。「ベンチャー・ビジネスは、大きく様変わりするだろう。単に資金を集めるだけでなく、いかにして優れたマネジメント・チームをつくって、適切な取引を行うかを企業に教えるようになるはずだ」

今のところ、マネジメントの能力を備えた人材の供給量は限られている。全米の労働人口は、一九九八年から二〇〇八年の十年間で十二％増加すると見込まれているが、将来の企業を担う人材となる二十五歳から四十四歳の年齢層は、同じ期間に六％減少するのだ。

若手マネジャーの不足は、それより年齢が上の世代に頼ることで、ある程度までは補うことができるだろう。その期間に五十五歳から六十四歳の労働者数は、四十五％以上も増加するからだ。しかしそのようなアプローチをとった場合、高年齢層のマネジャーが大挙して引退する二〇二〇年以降、企業はさらに苦しい立場に追い込まれることになる。高年齢層のマネジャーの中には、説得されて引退を伸ばす人々もいるかもしれないが、これまでの二十年間、平均引退年齢は、六十二歳から六十三歳で変わっていない。

企業はすでに、マネジメント層の優秀な人材が不足していると感じている。「ジョンソン・エンド・ジョンソンの成長を阻んでいるのはリーダーシップの不足であり、それがわが社の直面している最大の問題である」、CEOのラルフ・ラーセンが、最近そう言っている。コックス・コミュニケーションズのCEOジム・ロビンズも、二〇〇〇年初頭に、同様のことを述べた。「人材は私たちにとって、成長ビジョンの実現を左右する唯一の要因だ」

これからの二十年、企業は限られた数のマネジメント人材をめぐって、激しく争うことになるだろう。短期的な経済活動の変化で、人材マーケットも時によって、競争が激化したり緩和したりすることはあるが、長期的な傾向ははっきりしている。長期にわたって深刻な経済停滞が起こらない限り、人材育成競争の流れは変わらないだろう。

エグゼクティブのヘッドハンティング企業から聞いた話によると、トップクラスのマネジメント人材の需要は、経済成長のスピードが落ち着いた現在でも高い。大手一流ヘッドハンティング企業二社の収益は、二〇〇〇年には二桁の成長を遂げ、二〇〇一年の第一四半期にも、一桁とはいえかなり高い成長率を実現している。

転職志向の高まり

会社が高度なスキルを持ったマネジャーを必要としていることに気付いたように、マネジャーの側も、会社を変わることの利点に気付き始めた。会社への忠誠心を示せば職を保証するという「約束」が最初に崩れたのは、一九八〇年代後半の人員削減だった。それに続いて九〇年代半ばに、雇用機会が急激に拡大し、時を同じくして登場したインターネットの掲示板やキャリアサイトで、雇用に関する直接的な情報を、大量に目にするようになった。ほんの何年かの間に、転職に関する古いタブーは消滅し、履歴書に複数の企業名が並ぶことが名誉となった。

現在、マネジャーの多くが、潜在的な求職者だ。彼らは常に、魅力的な転職先に対してアンテナを高く張っている。今回の調査でも、この傾向はさらに強まっているという結果が出た。マネジャーの二十%が、二年以内に現在の会社を辞める可能性が大いにあると答え、二十八%が、場合によっては退社する可能性があると答えた。また、会社にとっての状況は、今後さらに悪くなるということも分かった。若手のマネジャーが会社を辞める確率は、年配のマネジャーより六十%も高いのである。

ピーター・キャペリが『雇用の未来』（邦訳：日本経済新聞社）で次のように述べている。「雇用側が古い取り決めと長期的な関係を崩したのは明確だが、新しい取り決めにおける主導権は握れていない。どうすれば主導権と責任を、被雇用者から雇用者に明け渡させることができるのか、その方法を見極めるのは困難である」

人材育成競争を激化させる構造的な圧力は、広範囲にわたり容赦なく迫ってくる。経済と労働人口の問題は、先進国の多くで見られる現象だ。人材育成競争は新しいビジネスの現実を生み出している。

■人材育成競争の影響

人材育成競争は二つの大きな影響をもたらした。第一に、給与・待遇交渉の主導権が企業から個人に移ったことだ。有能な人材は、自分のキャリアへの期待を高めるための交渉権を握っている。能力の値段は上がっているのだ。

これは個人にとってはよい知らせだが、競争に直面している企業にとっては、さらなる試練である。マネジメント人材の獲得競争に勝つために、企業は全力で取り組まなければならないだろう。

第二の影響は、企業の競争力を高める上で、人材マネジメントが非常に重要となったことだ。人材を引き寄せ、育て、意欲を引き出し、つなぎ止めることができる企業は、他の企業よりも多くの優秀な人材を確保でき、業績を劇的に向上させることが可能となる。

私たちのウォー・フォー・タレント調査にも、それが表れている。人材マネジメント・インデックスの上位二十%に入る企業の株主が受ける利益は、他の同種企業に比べて、二十二%も高い。下位五分の一の企業は、同業他社と比べて、収

古い現実	新しい現実
人が会社を必要とする	会社が人を必要とする
競争における強みは機械、資本、地の利	競争における強みは有能な社員
優秀な人材がいれば、 ある程度ライバルに差をつけられる	優秀な人材がいれば、 ライバルに大きな差をつけられる
職が少ない	有能な人材が少ない
従業員は会社に忠誠を誓い、 雇用は保障される	社員は会社を次々と移り、 契約は短期的
会社から提供された 標準的な給与体系を受け入れる	社員の給与・待遇に対する 要求が高まる

益の点でも劣っていた。もちろん人材マネジメント以外にも、株主の利益を押し上げる要素は数多く存在するが、このデータは、人材マネジメントが優れた企業ほど、高い業績を上げているという動かし難い証拠となっている。

もちろん、マネジメント人材を豊富に有するというだけで、その企業が勝利を収められるわけではない。理想を高く掲げ、適切な戦略と、業績を改善・向上させる取り組みを実行に移す必要がある。すべての社員が持てる力を十分に発揮し、企業の業績につなげられるよう激励し、そのために必要な環境を整えなければならないだろう。しかしこのように業績向上を促すためには、優秀なリーダーが必要なのだ。

企業が人材育成競争の意味を認識すれば、今よりも強力で洗練された人材マネジメント・アプローチが開発されるだろう。人材マネジメント・アプローチは今後十年で著しく進歩する、と私たちは考えている。一九六〇年代にマーケティングが、一九八〇年代に品質管理が飛躍的に進歩したのと同じように。この力を伸ばせる企業もあれば、脱落する企業もあるだろう。

一流の企業でも、人材マネジメント・アプローチをさらに改善させようと懸命に努力しているのは、興味深い現象である。一九九七年にウォー・フォー・タレント調査に着手したとき、申し分のない業績を上げ、人材マネジメントも優れているという評判の企業二十一社に、ケーススタディとして調査させてほしいと申し込んだ。それらの企業のほとんどは、ベスト・プラクティス（特定の分野・領域において最も成功していると見なされる事例）企業として、毎日のように見学を申し込まれるが、その大半を断っていた。ところが驚いたことに、私たちが、マネジメント人材に関して調査を申し込んだ企業のうち、断られたのはたったの三社だけだった。承諾率がこれだけ高かったのは、私たちの説得がうまかったわけではなく、たとえ一流企業であっても、人材の質を向上させなければならない、と彼らがしっかり認識していたためである。実際、人材育成競争に対して彼らは、ほとんど偏執的ではないかと思えるほど敏感に反応していた。

それで私たちは、アンディ・グローヴが繰り返し主張する「生き残れるのは偏執狂だけ」（『インテル戦略転換』の原書タイトル）が真実であると認めたのだった。しかしそこで、その考えをもう一歩押し進めた。アンディ・グローヴは、来るべき次のテクノロジーの波や、マーケットの動きに対して、企業は過敏すぎるほどの反応をするべきだと述べているが、私たちは企業にとって最大の難関は、迅速かつ劇的にマネジメント人材の強化を実現し、競争でトップに立つことができるかどうかだと考えている。それこそが企業にとっての転換点であり、経営陣と幹部はその重要性を認識し、本気で取り組まなければならない。

■道は遠い

ある程度の期間、効果的な人材マネジメントを行っている企業は、数少ないながらも存在する。そのうち最も有名なのはゼネラル・エレクトリック（GE）で、以前からその強力で奥の深い人材マネジメント・アプローチは賞賛を浴びてきた。しかし大半の企業は、効率的な人材マネジメントを行ってきたとは言い難い。人材こそ最も重要な資産であると公言はするものの、その考えに基づいた行動ができていない。たいていの企業は、人材マネジメントに苦労しているのだ。図1-1は、自分の会社がどれほどうまく人材を管理しているかについて、マネジャーの意見を示したものだ。これを見て分かるとおり、評価は非常に低い。答えに「やや同意する」という項目を加えても、それほど評価がよくなることはない。マネジャーの半分以上が、自分の会社は社員を効果的に教育できず、有能な人材を引きとめることも、業績不振の社員を異動させることもできないと考えている。これがもし生産性、顧客サービス、品質などに関する質問ならば、これほど低い評価で納得する企業はないだろう。

企業が人材育成競争に気付いていないわけではない。回答者の七十二％は、自分の会社がその競争に勝つことが重要だと答えている。しかしそれを実現するために、具体的な手を打っている企業は少ない。マネジメント人材層の充実につながる対策が十分になされていると答えたのは、全体の九％にすぎない。

現在の人材マネジメント・アプローチが

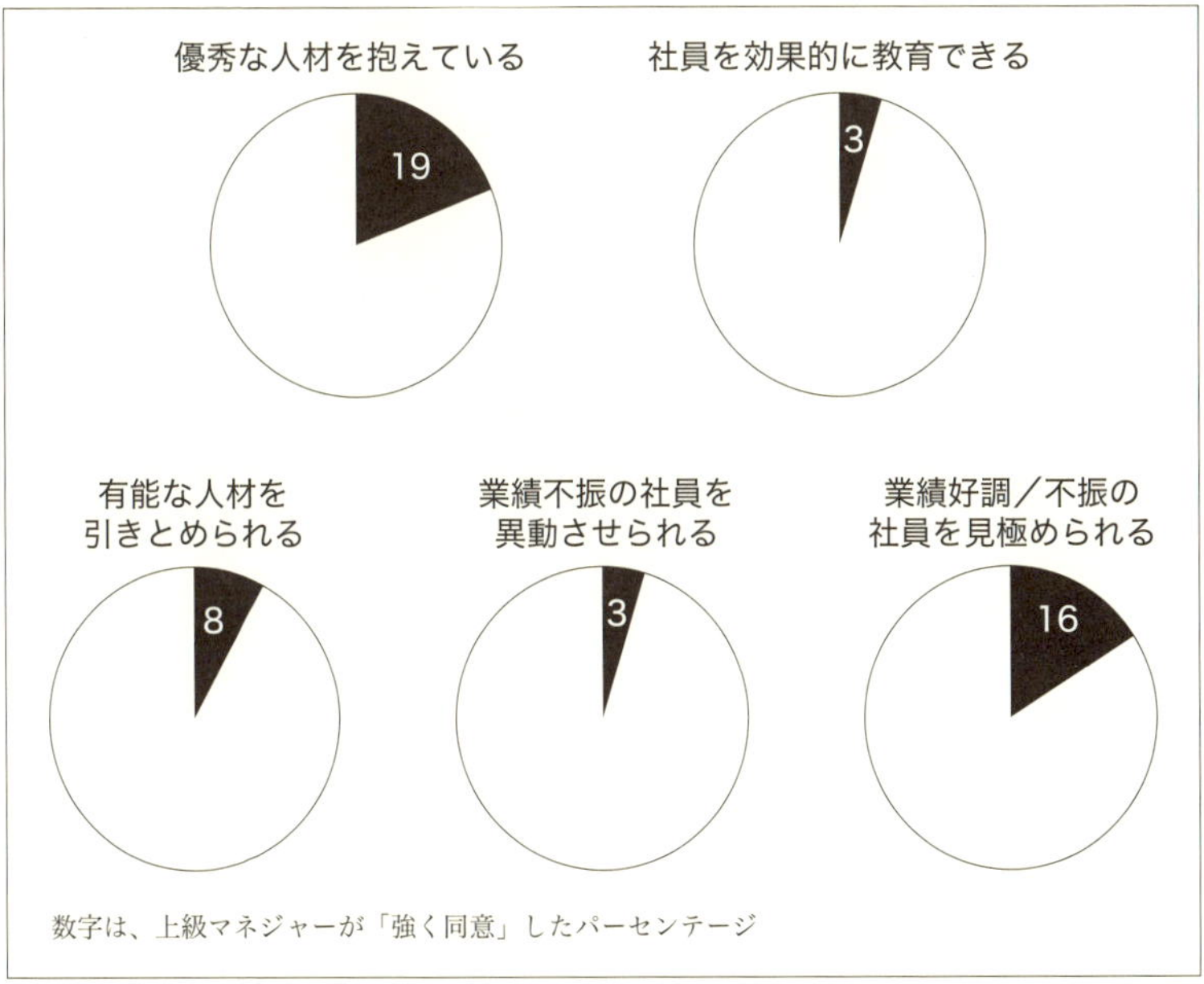

図1-1　多くの会社が非効率的な人材マネジメントをしている

不適切だと気づき始めた企業もある。「我々は予算案の作成に毎年四カ月を費やすが、人材について、つまりわが社の人材の強み、その強化法、どんな人材が必要で、どう集めるかなどを話題にすることはほとんどない」と、コックス・コミュニケーションズのCEO、ジム・ロビンズは言う。「だれだって自分の部署の予算は重視する。しかしマネジメント人材層を重視しようとはしない。結果を左右するのは、各部署にいる人材ではないのか。我々は何か見落としているのではないのか」

人材育成がうまくいっている企業が、これほど少ないのはなぜだろうか。多くの企業は人材マネジメントと業績の結びつきに、意識を向けようとしていない。多くの企業は、人材確保を最優先事項と考えていないのだ。マネジメント人材層の充実を、自社の三大優先事項に掲げていると答えた回答者は、全体の二十六%にすぎなかった。すべてのレベルで、集めた人材に関して責任をとるリーダーがいる企業は、事実上ゼロだった。

あなたの会社では、人材育成についての問題が、最優先課題のトップ三に入っているだろうか。あなたの会社の上級マネジャーは、図1‐1に示された五つの質問にどう答えるだろうか。ほとんどの企業において、人材マネジメントのアプローチを根本的に変えるためには、かなりの意識改革が必要であることに疑いはない。

■人材マネジメントの新しいアプローチ

近年、人材マネジメントをテーマにした本が、数多く出版されている。企業と従業員との関係の変化について、深い議論を展開しているものや、一時雇いの社員と長期契約を結ぶ社員を区別して、組織をつくることを提案しているもの、また就職希望者の面接をどのように行うか、リーダーシップ開発プログラムをどのようにデザインするかといった、細かいアドバイスをしているものもある。これらはたいへん役立つが、本書とは性質が違っている。本書の目的は、高度な能力を持ったマネジャーを引きつけ、育て、評価し、やる気にさせ、引きとめるために、すべての企業のすべてのリーダーがなすべきことについて、戦略的見解を示すことだ。

本書では、非常に有能なリーダーたちが、自社のマネジメント人材層を増やすために実行したことを、具体的に示していく。彼らがどのようなプロセスを経て、「人材育成競争は企業経営において大きな戦略的転換点となり、マネジメント人材層強化が差別化の源になりうる」という認識に至ったかを説明していきたい。

私たちの調査に参加した一万三千人近くのマネジャー、ケーススタディに応じてくれた二十七の企業、そして百以上の企業とのプロジェクト経験から、マッキンゼーは人材育成競争に勝つための次の五つの行動指針を導き出した。

一、マネジメント人材指向こそ経営層の要件
二、人材を引きつける魅力の創出
三、リクルーティング戦略の再構築
四、マネジメント人材が育つ組織
五、人材マネジメントにおける選択と集中

一、マネジメント人材指向こそ経営層の要件

GE、アムジェンをはじめ、私たちが詳細な調査を行った企業には、「自社の業績アップと競争力の獲得を実現するのは、有能な人材である」という信念が、組織全体に浸透していた。有能な人材なしには、他社との競争に勝つことはできないと組織全体で理解している。こうした企業のリーダーは、マネジメント人材層の充実が自分たちの重要な業務であると考えている。

私たちはこれを「マネジメント人材指向」（組織の仕組みや考え方の中心・主軸を、マネジメント人材の強化・育成とするような意識や企業文化）と呼ぶようになった。ビジネス上の野心を達成するためには、多くの有能な人材が必要だという、強烈な信念である。有能な人材を集めるためには、社内のリーダーすべてが、その目標に向かって全力を尽くす必要がある。人事部だけでできることではない。要するに、効果的な人材マネジメントは、人事プロセスではなく、社員の心構えが問題になるということだ。

私たちが調査した企業の大半では、この心構えが欠けていた。人材を最優先事項として扱っていなかったのだ。社員の雇用は人事部の責任で、マネジャーは与えられた人材で、何とかやりくりするだけだ。人材は数多くある業務目的達成の手段の一つにすぎない。こうした企業は、リーダーの仕事の定義を根本から変える必要がある。アライド・シグナルの前CEO、ラリー・ボシディは、尊敬すべきリーダーを見つけ、育成することは「人任せにせず、CEO自身が行うべき仕事」と言っている。私たちはさらに、マネジメント人材層の強化は人任せにせず、「あらゆるレベルのリーダー」が自分で行うべき仕事である、とあえて付け加えたい。優秀な人材のもたらす効果は、計りしれない。

人材に関してすべてのリーダーが責任を持つことは、マネジメント人材指向を現実に反映させるた

めの基本である。調査で企業の経営者に「現場の責任者は、その部署にいる社員の質に責任を持つべきだと思うか」と質問したところ、人材強化にはそうすることが重要、あるいは不可欠であるという答えが九十三％にのぼった。ところが「自社では、現場の責任者が、人材の強化に責任を持っているか」という質問に対して、イエスとはっきり答えたのは、たったの三％だった。企業はこの矛盾を解消する努力をしなければならない。

第二章の「マネジメント人材指向こそ経営層の要件」では、この人材指向によって、リミテッド、パーキン・エルマー、アムジェンのCEOの経営方法がどのように変わったかを見ていく。より効果的な人材マネジメント法を、組織全体で推し進めるために、リーダーがとるべき六つの行動のあらましを説明する。また人事部門のリーダーが担うべき、まったく新しい役割についても触れる。新しいタイプの人事担当役員は、CFO（最高財務責任者）と同じくらい重要である。マネジメント人材指向を備えたリーダーは何をするのか、それが会社の業績にどう反映されるのかについても説明する。

二、人材を引きつける魅力の創出

どんな企業にも、顧客に対して提供する「価値」がある。顧客がその企業と取引を行う明確な理由である。しかし、有能なマネジャーが自社に加わり、そこにとどまることがなぜ重要なのかについて、同じくらい深く考え、マネジメント人材に対する訴求価値を定義している企業はほとんどない。しかし、今後の人材育成競争の中では、有能な人材が、大口の顧客と同じくらい重要な意味を持つ。企業はマネジメント人材に対して、顧客に対してと同様に明確な訴求価値を定義していかなければならない。

人材の獲得につながる、従業員のための訴求価値（EVP＝Employee Value Proposition）を築くには、どうすればいいのだろうか。有能なマネジャーは、刺激的な挑戦と、自己開発の機会を求めている。尊敬すべきリーダーのいる、尊敬すべき企業の一員になりたいと考えている。開放的で、信頼に満ちた、成果主義の企業文化を好む。そしてもちろん、十分な報酬の期待できるチャンスを手に入れたいと思っている。報酬だけでは強力な訴求価値をつくることはできないが、報酬面で最低限のものを提示できなければ、その企業の訴求価値全体にダメージを与える可能性がある。

第三章「人材を引きつける魅力の創出」では、マネジメント人材が求めているものについて、詳しく説明している。ダブル・クリック、シノヴァス・ファイナンシャル、レベル3・コミュニケーションズといった企業が、どのように訴求価値を築いたかを見ていく。そのどれもが「地味な」産業で事業を展開しているので、人材獲得・育成のため、ことのほか人目を引きつける工夫が必要だった。引きつけたいと思うタイプの人々に向けたEVPを、どのように確立し、会社固有の強みをどのように伸ばしたかを知ることができる。

三、リクルーティング戦略の再構築

人を集める方法は、根本的に変わってしまった。もう列をなす求職者の中から、優秀な人物を選べばいいというものではない。企業の側から優秀な人物を探しに出向かなくてはならない。しかし、多くの企業はまだ、これまでと同じリクルーティング戦略をとっている。お決まりの五つか六つの大学から、お決まりのタイプの人物を採用する。インターネットがリクルーティングの道具として導入されたこと以外、特に変わった点はあまりない。

企業はリクルーティング戦略を根本から再考し、再構築する必要がある。すべてのレベルで——中堅、上級管理職ばかりでなく未経験者も——人を採用することは、新しい技術と新しいものの見方を投入する強力な方法であると考えるのだ。また、新たな人材供給源を、積極的に開拓することも大切だ。自社が必要とするスキルを明らかにして、新しいタイプの人物を新しい場所で探す。業界の外部はもちろん、ビジネス領域の外部にまで目を向けなくてはならない。

積極的な企業は、ポストが空いたときだけでなく、常に優秀な人材を探している。現在の人材マーケットで有能な人物を獲得しようと思ったら、とにかく会社を売り込み続けなくてはならない。優秀な現場マネジャーは、自身が重要なリクルーターであると認識している。さらにそのような企業は、経済が停滞している時期を、一流の人材を獲得する絶好の機会として活用する。

第四章の「リクルーティング戦略の再構築」では、ホーム・デポ、サントラスト・バンクス、アロー・エレクトロニクスが、リクルーティング戦略を一新して、急速に業績を上げた例を取りあげる。

四、マネジメント人材が育つ組織

人材育成競争での勝利は、単にリクルーティング競争に勝つことだけではない。企業に取り込んだ人材をあまねく成長させる必要がある。人材開発のための十分な経験と能力を持ったマネジャーが少ない以上、すべての企業ですべてのリーダーが、人材開発に多大な時間を投入しなければならないだろう。人材開発は、マネジメント人材を引きつけ、引きとめるためにも重要な要素である。優秀な社員は、自分に十分な成長機会が与えられないと、その会社を辞めることが多い。

人材開発とはトレーニングであると考えがちだが、トレーニングは解決策のごく一部でしかない。基本的に社員は、全力投球を要求される仕事と指導、方向づけによって育ち、能力を発揮できるようになる。ほとんどの企業が、この人材開発という仕事を、効率的に行っていない。一人の社員を一つの部署にだけとどめておいては、さまざまな仕事を通して可能となる能力の開発を妨げることになる。確かにたいていのマネジャーは「業績不振者であっても、その人を追い出すなんてことはできない」と考えるものだ。コーチングやインフォーマルなアドバイスは、個人任せという状態になっている。よきコーチでありメンター[*1]であるマネジャーの数は少ない。

企業はこれまでの人材開発アプローチを根本から変え、人材の育成にさらに力を入れて、それを日常的なものにしなければならない。明確な意図をもって、社員に合った仕事を探し、効果的に人材の育成と業績の向上を目指す環境を整える。人事評価を頻繁にフィードバックし、社員の指導を業務の一環として制度化する。組織のどの層のリーダーも、全員が社員指導員となる必要がある。

第五章「マネジメント人材が育つ組織」では、GE、アムジェン、アロー・エレクトロニクス、米国海兵隊が、どのように人を育てているか、そのアプローチがいかに応用できるのかを検討する。

五、人材マネジメントにおける選択と集中

おそらくマネジャーの大半は、ここ何年も、率直な人事考課を書いたことなどないに違いない。私

たちの調査で、業績の良い人材と低い人材をきちんと把握していると答えたのは、たったの十六％だった。社員の能力を見極める体制が整っていなければ、社員の能力をさらに伸ばし、会社に引きとめることなど、とうてい不可能だろう。また平均以下の成績しか上げられない社員をはっきり特定できなければ、手を貸すことも、異動させることもできない。

優れた企業は社員の実力差を認め、報酬、チャンス、投資にも差をつける。業績の良い社員はどんどん昇進させ、平均的な業績の社員に比べて、相当に高い報酬を与える。手堅い業績を上げている社員には、さらに高い目標を達成できるよう手助けをする。そして業績不振の社員は、異動あるいは解雇する。業績不振者に目をつぶるのは、レベルの低いマネジャーの下で働く社員にとっても、組織全体にとっても、その社員本人にとっても公正ではない。優れた企業は人材マネジメントについて、他社とは違う規定を持っている。

多くの企業は、人事評価のランク付けに四苦八苦している。ある社員がA、B、Cのどのクラスに入るのか特定できないし、その後、適切な処置が取られたかどうかを確認するプロセスもない。多くの企業では、全社レベルで後継者育成プランを書かせているが、それが何らかの行動に結びつくことはない。一流の企業は厳密な人材評価プロセスを各部署で実践している。それは予算作成と同じくらい重要であり、同じくらいの熱意をもって取り組むべきことなのだ。また百人から五百人の社員について人材開発の行動計画を作成し、各部署のマネジメント人材層を充実させるための計画を立てている。そしてその行動が実行に移されたかどうか、あとで確認する。

第六章「人材マネジメントにおける選択と集中」では、リミテッド、ナショナル・オーストラリア銀行をはじめとする企業の社員評価方法と、人材マネジメントのバックボーンとなる、能力評価プロセスの確立方法について説明する。社員の実力に見合った対応をとることは、継続的にマネジメント人材層のグレードアップを行い、有能な人材を引きつける企業になるという計画を実現する上で重要なことなのだ。

この五つの条件を総合すると、これまでとはまったく違った新しい人材マネジメントのアプローチとなる。

■チャンスが待っている

人材育成競争は戦略上の転換点であるという事実を、多くの企業が見逃している。これは今後のビジネスシーンを決定するほどの影響力を持つ。一時的な経済成長の減速も、有能な人材に対する需要の高まりという、避け難いトレンドを逆行させることはないだろう。人材育成競争はすべての企業にとって大きな課題ではあるが、早い時期から積極的に取り組めば、競争での優位性を獲得す

従来のやり方	新しいやり方
人材マネジメントは人事部が担当する	CEOをはじめすべてのマネジャーが、マネジメント人材層を強化する責任を担う
企業は相当の給料と利益を提供する	企業、仕事の機会、待遇などを複合的に活用し、有能な人材にアピールするEVPを作りあげる
リクルーティングは、一方的に選ぶ買い物のようなもの	リクルーティングはマーケティングと同じくらい重要である
人材の育成はトレーニングプログラムを通じて行う	人材の育成は基本的に、実力を伸ばしてくれる仕事、コーチング、インフォーマルなアドバイスで行う
だれもを公平に扱い、だれもが同じ能力を持っていると考える	すべての社員の能力を認めるが、ランクによって扱いは変わる

る大きなチャンスにもなりうる。

　第七章「マネジメント人材育成への挑戦――一年で大きな成果を」では、あなたの会社のスタート地点と、今後とるべき道すじを具体的に示す。多くのケーススタディから、マネジメント人材の獲得は終わりのない作業であることが分かるだろう。しかし真剣に取り組めば、最初の一年で、すでに大きな効果が期待できる。

　そうすれば、人材育成競争で勝利を収めることができるはずだ。人材獲得の効果が現在の二倍になる。能力を百%発揮できる社員の数が今よりも増える。社員の離職率を半分に減らせる。マネジメント人材が増え、業績不振の社員が減る。その結果、大幅に業績がアップする。組織のすべての層に優秀な人材を配置して、競争で優位に立つ。

　人材育成競争に積極的に取り組めば、あなたの組織は業績を上げることができるし、あなた自身も優秀なリーダーになれるはずなのだ。

＊1　業務上の上下関係とは別に、若手人材の成長やキャリアに関する相談にのったり、アドバイスを与える役割を担う人。経験豊かな人材が担当する。

第二章　マネジメント人材指向こそ経営層の要件

レス・ウェクスナーは並はずれた才能に恵まれ、多彩な顔を持つ人物である。商売人であり、歴史愛好家であり、博愛主義者であり、家族を大事にする男である。そして何より彼は、進取の気性に富む起業家であった。

オハイオ州コロンバス郊外のショッピングセンターで、何年か両親の営む店を手伝ったあと、一九六三年、彼はリミテッドという会社を興した。この社名にしたのは、両親の経営していた総合雑貨店とは違って、扱う品目を若い女性の衣料に絞っていたからだ。その後二十五年で、彼は小売りとマーケティングに驚異的な才を発揮し、大成功を収めた。その中には、リミテッド、エクスプレス、ビクトリアズ・シークレット、バス&ボディ・ワークスなどが含まれる。一九九〇年には、三千八百もの店舗と五十億ドルの売上を手にするまでに至った。フォーチュン誌は彼の会社に「小売り業界の新たなチャンピオン」という名を贈った。

　ところが一九九〇年代初頭、リミテッド社の収益は頭打ちとなり、株価も下落した。ウェクスナーはそれまで以上に必死に働いたが、どうしてもうまくいかない。彼は、尊敬すべき人物の助言を仰ぐこととした。まず『ジュラシックパーク』を撮影中のスティーヴン・スピルバーグを訪ね、この有名な監督が芸術家肌のクリエーターたちを、どうやって束ねているのか聞いた。またGEのジャック・ウェルチや、当時ペプシコのCEOだったウェイン・キャラウェーを訪ね、どうすればあれほど素晴らしい経営が可能なのか、尋ねてみた。

　ウェクスナーは当時をこう振り返っている。「どのくらいの頻度で、売上をチェックするか尋ねたところ、『一カ月に一回か二回』という答えが返ってきた。私は一日二回もチェックしていた。次に新しい広告の検討に、どのくらい時間をかけるか聞くと、『ほとんどゼロに近い』と言う。新しい製品コンセプトを練るのにどのくらいかけるかという質問には、『ごくたまに。本当に多額の経費を必要とする、大きな製品にだけ』という答えだった。私は自分の時間の半分を広告や新商品のコンセプト作りに費やしていた」

　ウェクスナーは戸惑い、とうとうこう聞いた。「それなら、いったいあなたは何をしているのでしょうか」。すると皆、自分の時間の半分は「人」に関することに費やしていると答えた。新しい人材を見つける、特定のポストに適切な人物を配置する、新しいスターを仕込む、グローバル・マネジャーを育てる、業績不振者の取り扱いを検討する、社内のマネジメント人材層全体をチェックする。ウェルチはウェクスナーにこう語った。「最高レベルの人材をすべての事業部門に置くことが重要だ。それができなければ負ける」

スピルバーグ、ウェルチ、キャラウェーらから話を聞いているうちに、謎が解けた。三人のサクセスストーリーに共通しているのは、「人材マネジメント」であるということだ。偉大なリーダーたちの成功の秘訣は、いかにうまく優秀な人材を集め、育て、社内にとどめておけるかにあった。会社を素晴らしいものにするのも、他社をしのぐ業績を上げるのも、すべては人材いかんなのだ。

「まさに神のお告げだった。それまでとまったく違った経営方法を見つけたのだから」と彼は言う。

自社に戻ると、彼はすぐに人材重視の意識改革に取り組んだ。まず人事部のマネジャーに、リミテッドのトップ社員百人のリストを要求した。しかし人事部にはそのようなものはなかった。その後リストは作成されたが、その半分は評価するほどよく知らないことに気づいた。「評価を終えたとき、私はすっかり嫌気がさしていた。わが社の社員は、必要な力を備えていなかった。私と同じような商人タイプばかりを雇っていた。ゼネラル・マネジャーが必要だったのに、一人もいなかったんだ」

次にウェクスナーは、ハーバード・ビジネススクールの組織論の教授、レン・シュレジンガーを、コンサルタント兼相談役として採用した（のちに彼はCOOに、そしてリミテッドの組織部門、リーダーシップ部門、人事部門の上級副社長となった）。それから、各部門の人材戦略と、それぞれのトップ社員五十人の業績を検討する、マネジメント人材評価プロセスを作成した。ウェクスナーはすべての会議に出席するだけでなく、司会進行も務めた。

第三に、彼は新しい人材を組織に注ぎ込んだ。世界的に有名なゼネラル・マネジャーをエスティ・ローダー、バナナ・リパブリック、J・クルー、ギャップなどから引き抜いたのだ。また経理、物流、店舗経営、ITなどの専門知識のあるマネジャーを、ピルズベリー、ペプシコ、ベルサウスなどから迎えた。こうした新しい人材は、豊かな経験と、斬新な視点をもたらした。そして傑出した人材というのはどのような人たちなのか、新たな認識まで持ち込んだ。彼らは自分たちのチームを作った。従来からいた社員も、実力ある者は昇進させ、実力不足の者は退けた。悪戦苦闘の三年間を経て、二百五十に及ぶ上級ポストの半分以上が入れ替わった。交代要員の三分の一は外部からの社員、残りの三分の二は内部の社員だった。

三年のうちに、同社の業績は劇的に向上した。利益は二億八千五百万ドルから四億四千五百万ドルへ、株価は倍近くにまで上昇した。もちろん、ウェクスナーが取り組んだのは、人材面ばかりではない。事業ポートフォリオも見直された。閉鎖した部門、買収した部門、スピン・オフした部門もある。特に有名なのは、ビクトリアズ・シークレットとバス&ボディ・ワークスが合併して、インティメイト・ブランドとなったことだろう。商品調達および開発のプロセスは根本的に改められ、成長計画のプロセスが、うまく業務に組み込まれた。しかしウェクスナーは言う。「人材は最も重要な要素だ。優秀な人材がいなければ、他の多くのこともうまくいかなかったであろう」

会社の経営方法がどう変わったかを振り返って、ウェクスナーは次のように言い切った。「以前は売り物となるセーターを選んでいた。今は人を選ぶ」

■すべてはマネジメント人材指向から始まる

レス・ウェクスナーが学んだことこそ、我々が五年間にわたって何百という企業との議論を通して学んだことなのだ。より上質なマネジメント人材層を築くことは、人事部を充実させることではない。充実したトレーニングプログラムでもない。年次の後継者プランニング会議を、一日から二日に延ばすことではない。多くの社員にストックオプションを与えることでもない。あらゆるレベルのリーダーおよびマネジャーが、「マネジメント人材指向」を持つことなのだ。

本書で取り上げられる処方箋はいくつかあるが、中でもマネジメント人材指向の強化・育成は、何よりも大切である。とにかくこれが出発点だ。人材に関する問題は自分の責任だとマネジャーが自覚すれば、あとの必要な行動は、理に適ったごく当たり前のことと思えるはずである。

マネジメント人材指向とは、「あらゆるレベルの業務に優秀な人材を備えることが、他社よりも業績を上げるための方策である」という、確固たる信念である。言い換えれば、優秀な人材こそ競合優位性を確立するための重要なリソースであり、優秀な人材が業績向上のためのすべてのレバーを引き上げるという認識である。事実、マネジメント人材指向が触媒となって、他の人材育成策が活性化するのだ。

マネジメント人材指向を持ったリーダーは、大切な意味を持つ重大な仕事として、人材マネジメントに取り組む。決して人任せにするべきではないと理解しているので、自分のマネジメント人材層を強化するため、かなりの時間と労力を割

人材についての古い考え方	新しいマネジメント人材指向
「社員が最も重要な資産である」という漠然とした観念	よりよい人材が、よりよい業績に結びつくという確信
社員の管理は人事部の仕事	すべてのマネジャーが、マネジメント人材層の強化に責任を持つ
年に一回、二日間の後継者育成プログラムがある	人材マネジメントは企業経営の中心をなす考え方
与えられた社員と仕事をする	自分に必要なマネジメント人材層の構築・強化のため、思い切った行動もとれる

く。他のリーダーにも必要とあれば手を貸す。最後に、マネジメント人材指向を持つリーダーは、マネジメント人材層の強化のために大胆な行動をとる熱意と勇気と決断力を備えている。

マネジメント人材指向は、人材マネジメントに関する古い考えとは、まったく違っている。

本章では、二人のリーダーの例をとりあげ、彼らがどのようにマネジメント人材指向を身につけ、自社のマネジメント人材層を強化したか、またどのように他の社員の手助けをしたかを見ていく。さらに人材マネジメントを業務の中心に据えるために、リーダーがとるべき六つの行動についても説明する。

■マネジメント人材指向は思い切った行動を促す

五年にわたり何百もの企業と対話をしてきたが、会社全体にマネジメント人材指向が浸透した会社には、必ずＣＥＯのリーダーシップと熱意があった。ＣＥＯ以外にも、マネジメント人材指向の重要性を認識しているリーダーが必要なのは当然だが、この考え方はトップダウンで伝わっていくものだ。下から自然発生的にわき起こるという性質のものではない。ＣＥＯが方針を打ち出し、基準を定め、熱意を具体的な行動で表し、思い切った行動をとる勇気を見せるべきである。社全体の気運を高めるのはＣＥＯの仕事なのだ。

パーキン・エルマーのＣＥＯグレッグ・サムは、ちょうどそんなタイプのリーダーだ。自分がマネジメント人材指向を身につけただけでなく、それを他の社員にも広めた。

サムが優秀なビジネス・リーダーであるのは、驚くにあたらない。十二人兄弟の第四子である彼は、

三、四人と一つのベッドを分け合うことからはじまって、自分の取り分を必死で確保し続けなければならなかった。高校の成績は上位で、ケンタッキー大学のエンジニアリングのクラスでは、さらにいい成績を修めた。大学卒業後、シンシナティ大学で電子工学の修士号を、そしてウォートン・ビジネススクールでMBAを取得した。ウォートンを上位五％に入る好成績で卒業したあと、マッキンゼー&カンパニーに入社、そこでパートナーとなった。

　パートナーになってたった二年でマッキンゼーを辞めることを発表して、周囲の人間を驚かせた。その後ゼネラル・エレクトリック、そしてアライド・シグナルへと移った。最終的に一九九八年、EG&GのCEO就任の依頼を受けた。同社はボストンに拠点を置くエンジニアリング会社で、三十一の多様な事業ポートフォリオを持ち、売上は十四億ドルにのぼっていた。何年もの間、政府の契約に頼ってきたが、売上は横ばいで、利益にいたっては辛うじて黒字という水準であった。新しいリーダーと新しい方向性が、どうしても必要な状況だったのである。

　この会社には、早急にいくつかの対策を講じる必要があると、サムは認識した。民間取引を中心とした企業になること、組織をグローバル化すること、新たに他社と提携すること、グローバル経済の舞台で戦うために新しいテクノロジーに精通することなどだ。手始めとして、サムは政府契約から完全に手を引いた。そして会社を四つの戦略的ビジネス・ユニットに再編成した。生命科学、精密光学、流体科学、装置・器具である。サムはまた、低成長の十一の部門を売却し、高成長のセクターから九つの買収を行い、民間企業からの売上を八億ドル増加させた。同時に彼は、業績重視の姿勢を社内に徹底させた。個人とビジネス・ユニットに課すストレッチ[*1]した目標、結果に対する真の責任追求、そして新しいインセンティブ・プラン。きちんとした財務管理を導入し、品質、生産性、購買効率の向上を目指して、行動を起こした。ここまでは教科書に出てきそうな、企業再生の物語だが、彼はそれより一歩先に進んでいた。

マッキンゼー、GE、アライド・シグナルでの仕事を経験して、サムは人材マネジメントの重要性を認識していた。マネジメント人材指向にしたがって、彼は会社のトップ社員「一人残らず、すべて」の業績と将来性について、評価を始めた。「直属の部下十五人だけでなく、すぐに彼らの部下も評価するようになった。一人ずつ、そう合計八十人とは会っているだろう。私は部下の部下たちにも会い、彼らのリーダーについて、そのリーダーシップや、戦略、その結果、鍵となる課題、リーダーが醸し出す雰囲気といったものについて尋ねた」。サムは、そのような議論で、信じられないほど多くのことが明らかになったと言う。「三十分ほどで、私は彼らの上司がどのくらい有能なのか、業績の数字を見なくても分かるようになった」

サムはまたリッチ・ウォルシュという、人事部のベテラン役員を、ヨーロッパにあるエンジニアリングのコングロマリット、アセア・ブラウン・ボヴェリから引き抜いた。ウォルシュを迎え、同社はアライド・シグナルとアセア・ブラウン・ボヴェリにならったマネジメント人材評価プロセスを開発した。生命科学部門のマーケティング・コミュニケーションとeビジネスのマーケティング担当役員、ショーナ・ウォードは、当時をこう振り返る。「その評価プロセスを、すべてのユニットで実施した。私が各部門の長に、彼らのチームを強化するよう檄を飛ばし、彼らは自分の部下に檄を飛ばした」「サムは何年もマイペースで仕事をしてきた。社員に高い目標に挑戦することを求めている。私たちの向上心を高め、刺激とエネルギーを生み出し、優秀な人材を何人も連れてきた」

事実、サムはそれを実行していた。一年目の終わりには、十五の役員ポストを十に減らし、そのうち九人の役員を入れ替えた。三つのセクター、すなわち財務、人事、経営企画のヘッドは外部から招き、サムが自ら採用を決定した。社員のトップ百の八十%が新しいポストにつき、その半分は新たに採用されたメンバーだった。

社員を解雇するのは困難なことだが、どうしても実行しなければならない、とサムは主張する。「リーダーが犯しやすい間違いは、業績の振るわない社員を長くとどめすぎることだ。人はもともと、他者の気持ちを慮るようにできている。全員に成功してもらいたい。しかしある時点まできたら、態度をはっきりさせて、前へ進まなければならない。それぞれの重要なポジションに必要なスキルを見極めるという役割も、リーダーシップの一部だと思う。だから腹をくくって、その必要なスキルを持った人材を導入しなければならない。私たちが解雇した社員のほとんどは本質的に善良な人たちだが、会社を次のレベルに進めるのに適切な人材ではなかったということだ」

四十人の内部社員を昇進させたのに加え、新しく雇った四十人をトップ百のポストにつけた。では、サムが昇進させたり、引き抜いてきたりしたのは、どのような社員なのだろうか。それは有能なゼネラル・マネジャーや専門知識のあるマネジャーばかりでなく、他の社員にも刺激を与え、発奮させることができる人々だった。また自身がマネジメント人材指向を強く信奉している者ばかりだ。

その中の一人に、アライド・シグナルから引き抜かれ、光電子工学部門の社長に就任したジョン・エンゲルがいる。社長になった一年目に、エンゲルは六十人の社員を、より能力に適した職務に異動させ、四十人の上級マネジャーを社外から――主にライバル企業から――雇い入れた。「私の仕事は、優秀な人材をわが社に引き入れ、私よりはるかに優れた人材に育てることだった」。エンゲルはそう説明する。

一九九九年十月二十六日、サムはニューヨーク株式市場の鐘を誇らしげに鳴らした。それは取引終了を知らせるとともに、彼の会社の名前がEG&GからパーキンエルマーI（買収した会社の一つ）に変わったことを宣言するものだった。サムが鐘を鳴らしたハンマーは、会社が経験した抜本的な変化の象徴として、いまもすぐ目に付くよう、彼のオフィスの本棚に置いてある。

手に入れた成果は、サムがEG&Gに入ってからの三年で、パーキン・エルマーの株価が、三倍にまで上がったことだ。これは古典的なリストラ策だけの効果だろうか。サムはそう考えてはいない。「人材マネジメントを中心に据えていなければ、こうはいかなかっただろう。一年経っても実際の結果の半分以下の成果しかあげられず、その先はさらに悪くなっていたかもしれない」。そしてこう付け加えた。「三年前、私にとって最優先課題は人材だった。いまでも人材が最優先の課題だ。三年後もやはり、最優先の課題は人材だろう」

リーダーはグレッグ・サムのように、人材マネジメントを最優先事項と考える必要がある。これが高い業績を

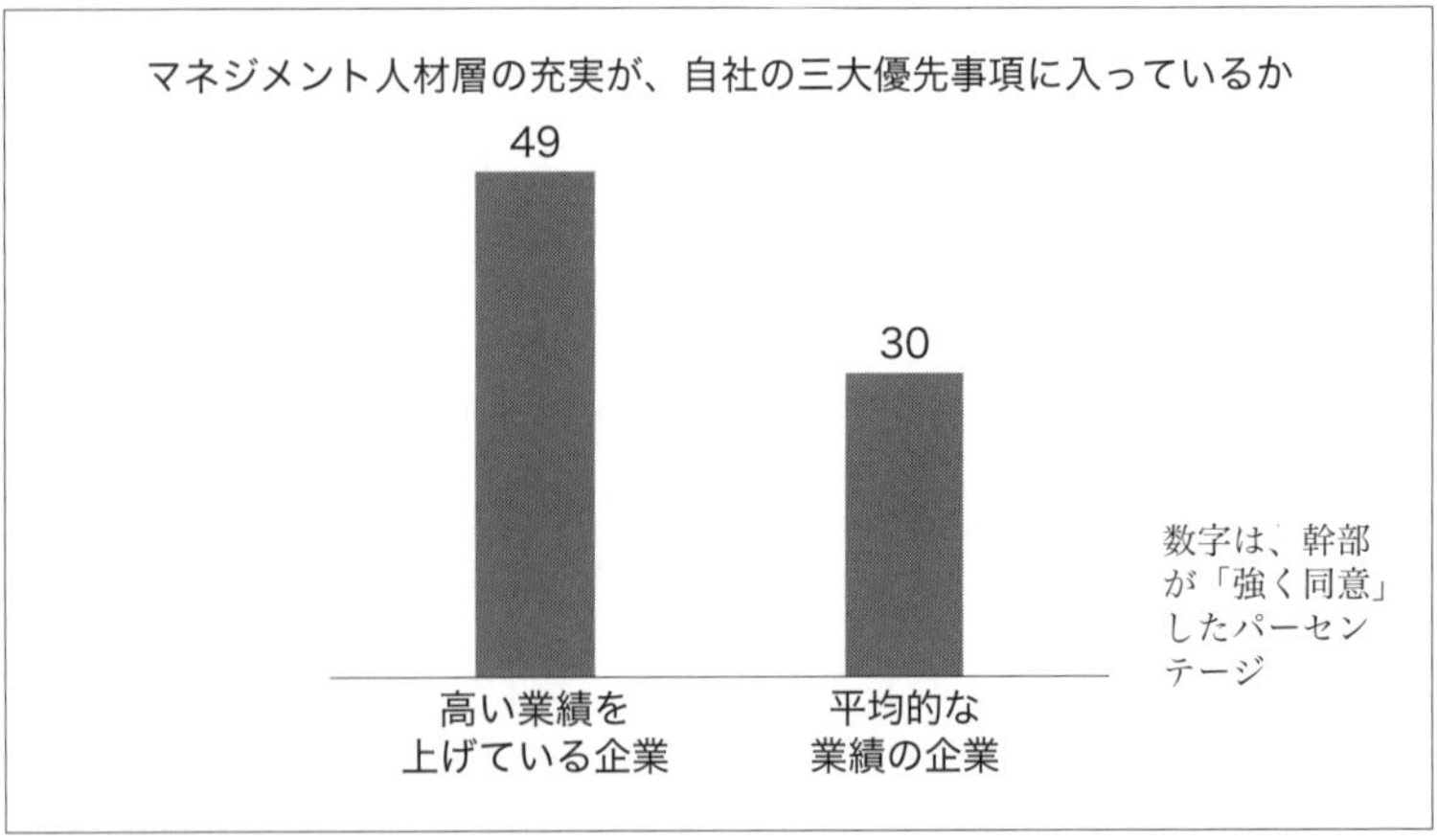

出典：ウォー・フォー・タレント調査 2000年

図2-1　人材マネジメントを最優先課題とする

上げている企業と、平均的な業績しか上げられない企業を分ける違いなのである（図2－1）。

■人材マネジメントはすべてのリーダーの仕事である

CEO、部門長、工場長、情報システム部長、店長、学校の校長、どんなポストについているにせよ、自分のマネジメント人材層を強化するチャンスはある。リーダーならだれでも「自分のチームは、どのくらいの力があるのか。これをさらに強化するため、何ができるのか」と、常に自問しなければならない。

自分のチームを強化するのに加え、組織全体としても人材が強化されていることを確認する必要がある。ここで、組織の奥深くまで影響力を浸透させるためにリーダーがとるべき行動を六つあげる。

□最も基本となる人材の要件を決める。
□組織内の社員の評価・処遇には、深く積極的にかかわる。
□シンプルだが徹底した人材評価プロセスを実施する。
□組織内のすべてのマネジャーに、マネジメント人材評価プロセスを徹底して植えつける。
□資金を惜しまず、人材に投資する。
□自ら構築したマネジメント人材層の強さに対する責任を、その人材と彼らの上司であるマネジャーが負う。

その一　リーダーは人材の要件を決める

リーダーとしてはまず、自分の組織に必要な人材の要件を設定する必要がある。これはどんな人材を雇うか、どんな人材を会社に残すかについて、業績評価の基準などを通して、暗黙のうちに毎日行っていることだ。しかしはっきりとした形で、組織に必要な人材の要件を、どのくらい頻繁に議論しているだろうか。

私たちは調査に協力してくれた人々に、こう尋ねた。「会社の上級管理職の人々は、優れた業績を上げるのに何が必要か、共通の認識を持っているだろうか」。それに対し、「持っている」と断言したのは、たったの十%にすぎなかった。組織の上部にいる管理職の人々が、はっきり示していなければ、その下にいるマネジャーたちが、人材と業績の基準をはっきり理解できるわけがない。

ラリー・ボシディは、優れた人材の要件を決定するのに、偶然に頼るようなことはしなかった。一九九一年、アライド・シグナルにCEOとして乗り込んだとき、ボシディは、まず製造部門のリーダーの質を上げなくてはならないことを見抜いた。手始めとして、自分が求めている製造部門のリーダーの要件を公表した。一つ、部下に細かく指示するのではなく、部下の裁量を認める。一つ、管理するのではなく指導する。一つ、技術を知っているが技術者のように振る舞わない。

その後の二年間、アライド・シグナルはこの基準にのっとって、製造部門の上位四百人の評価をした。基準に達した社員には、さらに大きな責任が与えられた。それ以外の社員は、もっと高いところを目指すよう激励されたが、その後も新しい基準に満たない社員もいた。そうして二年でアライド・シグナルは、四百人に及ぶ製造部門のマネジャーのうち二百人を交代させた。人材の質の向上は同社の大規模な企業再生策の一部であり、再生の結果、三十ドル前後だった株価が、三年未満で七十五ドルに上昇した。

人材の要件は、ラリー・ボシディが言ったような簡単な言葉で表現できる場合もある。また、六つから八つの包括的な必要能力（戦略的思考能力、コミュニケーション・スキルなど）に対応する行動的スキルを、それぞれ「優れている」「平均」「基準以下」に分けて表記したものもある。いずれにせよ要件は、「優れている」「平均」「基準以下」というレベルの違いを、はっきりと示さなくてはならない。それが組織全体で使われる評価と昇進のベンチマークとなり、マネジメント人材指向の重要な要素となるからだ。

図２‐２には、高い業績を上げている企業では、平均的な企業よりも、ＣＥＯが人材の要件を決めるのに、より大きな役割を担っていることが示されている。

その二　リーダーは組織の内部にまで入り込んで、人材評価に積極的にかかわる

マネジメント人材指向を持つ企業とリーダーは、マネジメント能力を備えた人材を、企業全体の資産と考える。つまり上位百人

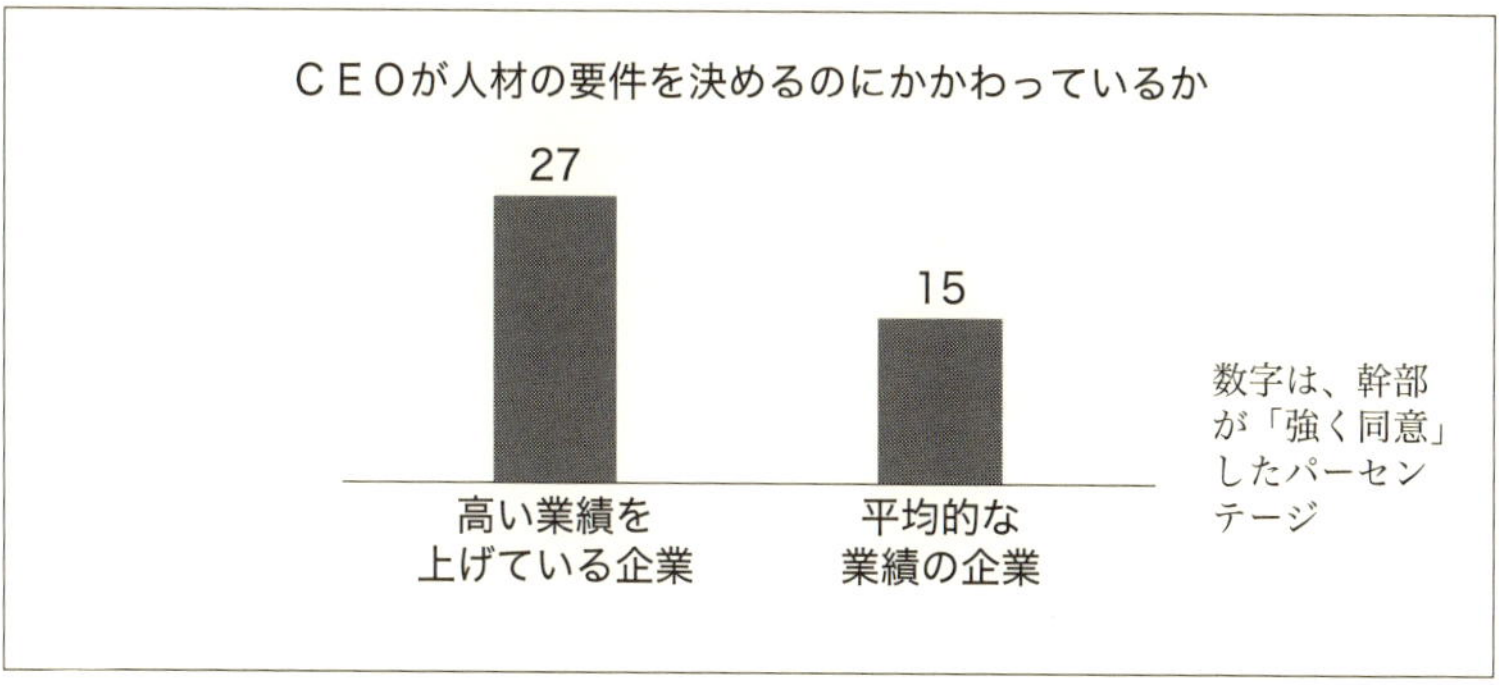

出典：ウォー・フォー・タレント調査 2000年

図2-2　人材の要件を決める

から五百人のマネジャーたちを、企業の資産ととらえているのだ。さらに彼らは、有能な人材は、自分を上に立つ人材と見なしてほしいと思っていることを知っているのだ。

そうしたリーダーがその二〜三階層下のマネジャーについて、すべての決定を行えるわけではない。しかし人材の要件が適用されていることを確認し、候補者リストに必要な名前を付け加えるなどの作業を通じてかかわることはできる。空いたポストに人を入れようとするときは、最終選考に残った候補者と面接を行い、意見を述べるが、最終的な決定権は、直属の上司に委ねる。

CEOは特に、社内の上位百人から五百人の人材の配置、育成、採用および会社に引きとめることに、深くかかわるべきである。何年か前、ペプシコでは前CEOのウェイン・キャラウェーが、上位五百の空きポストの最終候補者のうち三十%を退け、もっと有能な候補者を社内外を問わず探すよう組織に命じた。キャラウェーは自分の三階層下のポスト、フリトー・レイの新製品部門の副社長の最終候補者二人の面接を、一度では足らず二度も行った。

CEOが二段階下のレベルの採用や昇進の決定を常に行うと、そのすぐ下のリーダーは、権利を奪われたと疎外感を感じるのではないかと疑問に思うかもしれないが、実際は逆の問題——CEOのかかわり合いが少なすぎる——の方が、よく見受けられる。事実、私たちの調査に答えてくれた人たちで、「自分の会社のCEOが上位二百人のマネジャーの評価と異動について、積極的にかかわっているか」という質問に、迷わずイエスと答えたのは、たったの三十一%だった。

レス・ウェクスナーやグレッグ・サムは、幸いにして、この微妙なバランスをうまく保っている。彼らは他のリーダーたちと共同で決定を行い、自ら決定にかかわることにより、マネジメント人材指向を他の社員にも示し、それを深めている。

その三　シンプルだが徹底したマネジメント人材評価プロセスを実施する

あなたの会社では、予算案作成と同じくらいの熱意と厳密さをもって、会社の人材について定期的に話し合っているだろうか。これは必要なことなのだが、私たちの調査によると「毎年のマネジメント人材評価プロセスを、予算作成と同じくらいの重要事項とみなし、集中して行っているか」という質問に、イエスと迷わず答えたのはわずか十八％だった。マネジメント人材指向のリーダーは、このような話し合いを定期的に行っている。その話し合いから、各ユニットがどのようにマネジメント人材層を強化するかという、厳格な行動計画がつくられる。

ジャック・ウェルチがGEのマネジメント人材評価プロセスに、年間三十日を費やすのは、「セッションC」としてよく知られている。そこでは、各ユニットのゼネラル・マネジャー（二十人から五十人）について議論され、行動計画が策定される。このプロセスでは、どのような人材が、ビジネス上の優先課題とどのようにリンクして位置づけられているのか、またそれぞれの事業におけるマネジメント人材層の強さがどの程度かについて徹底的にさぐる。ジャック・ウェルチがいなくなったらGEはどうなるのかという疑問が出たとき、ウェルチ自身が、セッションCについて言及し、これがGEの経営システムの根幹になるとした。マネジメント人材評価プロセスは自分がGEを辞めたあともそこで生き続け、リーダーの一人一人、組織単位の一つ一つが、マネジメント人材層の強化策をきちんと計画することを保証すると述べている。人事部門の上級副社長ビル・コナティが、こう付け加えた。「セッションCが、GE最大の特色あるプロセスであることは間違いない。ジャックはこのプロセスを、あの並はずれた精力でもって社内に浸透させたが、実はセッションC自体はジャックがCEOに任命される前からあったし、彼がGEを退いてからも、とりわけ重要な活動として引き継がれていくだろう」

マネジメント人材評価プロセスについては、第六章で詳細に述べる。

その四　リーダーは組織内のすべてのマネジャーにマネジメント人材指向を徹底して植えつける

これらの策はCEO一人で実現できるものではない。優れた人材マネジメントが社内のあらゆるレベルで実現できるよう、マネジメント人材指向を他のリーダーに植えつける必要がある。組織のすべてのリーダーが、この姿勢を身につけなければならないのだ。事実、卓越した人材マネジメントを行っている企業は、組織全体に人材指向が深く根づいている。CEOは他のリーダーたちと人材関連の課題について頻繁に話し合ったり、人材マネジメントを会社が重視するリーダーの資質の一つとして位置づけることにより、これを実現できるのだ。

リーダーはまた、自らの行動をとおしてマネジメント人材指向を示さなければならない。ところが私たちの調査で「自分の会社の経営陣が、優れた人材マネジメントの規範を示しているか」という項目に、はっきり同意したのはたったの九％、「自分の会社の経営陣が、人材マネジメントを重要な業務の一環と考えている」とはっきり答えたのは、十八％に過ぎなかった。「私の第一の仕事は、マネジメント人材層の強化だと考えている。だから社員との会話や会議はすべて、有能な社員について話したり、彼らのことを知る機会、または人材関連の重要課題の解決の手助けをするチャンスとしてとらえている。それがGEの経営手法だ」と言うジャック・ウェルチの考えとは対照的だ。あるマネジャーは「ジャックとエレベーターに乗り合わせると、いつもセッションCの気分だ」と言っている。このようにCEOが常に社員を見ているという姿勢を示すと、人材の重要性とそれを管理するのはだれの役割なのか、強烈なメッセージが送られることになる。

あなたは直属の部下の職務遂行ぶりや改善を要する点について、率直な意見を伝えているだろうか。業績不振の社員の問題に正面から取り組んでいるだろうか。部下が成長し力を伸ばせるよう、積極的に果たすべき役割を作るのをを支援しているだろうか。直属の部下以外にも、進んで指導しているだろうか。あなたがそれを実行していないなら、他の社員が実行しているわけはない。

その五　リーダーは資金を惜しまずに人材に投資する

給与、ボーナス、諸手当は、損益計算書に直接はねかえってくるため、人材の強化に多額の投資をすることをためらうリーダーが多い。そもそも大半の企業は、その種の支出を投資と考えていない。しかしマネジメント人材指向を備えたリーダーなら、新入社員、高い給与、移転手当、解職手当、入社時に支払われる一時金、ストックオプションなど、マネジメント人材層強化に役立つ要素に投資を惜しまないはずだ。

最高レベルの人材を引きつけ、維持するためには、古い報酬の決まりにとらわれるべきではない。必要とあらばルールを破るなり変えるなりして、優秀な社員を外部から導入し、いわゆる「Aクラス」の人材を確保するため、会社の発展を期して人材確保のために投資を行う。たとえばサントラスト・バンクスは、非常に興味深いことを行っている。

一九九五年、アトランタを拠点とする多角的な金融サービス会社、サントラスト・バンクスの収益は、年間約四％の割合で成長していた。しかし株主の利益率を十五％に上げるためには、既存ビジネスの収益の成長率を、四％から十％にまで高めなければならない。そのためサントラストは、四つの対策に取り組んだ。良質の新商品開発、新しい販売チャネル、低コスト経営、そして多くの有能な人材の確保である。ＣＥＯのフィル・ヒューマンは、この目標の達成の最大の原動力は、人材の追加投入と、各人材の業績を引き上げたことだったと確信している。結局、優秀な人材こそが、質の高い商品、新しい販売チャネル、効率のよい運営のベースなのだ。

人材指向の新しい方針の一環として、サントラストは南部全体に存在する二十四の店舗に、六百人の新しいリレーションシップ・マネジャーを雇った。そのために入社時に支払われる一時金、保証ボーナスといった資金が必要であり、また人材を採用し組織になじませるため、何百人ものリーダーが相当の時間をかけなければならなかった。各地区の銀行のトップが人材採用のための投資をすぐに行えるよう、一年目の報酬と新規雇用のための費用は、本部が負担した。

それに加えて、二十四店舗のトップは、六つの事業分野において重要ポストについてはいるが業績不振に陥っているリーダーに、何らかの措置をとることを決めた。そこで業績査定とランク付けをしたところ、二百の重要ポストのうち二十％を、業績不振なマネジャーが占めていることが判明した。

その後、業績を上げたマネジャーもいる。彼らはただ、これまで背伸びした目標を持っていなかったり、率直なフィードバックを得られなかったり、成功報酬や失敗による罰則を明確に示されていなかっただけなのだ。他に、歩合制の販売担当に異動した社員もいれば、早期退職手当を受けて辞めたマネジャーもいた。

六百人の新規採用費用と解雇手当で、計約五千万ドルのコストがかかった。税引き後収益が年間八億ドルのこの会社にとっては、税込み所得の約四%にあたる額だった。しかしそれだけの価値はあった。改革一年目、サントラストの成長率は四%から十%に上昇した。一九九六年から一九九九年の間、年間約九%の成長率が続いた。その結果、一九九七年と一九九八年は、競合他社に比べて株価収益率が十五%も高くなり、それが一九九九年のクレスター・バンクの大型買収を可能にしたと言える。

大半の企業やリーダーは、人材への投資を渋るようだ。しかし私たちの研究によると、有能なマネジャーは、業績不振のマネジャーに比べて、五十%から百三十%も生産性が高いという結果が出ている。したがって、支出に対して、たいていの場合、大きな見返りが得られる。多くの企業は、ややハイリスクで、回収に四~五年かかる投資プロジェクトに資金を投入することは珍しくないのに、そのごく一部を人材獲得・育成のために使うのはためらっているのだ。その事実を心にとどめ、人材の構築が、リミテッド、パーキン・エルマー、サントラストにどれほどの影響を与えたか、もう一度、考えてみよう。

その六　リーダーは、その下のマネジャーとともに、自分たちで構築したマネジメント人材層に対する責任を負う

私たちが調査を行った企業のほぼすべての役員は「マネジャーは自分が管理する人材層の実力に責任を負うべきだ」と述べている（図2‐3）。それはもっともなことだ。しかし実際にそうしている企業は、ごくわずかである。これは四年間の我々の調査で判明した企業の実態の中でも、驚くべきこと

の一つだった。

企業はなぜ、人材についてマネジャーに責任を持たせないのだろうか。人材マネジメントは評価が難しい、企業は人材をインプットととらえる一方、業績はアウトプット——成長と利益——で計るものと考えている、といった答えが返ってくるかもしれない。確かにそうなのだが、だれも責任を持たないという状況に、心穏やかでいられるだろうか。充実したマネジメント人材層を築く自社の能力は、競争での優位性と経済価値とはっきり結びついているのが分かっているのに。

二十年前、企業にとって重要なのは生産性、品質、顧客の満足度だと分かっていた。しかしそれをどのように評価するべきか、分かっている企業は少なかったし、それに責任を持つマネジャーはごく少数だった。これらの要素が、重要なビジネスの尺度になったのは、それを評価する方法が確立してからのことだ。

それと同じように、今はまだマネジメント人材層

マネジャーは自分の管理する人材層の実力に責任を負うべきか

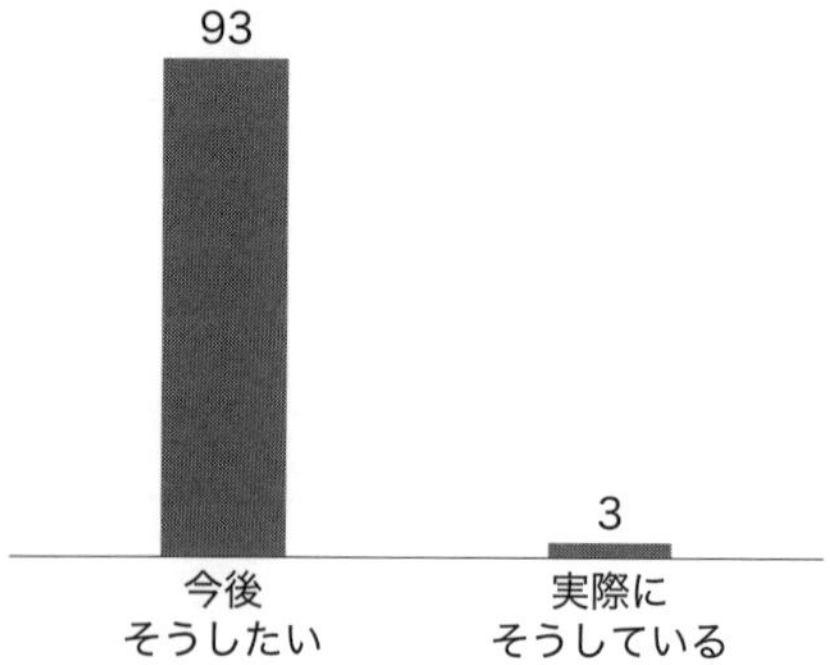

数字は、幹部が「とても重要」したパーセンテージと、
それを会社が行動に移すことに「強く同意」する人のパーセンテージ

出典：ウォー・フォー・タレント調査 2000年

図2-3　マネジャーの責任

について、評価手法が確立していないため、自分で責任を持たなければならない時期にある。責任を持たせることがマネジメント人材層の強化の要《かなめ》ともなりうるし、またなるべきだ。しかしどうすればいいのだろうか。

各ユニット――店舗、研究所、販売員グループ、部署――が一年後に向かって、明確なマネジメント人材層強化の目的を、三つから六つ打ち出す。もちろん各ユニットの目的は毎年のように変わるだろう。この目的の設定には、判断力が必要とされる。その判断には、ユニットの中から数人、ユニットの上部組織から数人が関与するべきである。目的達成を評価するにも判断が必要だ。それにはマネジメント人材層がどれくらい効率的に構築されているか、継続的に議論し、測定しなければならない。このような対話は、今日の企業では、まだ体系的、包括的、探索的なやり方では決して行われていない。しかしこれは行うべきなのだ。責任を持つことが、マネジメント人材指向を企業の奥深くにまで浸透させ、人材マネジメントをすべてのマネジャーの仕事であると確信させるための要であるからだ。

これら六つの行動は、簡単なものではないだろう。あなたの時間の三十%から五十%を注ぎ込まなければならないかもしれない。「それほどの時間を、どうやってひねり出せばいいんだ。最優先事項の中の最優先事項として取り組んでいることが、十もあるんだ」と思われるかもしれない。まずはすべての会議で、電話で、出張で、目の前にある人材関連の課題について、いつでも話し合うことから始めてみてはいかがだろうか。マネジメント人材評価プロセスで策定した行動計画を、何度でも議論する。人材の問題は、事業の一環として、一日十回から十二回は、話題に出すべきである。第二に、自分でなくてもできる仕事は人に任せて、人材の問題に取り組むことだ。人材関連以外の仕事の一部を、有能なマネジャーに任せてしまおう。

簡単に言えば、有効な時間の使い方を考えるということだ。予算会議の司会をする、顧客を訪問する、セーターを選ぶ。そのいくつかは、周囲の有能な人材でもこなせるのではないか。あなたのチームを強化しようとしているとき、チームを強化しようとする部下の手助けをするとき、その仕事の見返りとしてどれほど多くの時間が将来手に入るか考えてみるべきではないか。

■人材マネジメントはオプションではない

アムジェンのCEOケヴィン・シェアラは、人材マネジメントに多くの時間と関心を注いでいる。彼は強力な人材層を築くことは、有力な製品パイプライン（将来の商品化を目指して研究開発対象となっているもの）を築くのと同じくらい重要だという信念を持っている。また製品のパイプラインと人材パイプラインは直接結びついていて、その二つがアムジェンにとって、最優先事項であると考えている。

人材パイプラインを築くためにしたことを、シェアラはこう語った。「上位のマネジャーに、もし人材と人材システムは人事部の仕事だと考えているなら、それはとんでもない思い違いだと理解させた。人材はすべてのマネジャーの仕事だ。それが今後、人材パイプラインの強化を図るための、唯一の方策である」

約七百億ドルの株式時価総額を誇るアムジェンは、ベストセラーとなった二つのバイオテクノロジー薬品を製造している。人工透析を受けている患者の貧血治療薬エポジェン、そして癌患者の化学療法によって誘発される感染症を防ぐニューポジェンだ。シェアラのリーダーシップのもと、経営幹部チームは「人を癒す最高の企業」になるという方針を打ち出した。そのためにはメルク、ファイザー、ジョンソン・エンド・ジョンソン、その他の大企業と競合せざるを得ない。また新薬開発のパイプラインも必要だ。いまパイプラインには、貧血、リューマチ性関節炎、前立腺癌などの治療に有効な薬品が含まれているが、さらに多くの製品が必要である。これらの製品の商業化には、製品開発、マーケティング、国際業務マネジメント、提携、特許保護、コミュニケーションなどで、世界レベルのスキルがいる。

製品パイプラインと同様に人材パイプラインを築くために、シェアラは上位五百人のマネジャーに対して、マネジメント人材評価プロセスを導入した。これは成長とさらなる責任を担えるスター人材を特定するためのものだ。リサーチ、セールス、マーケティング、プランニング、そして人事などの部門で深刻な人材不足に陥っていることも、同時に明らかにされた。その人材不足を埋めるため、数十人の極めて有能な人材を外部から引き抜き、上位百のポストに迎え入れた。シェアラはまた、すでに社内にいた高い能力を持つと思われる人材を、積極的に活用することに着手した。

リーダー、マネジャー、科学者たちにマネジメント人材指向を植えつけられたこと、そして人材マネジメントを彼らの仕事と思わせたことの成果についてシェアラに尋ねると、彼はこう答えた。「かなり進歩はしている。私と働く人々にとって、マネジメント人材層の強化は、できればやるという任意の仕事ではないことは明らかだ」

■あなたのマネジメント人材指向をチェックする

こうしたリーダーたちの行動を考えながら、あなたのビジネスにおいて、人材がどんな意味をもつか、また人材マネジメントが、あなたの仕事のコンセプトに合致しているか、チェックしてみよう。

□有能な人材を雇うことが、ビジネスの競争で勝つための方法だと思うか。
□マネジメント人材層の強化が、あなたの仕事の重要な部分だと思うか。
□あなたの会社のマネジャーすべてに、人材に関する仕事が重要な業務であると納得させているか。
□広く理解され、社員の評価決定の根拠となるような、組織に必要な人材の要件が設定されているか。
□二～三段階下の、重要な地位についている社員の評価・処遇の決定に、深くかかわっているか。精査したり、手を貸したり、高い目標を目指すよう促したりしているか。
□直属のユニットでマネジメント人材評価プロセスを実施し、それが結果的に各ユニットのマネジメント人材層を強化する、確固とした計画へとつながっているか。各ユニットの計画を、継続的にフォローアップしているか。
□他の社員にマネジメント人材指向を浸透させるため、優れた人材マネジメントの規範を示し、人材について社員と頻繁に話しているか。
□人材に投資を惜しまない意志があることを示しているか。
□あなたの部下であるリーダー及びあなた自身に、三つから六つの経営人材層強化のための、具体的

なぜ人事部のリーダーがＣＦＯと同じくらい重要になるのか

優秀な人材を引きつけ、育て、維持することは、企業の競争における優位性につながる問題だ。財務戦略、税金対策、予算作成、場合によっては買収などよりも大きな力になるかもしれない。したがって人事関連のリーダーは、今後はるかに大きな戦略的な役割を果たすことになる。それはＣＦＯにも匹敵するものだ。

経営者に対する調査で「人事部門はマネジメント人材層強化において、現場のマネジャーに大きな影響を与えるパートナーであるべきか」という質問をしたところ、88%は、人事部門がそのような役割を果たすことが不可欠、あるいは非常に重要であると答えた。その次に「現在、自分の会社の人事部門が、そのような役割を果たしているか」と尋ねたところ、自信を持ってイエスと答えたのは12%だった。現場のマネジャーは人事部門の助けをほしがっているが、ほとんどかなえられていない。

すべてのリーダーが、人事マネジャーに対してもっと高い期待を持つべきなのだ。各事業部、主要な拠点には、戦略的で、結果を重視し、単刀直入で、意志が強く、力のある同僚や上級マネジャーに強い影響力を持つ、優れた人事ゼネラリストを配置するべきだろう。以下に人事部門のリーダーが担うべき役割をいくつかあげてみる。

ビジネス戦略と人材を結びつける

パーキン・エルマーのジョンソン・エンゲルは、「人事のリーダーには、成長を促進し、組織の戦略考案者となって、成長戦略を支えることに専念してほしいと思っている」と言っている。ジュリアン・カウフマンがアライド・シグナルの人事部役員だったとき、彼はすべての事業部の計画会議に出席し、ビジネス戦略と人材を結びつけようと努力を続けた。この2つが結びついている会社は、今のところあまりない。私たちが調査を行ったマネジャーのうち、自分の会社は「ビジネス戦略と特定の経営人材層の必要性を結びつけている」とはっきり回答したのは、たったの7%だった。これは人事部門の新しい重要な仕事である。

有能な人材を集めるために、何が必要かを考えるリーダーとなる

グレッグ・サムが最近、50人の人事部門役員に話したように、人事部役員は、組織、社員の士気の把握、新規採用と社員の定着率の傾向、その他の人材関連の問題に関するバロメーターを提供するべきだ。人事部役員は、マネジメント・チームが人材に訴求する魅力を明確にし、強化する手助けをしなければならない。また、マネジャーたちがいかに満足しているか、調査や非公式の討議などを通じて、モニターすべきである。こうした知識があれば、優秀な人材を引きつけそれを維持するための、はっきりとした戦略の立案と実行の支えとなれる。

人材評価と行動計画を推進する

人事部門のリーダーは人材評価を押し進める役割を担う。合意に達した行動計画を、リーダーが実行するのを助け、後押しする原動力となる。その役割には、そのグループの弱み、人材、組織構造、プロセス、社風をかぎつける能力や、上級リーダーにも臆せずに弱みに対処するようプレッシャーをかけるといったことも含まれる。

トップ50から100人のマネジャーの育成戦略を設計する

そのためには、社員を評価するスキル、話を聞くスキル、率直さ、洞察力などが必要とされる。私たちの調査から、ほとんどの企業では、人材育成に効果のある仕事に十分な時間と労力を割けていないことが分かった。人事部門は空いている仕事につける候補者や、一番の適任者を選ぶとき、リーダーのアドバイザーとなるべきだ。

この戦略的な役割をうまくこなすために、人事部門のリーダーは、報酬の管理、諸手当、配置転換など、あまり戦略的ではないテクニカルな仕事を、その道の専門家に任せるか、アウトソースしなければならなくなるだろう。

現在、人事部門のリーダーより、はるかに多くのＣＦＯが事業部のマネジメント・チームか経営委員会のメンバーとなっている。しかし人材が企業の成功の重要な要因となっている以上、そのような現状は変えていかなければならない。人材マネジメントは現場のリーダーの仕事であるが、一流の人事部門の幹部との戦略的パートナーシップを必要としており、またそれを歓迎するだろう。

で測定可能な行動の責任を課しているか。

これらの質問に対して、明確にイエスと答えられなければならない。あなたの会社の業績は、危機に直面している。マネジメント人材指向を身につけ、自社が市場で勝つための人材をそろえる手助けをするべきである。

＊1　従来のやり方、考え方のまま頑張っただけでは到達できず、新しいやり方や挑戦が求められるような目標。

第三章　人材を引きつける魅力の創出

一世代前、キャリアは目的を果たすための手段だった。テーブルの上のパン、一家の頭上を覆う屋根、いつか手に入れるはずの有名企業のマネジャーのポスト。会社に入って与えられた仕事をこなし、ゆっくりと慎重に、出世の階段を上っていく。キャリアと報酬がピークに達するのは五十代、あるいは六十代のはじめだった。

今日、キャリアはまったく違ったものになった。優秀な社員は高い報酬とあらゆる特典を欲しがる。しかしそれよりも大切なのは、仕事に情熱を持ち、刺激的な業務につき、多くのキャリアアップのチャンスを手に入れ、会社を引っ張るリーダーたちに鼓舞されながら、その行き届いたマネジメントに安心し、使命を果たそうという意欲をかきたてられることなのだ。彼らは熱心に働くと同時に、仕事に充足感を感じたいと思っている。それが満たされないとき、会社を辞めることが多い。極めて優秀なマネジメント人材には、さまざまな選択肢がある。自分がどれだけの価値を生み出せるか、よく知っているのだ。これらの理由から、人材の「価格」——金銭的な意味でも、非金銭的な意味でも——は、上昇を続けている。

　こうした高い期待に応える必要性を理解している企業の例としては、インターネット広告のパイオニア、ダブル・クリックがあげられる。ドワイト・メリマンとケヴィン・オコーナーが、一九九六年にこの会社を設立したとき、彼らは従業員のための訴求価値[*1]（EVP＝Employee Value Proposition）の基礎を、ニューエコノミーの付属品——ロビーのエスプレッソ・マシンから無料のサルサのレッスンまで——ではなく、インターネット広告の新時代を開くというエキサイトメントに立脚するものであるとした。

　さらにEVPとして、社員に自分で自分のキャリアをコントロールし、形成するチャンスを与えた。メリマンとオコーナーは、いくつもの仕事を経験し、さまざまなスキルを学んで、あえてリスクを冒すことを奨励した。

　チップ・スコヴィックにとって、ダブル・クリックのこのEVPは、六年積み重ねた法律分野でのキャリアを捨てるのに十分なものだった。ダブル・クリックには、スコヴィックがすぐにできる仕事はなかったが、会社は彼をフリー・エージェントとしてサンフランシスコに移し、いまやスコヴィックはそこで、技術ソリューション出版部門の経理チームを率いている。ダブル・クリックで与えられたチャンスを振り返り、スコヴィックは、「私は自分のキャリアを、自分の望むどこへでも持っていくことができた」と言っている。

　ダブル・クリックでは、社員に自分の仕事についてかなりの自由を認めている。そのかわり、高いレベルの起業家的能力を発揮すること、そして結果を出すことを期待される。どんなレベルの社員でも、昇給とボーナスは、会社の業績と社員自身の業績によって決まる。もちろんリスクも自分で負わなければならない。革新的な思考、優れた実績、人を率いるリーダーシップを発揮できない社員は、降格や解雇を覚悟しなければならない。CEOのケヴィン・ライアンは、毎年かなりの数の社員に解雇を言い渡さすのは仕方のないことと考えている。「私は社員をリーダーシップに関する二つの観点から評価している。部下たちがそのマネジャーのために、喜んで働いているか。そして、優秀な社員を引き寄せているか。第一級の人材を引きつけ、引きとめる力が不足していて、会社に貢献できないマネジャーは、十分な仕事ができていないと見なされる。報酬やボーナスには、その能力がダイレクトに反映されている」

しかしダブル・クリックのEVPの真価が発揮されたのは、二〇〇〇年春に、ナスダックの株価が下落したときだった。他のドットコム企業と同じく、ダブル・クリックの株価も八十%以上落ち込み、従業員のストックオプションも市価水準を割り込んだ。インターネット広告の将来も、一部の評論家の目には不安定なものに映った。ここで特筆すべきは、多くのドットコム企業が優秀な人材を失ったこの時期、ダブル・クリックのトップ百の人材が、だれ一人として社を去ろうとしなかったことだ。それはオプションやコーヒーサーバーやサルサのレッスンのおかげではない。ダブル・クリックには、人を引きつけ、意欲を引き出し、社員が求めるものにぴったりと合ったEVPが備わっていたのである。ダブル・クリックの成功が今後も続くなら、それはかなりの部分、確固たるEVPと、同社が築いた強力なマネジメント人材層によるところが大きい。魅力あるEVPは、好調時、不調時を問わず、優秀な社員を引きつけ、引きとめるため、すべての企業に必要なものである。

■ＥＶＰとは何か

ＥＶＰとは、社員がその企業にいる間に経験し、受け取るすべてを総合したものと言える。仕事に対する本質的な満足感から、職場環境、リーダーシップ、同僚、報酬など、数え上げればきりがない。それは企業が社員のニーズ、期待、夢などを、どのくらい満たしているかにもかかわる。薫り高い花がハチを呼び寄せるように、強力なＥＶＰは優秀な人物を呼び寄せる。強力なＥＶＰはまた、社員をエキサイトさせ、毎日ベストを尽くし、元気を出して、自分の仕事と会社に貢献しようという熱意を引き出すものである。

ＥＶＰは求人用カタログや会議室の壁にかけられたポスターの、口当たりのいい標語ではないし、耳ざわりのいい言葉をただ羅列しただけのものでもない。社員が来る日も来る日も、会社で実際に経験していることなのだ。

「従業員」への訴求価値は、「顧客」への訴求価値と同様である。一世紀以上も前から、マーケティングを仕事にする者は、意識して顧客への訴求価値を作りだそうとしてきた。たとえば一八〇〇年代末、石鹸のメーカーは、固形の物でも粉状の物でも、単なる石鹸として売っていた。客の目を引くために、こぎれいな箱に入れるのがせいぜいだった。やがてだれかが、石鹸を買おうとしている客は、本当は何を欲しがっているのか考えるようになった。汚れ落ちはいいか、どんな香りがするか、肌にどんな影響があるか、どんな包装をされているか、仕事や家族のためにそれを使っているときどんな気持ちがするか、そして当然のことながら、値段はいくらなのか。

生産者は自分たちの製品のどの部分が他の物より優れ、どの部分が劣っているのか理解し始めた。

顧客を区分して、自分たちの製品の訴求価値に引きつけられるのはどんな人たちかを突き止めた。そして、どうすれば買い手の行動を変えられるか、厳密な分析に基づき、製品の変更が必要な部分を決定した。要するに、顧客への訴求価値について戦略的に考え、それに合わせて製品とビジネス戦略を練るという行動を取り始めたのだ。いまでは当然と考えられるが、当時としては革命的な現象だった。

人材育成競争を勝ち抜くために激しく戦っている企業も、従業員を引きつけ、引きとめるために、これと同じ種類のマーケティング思考を適用しなくてはならない。あなたの企業には、強力なEVPが必要なのだ。「なぜ能力の高い人材が、ここで働くことを選ぶのか」という問いに対する答えがEVPなのだ。

この章では、一流の人材が会社を選ぶときに重視する要素と、いくつかの企業がその要求を見事に満たしている例について説明していく。核となるEVPは組織の基盤であり、簡単には変えられないこと、そして、勝利につながるEVPの要素と、自分の会社でEVPを作るときに、マーケティングのテクニックがどのように役立つかを解説していこう。

■マネジャーは何を求めているか

優秀なマネジャーは、会社を選ぶとき、何を求めるのだろうか。私たちはさまざまな項目をあげ、それが就職先を決めるとき、どのくらい重要な意味を持つかを質問した。図3-1を見ると、非常に多くの人が重要と考えている項目もあれば、そうでない項目もあることが分かる。また現在の会社が、どのくらいこの条件を満たしているかも質問した。太字で示された項目は、総合的な満足度と、強い因果関係を持っていたものだ。図3‐2は、EVPの重要な要素が、どれほどマネジャーの満足度に影響を与えるかを示している。

私たちが行った調査を見ると、彼らは刺激的でやりがいのある任務につき、熱意をもって仕事に取り組みたいと思っている。会社の理念に意欲をかきたてられ、新しい事業や製品を発表し、大きな仕事に取り組んで能力を伸ばすことを望んでいる。

第二に、一流の企業で働きたいという望みも明らかになった。しっかりしたマネジメント、尊敬できるリーダー、成果主義、そして開放的で信頼関係に満ちた企業文化を求めている。

第三に、彼らは富を手に入れるチャンスを求め、個人的な努力に報いてほしいと思っていることも判明した。金銭は重要だが、これは単に金額だけの問題ではない。心理的な満足度の問題でもあるのだ。

第四に、彼らは会社に対して、自分のスキルを高める手助けをしてほしいと考えている。これは昨今の状況では特に大切だ。職を確保するためには、求人市場で求められるスキルと経験を積むしかないと、人々が気づき始めたからだ。

最後に、自分の時間や家族とのかかわりを大事にできる仕事を望んでいる。

■EVPの要素は会社の基盤

説得力のあるEVPを作り出すには、マネジャーが求める要素を考慮に入れなければならない。刺激的な仕事、一流の企業、魅力ある報酬、自分の能力を伸ばすチャンスなど。福利厚生、カジュアル

入社や転職の決定をする際に、「重要な要因」と答えた回答者の割合

刺激的な仕事

✓ **興味が持てててやりがいのある仕事**	59%
✓ **熱意を注ぎこめる仕事**	45%
自分の意見が尊重され、意思決定にかかわることができる	41%
イニシアチブをとって成功を手にすることができる	40%
社内に影響を与えられる	35%
自由と自主性が保証されている	31%
戦略的な方向性の決定に参加できる	22%
革新を奨励される	22%

能力開発

✓ **キャリアアップの機会**	37%
✓ **自分自身への長期的なコミットメント**	35%
✓ **キャリアアップのためのスキル形成**	35%
✓ **シニアマネジャーのコミットメント**	30%
✓ **能力の高い社員を昇進させる**	28%
頻繁なフィードバック	17%
役立つキャリア上のアドバイス・指導を受けられる	16%
継続的なトレーニング	14%

ライフスタイル

個人や家族の生活を犠牲にしない	51%
便利な都市・地区に住める	34%
仕事のペースに無理がない	11%
勤務時間、勤務場所のフレキシビリティ	9%

一流の会社

✓ **行き届いたマネジメント**	48%
✓ **上司との良好な関係**	43%
✓ **社風と価値観が気に入っている**	39%
✓ **経営陣を信頼できる**	38%
官僚主義に邪魔をされない	30%
✓ **尊敬できる上司**	26%
刺激的で興味の持てる業界	24%
将来性のある産業	22%
他社よりも優れた製品	21%
高い業績	21%
会社の評判	17%
同僚との絆	13%
利益を超えた貢献	9%
多様なバックグラウンドを持つ社員	8%
社会へのポジティブな影響力	6%

金銭的、非金銭的報酬

✓ **自分の努力が認められ、報われる**	39%
✓ **大金を手に入れる大きなチャンス**	36%
✓ **レベルの高い社員が高い報酬を得る**	31%
✓ **現金による報酬が高い**	26%

✓ 太字＝仕事への満足度と強い因果関係を持っている項目

出典：中位、上級マネジャーを対象としたウォー・フォー・タレント調査　2000年

図3-1　マネジャーたちは企業に何を求めるか

な服装、条件のいい医療保険などは、弱いEVPと強いEVPとを区別するに足るものではなかった。あなたの会社のEVPを、根本から強化するつもりなら、ビジネス戦略、組織体系、文化、さらにはリーダーの能力まで、根本的に変える覚悟をしておくべきだ。

熱意をもって取り組める、刺激的な仕事

優れたEVPは、興味が深く、やりがいがあり、熱意をもって取り組める仕事から始まる。一部の企業にとっては、簡単なことかもしれない。たとえばヴァージン・グループのカリスマ的CEO、リチャード・ブランソンは、刺激的なベンチャーを次々と思いつく。ヴァージン・アトランティック・エアウェイ、ヴァージン・メガストア、ヴァージン・モービル、ヴァージン・ダイレクト（金融サービス）などはその例だ。アメリカ・オンラインはタイム・ワーナーと合併して、インター

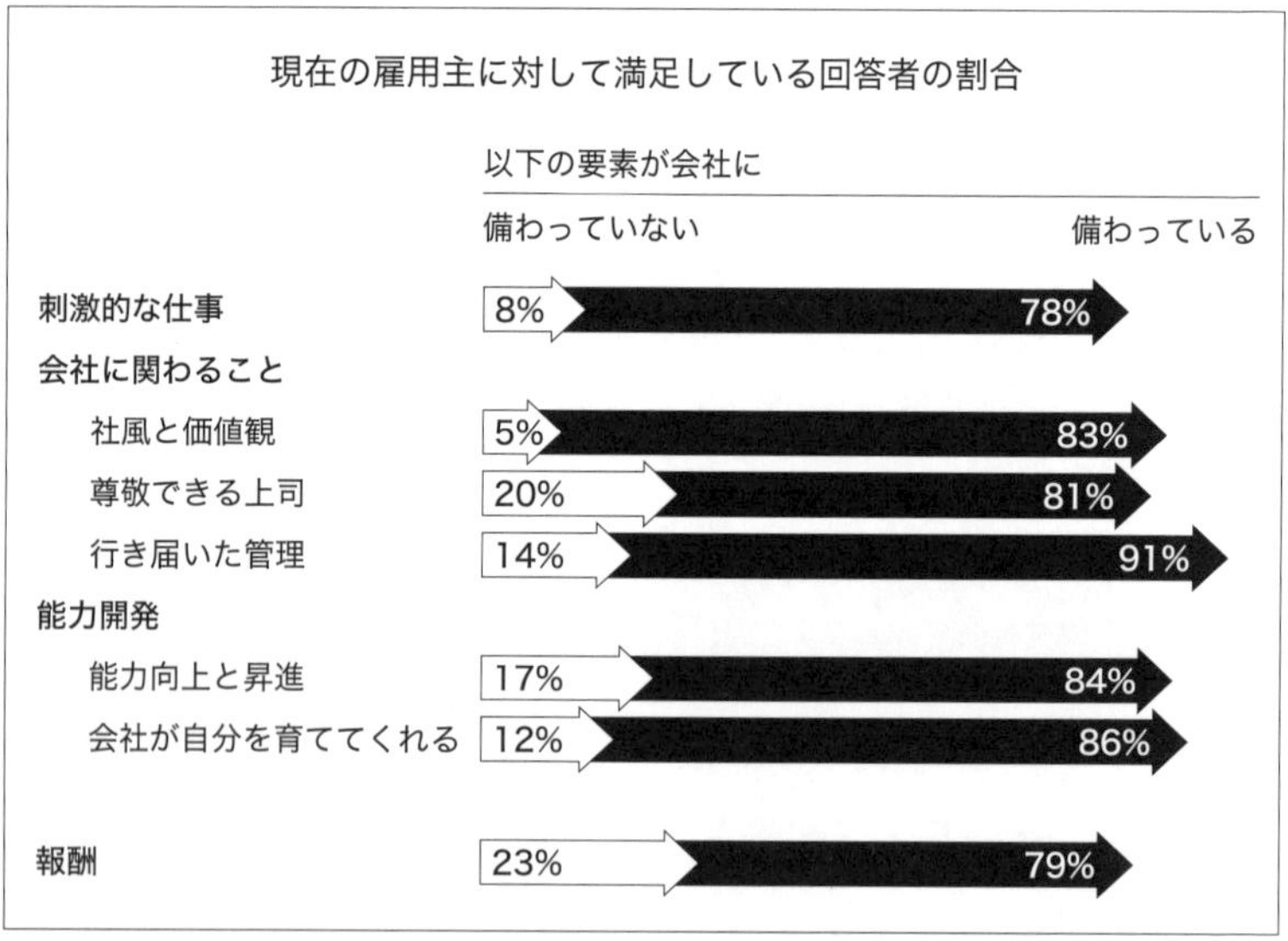

出典：中位、上級マネジャーを対象としたウォー・フォー・タレント調査　2000年

図3-2　仕事への満足度を高める要素が持つ影響力

ネットの最先端に位置するようになった。これらの企業は、ビジネスとブランドにエキサイトメントとチャレンジ精神を備えているのだ。

アムジェンもまた、もともと社員にとって刺激的なビジネスを営む企業である。アムジェンは一九八〇年、バイオテクノロジー革命とともに始まった。同社の二種類の薬品が大ヒットとなり、三十億ドルを売り上げた。小さなベンチャー企業から出発したアムジェンは、いまや世界最大のバイオテクノロジー企業に成長した。

しかしアムジェンのEVPは、それよりもっと深く訴えかける。同社の二大ヒット商品、エポジェンとニューポジェンは、それぞれ透析を受けている患者と癌患者の、治療による副作用をコントロールする効果を持つ。表だっては口にされないが、同社のモットーは「死に打ち勝つ」と、刺激的なことこの上ないものだ。

上級副社長のデニス・フェントンは、そのメッセージが社員にはっきり理解された日のことを思い出す。「わが社に備わった、人を引きつけ、引きとめる性質は何かを議論していた。株式時価総額が全米トップテンに入る、腫瘍《しゅよう》学に関しては主導的な地位を占める、などの意見があがった。そこで私は言った。『私が知っている限り、そのような理由でアムジェンに来る人はあまりいない。人を引き寄せるのは、より長く生きる手助けをするというわが社のコンセプトである。我々は、死に打ち勝とうとしている

これまでの期待されていたもの	今後、期待されるもの
高額の予算と大勢のスタッフ	新しい目標と刺激的な仕事
伝統的な序列	水平的、流動的、柔軟な組織
30年後までの展望、高給、高額の退職金	5年後までの展望、生み出した価値と結びく報酬
出世の階段を着実に昇る	違った職種を多く経験する

んだ』」。アムジェンの社員は、そのメッセージに胸を衝かれた。そしてそこで働くことに特別な意味を見いだすようになった。

「私は先週の医学会議で、アムジェンのブースにいた」。コロラド州ボールダーのオペレーション・プロジェクト部門の部長、キャサリン・バックは言った。「癌《がん》を患っている若い男性が、小さな男の子を連れてきた。彼はニューポジェンを服用していた。彼は私に近づいてきて、こう言ったんだ。『うちではこの薬を、黄金の液体と呼んでいるんだよ』」

アムジェン、ヴァージン、AOL・タイムワーナーは、そのビジネス自体に、刺激と意義を見い出せる。しかし他の会社はどうだろうか。これらの企業ほどの魅力や刺激がないと思われる企業は、どうやって人を引きつけたらいいのだろうか。

その答えは、あなたのビジネスと業務を自らの手で刺激的なものにすることだ。どこよりも速くイノベーションを進め、新しい事業に着手し、新製品を発売する。社員を鼓舞する企業理念を掲げる。自社のビジネスを一変させるべく、自分と社員を叱咤激励するのだ。

エンロンが属していたのも、刺激的な業界とは言い難い。同社は一九八五年にヒューストン・ナチュラル・ガスと、ネブラスカ州オマハのガス会社、インターノースが合併してできた。一九九〇年、社の経営幹部たちが、エンロン・キャピタル・アンド・トレードという新しい部門を創設したが、その目的は天然ガス取引の周辺にビジネスを形成するという、これまでになかった試みである。

それはまったく新しいビジネスの始まりだった。ガスの取引という地味な会社から、エンロンはリスク管理、ガス、電気、鉱物、水、そしてブロードバンドまで扱う企業へと進化した。その過程でエンロンは、新しいEVPを作りあげ、そこに行けば自分の力で取引をまとめ、大きな仕事をするチャンスをつかみ、非常に革新的な組織の一員になれるという保証を、前面に打ち出したのだ。同社は結果的には倒産してしまったが、そのやり方は、魅力のあるＥＶＰが刺激的な人材を引きつけるという見本を示している。

エンロンのＥＶＰは、同社が必要とする人材を引きつけるために作られた。同社のエグゼクティブたちは、ガス取引だけを行っていたころとは違う種類の人材が必要であると気づいていた。そこで、最高の商品取引所での経験を積んだトレーダーと投資銀行家を、自分のチームに加わるよう説得し、社員の管理についても、それまでとはやり方を抜本的に変えようとした。

仕事を自由に選べることは、人材マネジメントの新しいアプローチにおける重要な要素である。ビジネスモデルそのものが、次々と新しい難題に挑戦したいというパフォーマンスの高い社員の希望に基づいている。新しいＥＶＰのため、エンロンは社内に求人マーケットを作り、社員は自分が興味を持ち、やりがいがあると感じられる部署があれば、そこにすぐ移れるというルールを作った。社内での人材引き抜きを推進し、だれであっても、またどんな理由があっても、異動を希望する社員を引き止めてはならなかった。たとえば、こんなことがあった。エンロンがグローバル・ブロードバンド事業部を起こしたとき、北米エンロンのＣＯＯだったケヴィン・ハノンが、新しいビジネスを始動させるために飛び込んできた。新しい事業部に百人の人材が必要だった彼は、「緊急雇用プロジェクト」に着手した。会社中から百人の高業績者をヒューストン・ハイアット・ホテルに招き、丸一日かけて説明会を行ったのだ。そこで彼は、自分のビジネス・プランを出席者に披露し、そのホールの外には、参加申込書を持ったリクルーターを待たせておいた。ハノンはブロードバンド事業所に高業績者五十人をその週の終わりまでに集め、人が抜けた部署では急いで穴埋めをしなくてはならなくなった。

このシステムは、仕事に求められる能力の高さや、個々のマネジャーにとってのやりがいのレベルを向上させただけでなく、エンロンのビジネスを形成する役にも立った。あるエグゼクティブは、「新しいビジネスに社員が集まってくるのは、それが大きなチャンスだと見なされているという証拠だ。なかなか人が寄りつかなければ、そのビジネスにエンロンが進出するべきでないということだ」と言っている。エンロンが実行したような、刺激的な策をとれる企業はごくわずかだろうが、一部の原則を応用することは可能だ。

自社のビジネス戦略を練り上げるときは、優秀な人材がエキサイティングだと感じる方向へ会社の舵を取ることを検討すべきである。社員の熱意をそそるような企業の理念を打ち立てる。社員にもっと幅広く興味深い役割を担わせる組織にするよう考える。物理的にも精神的にもゆとりをもって仕事ができるようにする。できるだけ大きな自由と権限を社員に与える。可能な限り、損益責任のある仕事を増やし、機能横断的なチームも増やして、社員がビジネス全体を理解できるようにする。

一流の企業、一流の企業文化、一流のリーダーたち

仕事自体が刺激的であるだけでなく、マネジャーは一流の企業で働くことを望んでいる。その会社の文化や価値を好きになり、よくマネージされた会社の一員になり、意欲をかきたてるリーダーのもとで働きたいのだ。

企業の文化については、人によって好みがある。しかしほぼすべてのマネジャーに、求められているものが二つある。それは強烈な実力指向と、オープンで信頼に満ちた環境だ。

図3－3は、自分の会社の文化が気に入っているマネジャーの割合を示している。実力指向（意欲を

かき立てる企業理念、高い目標、結果への責任、しっかりとした業績評価システムなどを含む）とオープンで信頼に満ちた環境の、両方を備えた会社では、文化に対する社員の満足度も高かった。この二つの性質は、互いに相容れないように思えるが、実際にはそうではない。逆にこの二つは、非常に強力な組み合わせなのだ。

一流の企業文化に加え、社員を鼓舞し、やる気を起こさせるリーダーも求められている。社員はCEOばかりでなく、直属の上司にも、いいリーダーであって欲しいと思っているのだ。一流のリーダーシップは、特に団塊ジュニア世代（「ジェネレーションX」[*2]）にとって、重要な意味を持つ。私たちの調査の結果を見ると、この世代において「上司とのよい関係」は、「面白い仕事」、「家族との時間や個人の時間を確保できる仕事」に次いで、職業を決定する要因の第三位にあげられている。上司との関係では、大幅な自主性を望むと同時に、指導を受けたいと願

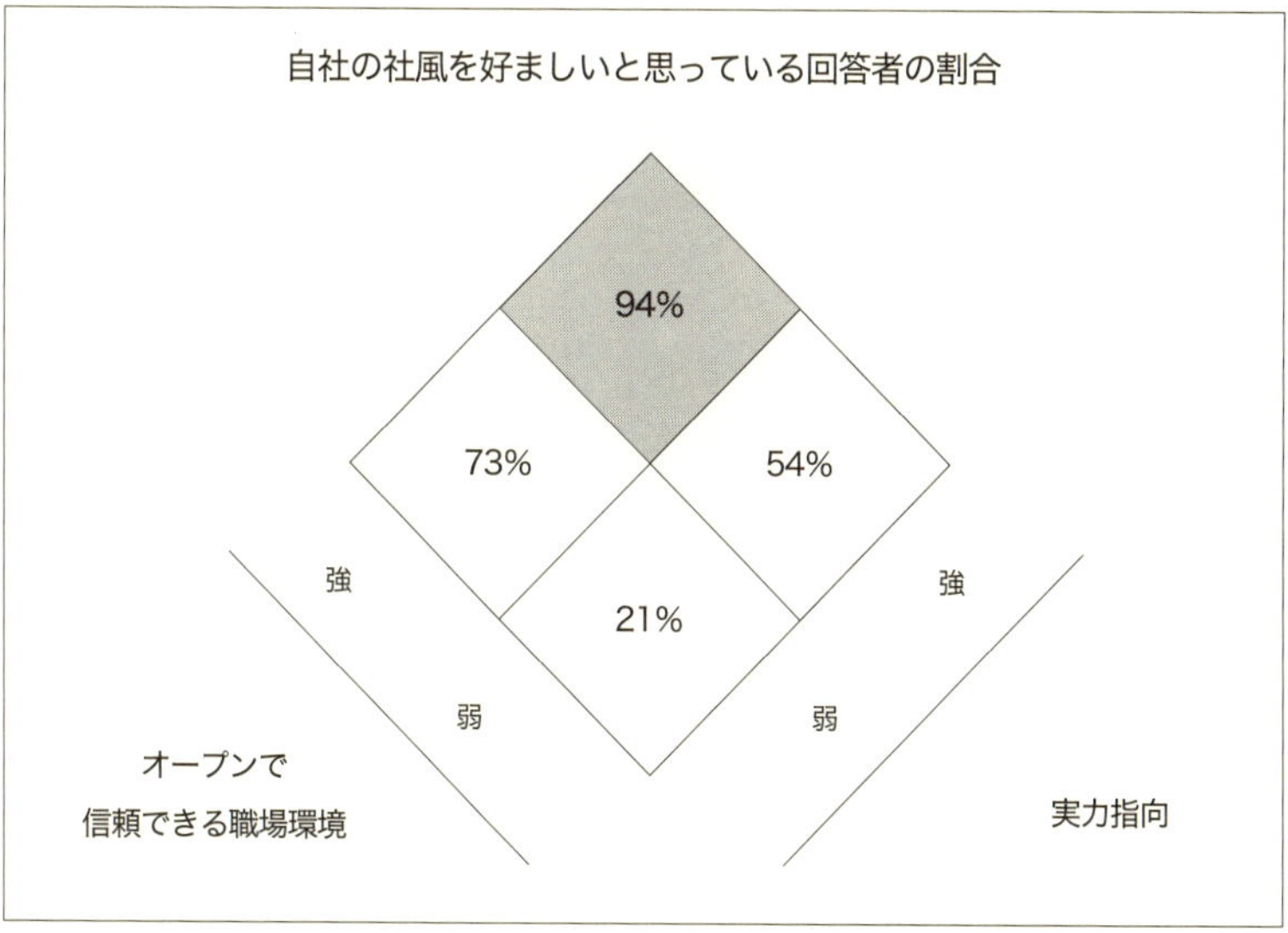

出典：ウォー・フォー・タレント調査　2000年

図3-3　社員は実力指向とオープンで信頼できる環境の両方を望む

っているのだ。

優れたリーダーシップと一流の企業文化は、勝利につながるEVPの中核をなす。シノヴァス・ファイナンシャルはそれを確信するに至った。一九九九年、フォーチュン誌の「働きたい企業ベスト一〇〇」が発表されたとき、読者の多くは第一位に輝いたシノヴァス・ファイナンシャルの名を見て驚いたに違いない。世間に名の知られた会社ではなかったからだ。事実、同社のCEOですら、そのニュースを聞いて驚いた。確かに優れた企業文化とリーダーシップを確立するため、数年前から努力を続けていたが、道のりはまだ遠いと思っていた。

シノヴァス・ファイナンシャルは、アトランタの南、百五十キロほどのジョージア州コロンバスに本部を置く、中規模の金融サービス会社だ。同社はそれまでの二十年間で、急激な成長を遂げていた。フォーチュン誌のリストのトップを飾る二年前、同社のリーダーたちは、週に一度の定例会議をしていた。一時間の会議が終わりに近づいたとき、一人の大胆な人物が起立して、幹部に質問を投げかけた。その質問が会社のEVPを根本的に変えることになるとは、そのときはだれも気づいていなかっただろう。

投資銀行業務のマネジャークラスにあったその人物は、同社に対する賞賛の言葉から始めた。「シノヴァスはこの一世紀、特にこの二十年間で、すばらしい成長を遂げました。我々は新しいビジネス、新しい領域、新しいテクノロジーへと手を広げました。いまや一万人に及ぶ従業員を抱え、利益も上がっています」。そこで一度、言葉を止め、咳払いをした。「しかしビジネス全体が成功する反面、会社は社員のことを見失っているのではないでしょうか」。部屋は静まり返った。その質問の背後にある感情をだれもが理解し、そこにいた全員が同意を示した。自分たちの会社は、思いやりのある気風をはぐくむべきだ。その精神に基づき、同社は設立されたのだから。

そして企業文化の強化という、記念すべき事業が始まった。CEOのジミー・ブランチャードは言っている。「すべての社員が一つの理念に共感した――だれかが自分を気にかけてくれると、だれもが思える職場、嫌がらせ、ごまかし、隠し事、いじめがない会社、面従腹背《めんじゅうふくはい》の姿勢がない企業」。時間が経つにつれて、同社が目指すものは「心の文化」と呼ばれるようになった。

何回にもわたる全社的な調査と、数えきれないほどの熱意あふれる議論の末、ブランチャードと彼のチームは、すべてのリーダーへの期待を文章にまとめあげた。いまやシノヴァスで優れたリーダーになるためには次のことが必要だ。

一、価値観を体現せよ。職場で、家で、社会で、道義、品性、行動規範を、身をもって示さなければならない。
二、ビジョンを共有せよ。立ち上がって自分の考えを語り、他人の意欲をより高めよ。
三、他人を成功に導け。自分が経験したことよりもレベルの高い仕事を与えよ。
四、ビジネスをよくマネージせよ。ベスト・プラクティスとなる銀行業務を遂行し、株主に対する高い利益を生みながら上記のポイントを実行せよ。

その百十三年の歴史で初めて、シノヴァスのリーダーは企業文化についての問題を、ペンで紙に書きとめた。「心の文化」を無条件で支持しなければ、シノヴァスでの成功はないということを、文書にしておきたかったのだ。マネジャーの最も重要な役割は、部下の面倒を見て、彼らを育て、その意欲を高めるという認識だ。例外は認められない。

ビジョンを正式に掲げた以上、それを実現しなければならない。シノヴァスは手始めとして、上級管理職につくすべてのリーダー、すべてのマネジャーに、その価値観を推進するような、積極的で目に見える形の行動を求めた（実際には命令に近かった）。そしてリーダーシップ発揮の手順を決め、議論を奨励し、問題を突き止め解決策を生み出すため、討論の場を設置したりした。その中には、文化を重視したオリエンテーション・プログラムもあった。「カルチュラル・トラスト・コミッティ」では、月に一度、会議を開き、三時間から四時間かけて「心の文化」にかかわる問題を話し合う。また、「CEOに聞け」という、いわゆるタウン・ミーティングが、すべての従業員に開かれている。「ライト・ステップ」は、個人的な業績評価と、リーダーシップの評価とを別々に取り扱う評価システムである。

「心の文化」にしろ、それを実現するためのプログラムにしろ、ソフトな響きを持っているが、非常に厳しい側面もある。会社の価値観が明確に業績評価プロセスに組み入れられている。上位二百人のリーダーは、部下の意欲を高め、影響を与える存在であるか、どのような結果を出せるか、どのように人を育てているかを評価される。マネジャークラスの上位二百人のうち約三十人が、「心の文化」を体現していないという理由で、退職させられた。

過去四年間と、二〇〇一年にフォーチュン誌のリストの第八位を獲得したことを振り返り、ブランチャードはしみじみと語った。「私たちが設立したプログラムを別にしても、一九九六年以降、社員を育成することについて議論しなかった会議は一つもない。私は今、一流の文化を持つことが企業発展の基本だと、心の底から信じている」

これはブランチャードの確信に基づく発言だ。シノヴァスの時価総額は、この四年間で二十二億ドルから八十億ドルにまで増加した。

富と報酬

金銭がどんな意味を持つか、その価値は何か、金を稼ぐために人生の何割を費やすべきかというような、とらえどころのない疑問は他にあまりない。『ライアーズ・ポーカー』（邦訳：角川書店）『ニュー・ニュー・シング』（邦訳：日本経済新聞社）の著者であるマイケル・ルイスが、こんなことを言っている。「ウォール・ストリートが最高潮に達していたとき、儲け損なったやつは『まあ、おれは金持ちじゃないが、少なくともまぬけでもない』と言い訳ができた。しかしインターネット・ブームで儲け損なったやつは、そうやって自分を慰めることはできない。金持ちになれなかった人は、大まぬけでしかない。もうだれも金を稼ぐことに罪悪感を持ったりしない。金を稼げないことに罪悪感を持っているんだ」

経済の停滞で、当然このような考えも変わったが、一九九〇年代のブームの足跡は残されている。以前、サラリーマンの報酬は、その座っている座席の位置で決められた。つまり、上席に移るにつれ、給与も上がった。しかし現在、有能なマネジャーは多額の報酬を期待し、しかもより早く得たいと望む。長くは続かなかったとはいえ、ドットコムのゴールドラッシュは、人々の考え方に拭い難い印象を残しているのだ。

実際、マネジメント人材の価格は、上がり続けている。上位二十五校でＭＢＡを取得した者の初年度報酬は、この四年で三十六％上がり、現在、十二万七千ドルである。ＣＥＯの報酬はこの十年で十倍にも膨れ上がって、平均千二百四十万ドルにものぼる。多くのコンサルティング会社、投資銀行、法律事務所が、一九九〇年代終わりの何年かで、報酬を三十％から五十％も引き上げた。シニア管理職に対する高額な報酬が、今後、下がるとは考えにくい。株式の好調とドットコム企業の熱狂によって、報酬が押し上げられたことも一因だが、大部分は人材の価値が上昇したこと、優秀なマネジャーへの期待が高まったこと、自分たちの力が自社の業績を直接向上させるとマネジャーが気づいたことによるものだ。

以上から分かるように、優秀なマネジャーを引きつけ、自社に引きとめるために、報酬は非常に重要である。とは言っても、単に報酬の額が問題なわけではない。調査の結果を見ると、支払われる報酬の額よりも、自分の業績が認められ、それに見合う報酬を得ることの方が重要度が高いと答えた人の方が多かった（図3－1参照）。

調査の中には、近い将来、現在の会社を辞める可能性があるか、そしてその理由は何かを問う設問がある。理由として大きなものが四つあったが、そのうちの一つが「不十分な報酬、または不十分な業績の認知」だった。会社が社員に対する評価を示す方法は数多くあるが、金銭は重要なものの一つに過ぎない。マネジャーの多くは、金銭を自分の実績と、会社がその能力をどう評価しているかのスコアカードと見なしている。

高い報酬だけで強力なEVPを作れるわけではないが、一流の人材に対して、他社と同レベルの報酬を出せなければ、効果的なEVPを作るのは困難だ。エド・ローラーが著書『実力に報いる』で指摘したとおり、いくつか職業の選択肢があるとき、最も報酬が低いものが選ばれることはまれである。高い報酬をEVPの中心に据え、他社よりも多額の報酬を払って人材を集めようとする会社もあるだろう。他社と遜色のない報酬は出すが、常識的な額以上は出さないという企業もあるはずだ。しかし世間並みの額を大幅に下回るようなことは避けるべきだ。あなたの会社のＥＶＰにとって、致命的ともいえるハンデとなる。

報酬の体系も今後、能力のある社員に、平均的な社員よりもはるかに多くの額を出すように、変えていかなくてはならないだろう。従来の報酬体系は、同じ仕事をしている人は、同じ額の報酬を受け取るようになっている。新しい報酬体系は、その人が生み出した価値によって、いくら受け取るか決まるものであるべきだ。そうすれば会社全体の給与レベルを上げずに、有能な人材に、市場での価値に見合う高い報酬を保証することができる。この「個人の業績に対する報酬」のアプローチは、ほとんどの企業にとって大幅な変革だろう。そうした新しい方針を確立するには、それなりの摩擦が生じる。しかし結果的には、それが一流の人材を引きつけ、引きとめるのを容易にするのだ。

最終的に破産に至ったが、エンロンは、報酬と業務の結びつきを分断することが可能であると実証した企業だった。エンロンでは、マネジャーに四つのレベル――副社長、常務、事業体のＣＥＯ／ＣＯＯ、オフィス・オブ・チェアマン――があった。他社の肩書きと違って、これらの肩書きは「携帯型」で、その社員とともに動いた。職場が変わっても、肩書きは変わらなかったのである。

そのレベル内で、エンロンのマネジャーは、業績と会社への貢献度によって報酬が決まった。ビジネスユニット全体、そして会社自体の業績に加え、報酬の大部分は個人の業績に基づいて決定されていたのだ。年に一回、すべての社員がランク付けされ、同レベルの社員間で比較調整される。この人材評価プロセスは「業績評価委員会」と呼ばれていた。六段階評価で「優」にランクされた社員は、給与の最大三十％のキャッシュ・ボーナスと、五十％までの株式を活用した報酬（ストックオプションなど）

を受け取れる。「可」の評価では、少額のボーナスだけでオプションは加わらない。「問題あり」あるいは「向上が望まれる」だと、その年はサラリー以外に報酬の上乗せはない。

エンロンの報酬体系は、かなりの部分が、業績によって決まる仕組みになっていたが、チーム全体の業績によって、特別手当を出すことを選ぶ企業もあるだろう。そのような場合でも、サラリーのレベルに大きな差をつけて、有能な社員はそうでない社員よりも、総額が相当高くなるような仕組みが必要である。会社の業績を上げるためには、各社員が会社への貢献度と、市場での価値に見合った報酬を受けられると保証することである。

成長と能力開発

今日の不安定な市場の中で、雇用の安全はもはや企業に期待できるものではなく、自分自身のスキルにより確保されることを人々は学んだ。そのため優秀な人材は、新しいスキル、知識、経験を身につけるのに役立つ企業に魅力を感じる。

団塊ジュニア世代は特に、能力開発を重視している。一九八〇年代、彼らは自分の親が解雇されるのを目にしてきた。温情主義的な会社は、もう現実には存在しないことを知っている。さらに、彼らは学ぶことに

古い報酬の考え方	新しい報酬の考え方
職務に対する支払い	人と業績に対する支払い
職務範囲と年功による支払い	価値の創造に対する支払い
会社内の他の人と同レベルの支払い（社内ベース）	同じ個人が他の場所で獲得するのと同レベルの支払い（マーケットベース）
あらかじめ範囲をセットし、その中で採用	適当な候補者を採用するためには既存の報酬ルールを破る場合もある

貪欲である。テレビゲームやコンピュータ、インターネットなどを、すばやく、しかも自分のペースで覚えながら育ってきた。学校でも機械的な丸暗記ではなく、問題解決を重視した教育を受けている。

職場で団塊ジュニア世代の社員は、新しいものを学ぶことに積極的である。そして頻繁なフィードバックと指導を求める。ビル・ロジャースはサントラスト・バンクスの社員にも、そのような性質があることに気づいた。「いまどきの若いマネジャーは、月曜日にはっきりとした目標を求め、水曜日に仕事ぶりについてのフィードバックを求め、金曜日に業績評価を求める」。もしその種の能力開発と教育を受けられなければ、彼らはすぐに他の企業へ行ってしまうだろう。

世界最大の電子機器およびコンピュータ製品の部品販売業、アロー・エレクトロニクスは、人材開発をEVPの中心に据えた。これまでの三十年間、同社は年間三十%の成長を遂げてきた。ニューヨーク州メルビルを本拠地とした同社は、一九九〇年から二〇〇〇年にかけて、十億ドル以下だった収益を百三十億ドルにまで伸ばしている。

一見すると、求職者にとってアローはそれほど魅力な企業に思えない。業務内容は電子部品の販売という、華やかさからはほど遠いものだ。何かを製造しているわけでもないし、時代の最先端を行く研究所を持っているわけでもない。同社がその製品を販売している、インテル、モトローラ、テキサス・インスツルメンツのように、強力なブランド力を持っているわけでもない。

にもかかわらず、アローは一万二千人もの有能な従業員を集めることに成功した。その中には、世界の一流校でMBAを取得した者もいる。なぜこのようなことができたのだろうか。第一に、同社がグローバルな統合企業となり、業界を効率的かつプロフェッショナルなものとしたこと。第二に、社員の功績を認め、自社への貢献を賞賛する、温かく思いやりにあふれた社風を作りあげたことがあげられる。しかし何よりも、アローが積極的に人材開発育成のための「温室」になったことだろう。

アローは効果的な人材開発のために、あらゆる方法を取り入れている。アローのリーダーは、社員が成長できるよう、意識的かつ慎重に異動を行う。入社して七年目と十四年目の終わりには、十週間の定期休暇を与えられる。現職の社員が定期休暇で職を離れている間、その空いたポストに、高い潜在能力を持つ社員を配置する。ふだんより高い能力を必要とされる仕事を経験させることで、極めて高い学習効果が期待できる、よく考えられたプログラムだ。

アローはまた、社員のだれもがレベルの高いコーチング、フィードバック、アドバイスを受けられるようにした。同社には、業績評価を行う前に、すべてのマネジャーが出席するだけでなく、合格しなければならない業績評価トレーニング・プログラムがある。マネジャーの指導能力が、上司だけではなく周囲を取り囲む人々のフィードバックにより、継続的に評価される。これらに加えて、世界でも一流の公式なメンター・プログラム[*3]がある（これについては五章で詳しく述べる）。産業としての華やかさの欠如を克服するため、アローは特に人材開発を利用して、強力なEVPを作りあげたのだ。

自分と家族の生活を大事にする

私たちの調査は、ライフスタイルに関する問題の複雑さを浮き彫りにした。仕事を選ぶときに重視することの、第二位にランクされていることからも分かるように、回答者は、家族との生活に重点をおいていた。しかしこの条件と自己申告による満足度の間には、因果関係が見られないのだ。

この明らかな矛盾は、その仕事に求められるライフスタイルを、社員がすでに受け入れているからであると、私たちは解釈した。面白いことに、具体的な要素ほど——所属、勤務地、勤務時間のフレキシビリティ――ポイントが高くならない。調査を見る限り、回答者であるマネジャーたちは、働く時間を短くしたいとか、もっとゆっくりとしたペースでやりたいなどとは思ってはいないようだ。逆に非常に高い能力を要求される、刺激的な役割を担いたいと思っている。家族を大事にできるというのは重要だが、彼らはトレードオフを受け入れていると思われる。

有能な人材がキャリアを選ぶとき、仕事と私生活のバランスは、ますます重要になるというのが、私たちの主張だ。ロバート・ライクが著書『成功の未来』の中で指摘したように、職業上の生活は、どんどん圧迫されている。現代のビジネスのスピードと、時と場所を選ばない通信手段の発達によって、マネジャーが仕事から逃れるのは難しくなっている。ライフスタイルの問題は、今後、女性、団塊ジュニア、年配の労働者が、管理職に占める割合が高くなるにつれ、さらに大きな意味を持ち始めるだろう。

人間的側面

ＥＶＰについての議論で、コミュニティの必要性や、一緒に働く人々がいるという純粋な喜びに言及しないのは、片手落ちというものだろう。マネジメントの本質は、泥臭いがすばらしい人間関係の中に放り込まれることなのだ。仕事で何より楽しいのは、他人と一緒に働けることだという人は予想以上に多い。同僚に悩まされたり、いらだちを感じたり、失望したりすることはあるかもしれない。しかし、他人は自分の能力を伸ばし、インスピレーションを与えてくれる存在でもある。どんな人であれ、職場では上にも下にも横にも、学ぶべき対象がいる。私たちが毎日オフィスに来るのは、それが理由であるといっても過言ではない。

企業が社員に提供できる最も価値のあるものは、優秀な同僚や職場の仲間であることを、企業は認識すべきだ。南アフリカの高名な劇作家、アソル・フガードはこう言った。「この世で重要なのは、ある人が他の人に何を言ったか、または何をしたかだけだ」

■強力なEVPで競合に打ち勝つ

企業のEVPは多くのことを混ぜ合わせたもので、その企業を成り立たせているすべてを含んでいる。EVPは企業ごとに違っている。言ってみれば指紋のように、その企業独特のものなのだ。あらゆる方面で通用する、強力なEVPを作ろうとする企業があるが、それが成功することはめったにない。強力なEVPには、圧倒的な強みとともに、多少の弱みもあるのだ。

効果的なEVPは、その企業が引きつけようとする特定のタイプの人々に向けたものであるべきだ。ダブル・クリックのEVPは、意欲が旺盛でインターネット好きな団塊ジュニアにアピールし、アムジェンのものは、科学を好み、人々の生活の質を上げようと考えるタイプに効く。一つのEVPを、すべての人が受け入れるということはない。たとえばダブル・クリックのEVPが気に入っている人は、おそらくアムジェンのものは気に入らないし、その逆もまた真実だろう。

EVPはまた、ターゲットである人材をめぐって争うライバル企業をしのぐものでなくてはならない。どんな企業がライバルか、分かっているだろうか。あなたの会社が製紙メーカーで、製紙工場を運営するための超一流マネジャーを探しているのなら、他の製紙会社よりも、優れたものを提示しなければならない。アムジェンなら、大手の製薬会社よりも優れたEVPを提示しているか考える必要がある。

何年か前に、レベル3・コミュニケーションズも、その難題に直面した。一九九〇年代後半、CEOのジェームズ・クロウは、インターネット・プロトコル（IP）・テクノロジーを使い、継続的なアップグレードが可能な工学的ネットワーク構築を目的として、同社を創設した。クロウに言わせるとレベル3のテクノロジーは、動きがぎこちないテレビ会議の画像のはるか上をいくものだった。「私たちは人間に備わった豊かな感覚を通じて、『同じ部屋で行うコミュニケーション』を完全に再現したいと思っている。相手がよく見えたら、その人たちが腹を空かしていると分かっていながら、さっさとベッドに行くなどということはできないだろう。隣人のことをよく知っていれば、彼らと戦争などできないはずだ」

一九九七年には、クロウのビジョンの支援に、二十五億ドルが集まった。しかしそれを実現するためには、そのために働く、数多くの優秀な人材――リスクを恐れず、ITと工学の専門知識を持ち、テレコミュニケーション業界をよく知っている人材――を集めなければならないと、クロウをはじめリーダーたちはよく分かっていた。またそういった人材を追いかけているハイテク新興企業は、他に何十とあることも知っていた。

クロウとパートナーたちは、その難題に挑んだ。その結果、レベル3のEVPは強力な魔術となり、意欲を刺激する理念、ビジョンを備えたリーダーシップ、進取の気性に富む業績志向の文化、意欲を高める報酬、理想的な条件といった環境が整えられていった。

人事部のグループ副社長のリンダ・アダムズに、会社の理念とは彼女にとってどんな意味を持つのか尋ねると、個人の経験を交えながら答えてくれた。「去年の夏、二番目の息子のアレックスを大英帝国科学技術博物館に連れていったときのこと。電子通信分野の展示場では、電報から光ファイバー通信に至るまでの画期的な技術の変遷が説明されていた。話しながら私は、こうした新しい技術をもたらした人々の写真が、壁に並んでいるのに気づき、アレックスにこう言った。『あそこを見てごらんなさい。いつかジム・クロウとレベル3の話が、そこに入れられるはずだから』。アダムズは、こうも付け加えた。「私の写真が、そこに掛けられることはないだろうが、人々のコミュニケーションに革命を起こすものの一部であったと、いずれ分かると思っている」

レベル3に立派なリーダーは多いが、特にクロウの独特なスタイルのリーダーシップは、優秀な社員を引きつけてきた。グローバル戦略部門のグループ副社長、ドン・ジップスは、次のようにコメントしている。「あれほど頭のいい人は見たことがない。驚くほど広い視野でものごとを考え、三段階深いレベルまで理解することもできる。非常に複雑なことでも、他人がすぐ分かるように説明する。しかも信じられないほどの人格者だ」

リーダーシップ・チームは、適切な報酬体系を築くことが重要になると認識していた。彼らが工夫して作りあげた体系は、高い地位につけば富を築くチャンスが与えられる新興企業型の特徴と、安定した収入を保証する伝統企業型の特徴の両方を兼ね備えていた。それがリスクを恐れない大胆な人材を引きつけ、業績志向の企業文化をさらに強めた。基本給自体はそれほど高くないが、ストックオプション・プログラムによって、リスクの高い仕事をこなした社員には、高い報酬が与えられるようになっている。

ストックオプション・プログラムでは、すべての従業員が四半期ごとに、そのときの株価を反映してストックオプションの権利が付与され、財産作りのチャンスが与えられる。ストックオプションは、レベル3の株価が、S&P五〇〇インデックスを上回ったときのみ価値を生ずる。そして上回ったときには、オプションの価値を大幅に増加させることになっている。S&P五〇〇を上回らなければ、オプションは無価値だった。[*4]

そして最後に、創設時からのリーダーたちは、立地のよさも会社の強みであるという認識に至った。大学の新卒者や、経験豊富な技術者にとって、どのような場所が最もアピールするか、コンサルティング会社に調査を依頼した。その結果に基づき、コロラド州ブルームフィールドに拠点を置くことにした。そこが選ばれたのは、生活の質が高く、家が手頃な価格で買え、レクリエーション施設、つまりロッキーにアクセスしやすいという理由からだった。

数多くのハイテク企業の先行きが見えなくなっているのは事実だが、レベル3が作りあげたEVPの力は否定できない。そのEVPについて、アダムズは感激の言葉を口にした。「私がここへ来た理由を書き出すことはできるが、これほど素晴らしいものになるとは、想像さえできなかった」

■EVPを発展させる

レベル3の強力なEVPと言えども、人材をめぐるライバルがEVPを強化したり、新しいライバルが現れたりすれば、輝きを失ってしまう可能性もある。EVPは固定されたものではない。企業は競争で一歩先んじるため、EVPを発展させていかなければならない。食品メーカーが、製品の味付け、サイズ、包装などを、顧客の好みの変化に合わせて変えるように、マーケットの脅威に対応しながら、EVPを調整していく必要がある。

ＥＶＰを強化するにあたっては、それを少しずつ変えていく場合もあるが、すばやく行わなければならないときもある。サントラスト・バンクスの上級副社長、ミミ・ブリーデンが行った劇的な変革について考えてみよう。彼女はジョージア州で、パブリックスというスーパーマーケットの中に入っている六十七支店を統括する責任者だった。

一九九八年初頭、スーパーマーケット内の支店が初めてオープンされた二年後、ブリーデンの部署は、行員が次々と辞めていくという人材危機に直面していた。年間の離職率は業務に支障をきたすほど高く、打つ手がないように思えた。一年で全支店のスタッフの四十六％、特に成績が上位の行員の五十五％が辞めていった。ブリーデンは報酬を上げてみたが、それも効果がなかった。もう一度、かなり大幅な賃上げをしても、一時的な効果で終わった。そこで彼女は、人が辞めていく本当の原因について、徹底的な調査を行うことを決めた。現場の最前線のスタッフ、支店のマネジャーたちと話し合い、支店を歩き回り、フォーカスグループのインタビューや調査を行った。

不満が集中したのは、日曜日に働くことだった。また労働スケジュールの突然の変更（退職したスタッフの仕事を埋め合わせるためであることが多い）が、毎週のようにあることも不評だった。この問題に対処するため、ブリーデンは週末の銀行利用率を検討し、日曜日はすべての支店を閉めることを決定した。さらにマネジャーたちと相談しながら、変更が少なくてすむような、新しいスケジューリング・システムを導入した。

それにとどまらず、さらに変革を推し進めた。まず、すべての上級管理職に対して、三六〇度フィードバック（上司だけでなく、周囲にいる多くの人からのフィードバック）を通じて、自分の意見を伝えるよう、従業員に奨励した。第二に、アソシエート一人一人の育成計画を作成し、月に一度、それを評価するとともに、計画自体も年に二回更新した。キャリアパスと、昇進のチャンスを提供する試みの一環として、銀行の他の部署の欠員情報を公開し、社内公募をした。第三に、営業部員、アシスタント・マネジャー、マネジャーの資格を得るためのトレーニング・プログラムを提供した。第四に、実力のある社員を育成するため、ブリーデンと上級マネジャーが定期的に面接をして、ニーズに耳を傾けた。第五に、業績に対して、報酬を惜しまず支払った。年に一度ではなく、半年に一度の昇給もその一環である。時によっては、それに不定期のボーナスを加えることもあった。

この変革は成功を収めた。十八カ月後、ブリーデンが率いるマーケット内支店の離職率は二十七%まで減少し、支店長は十二%に、Aランクの行員は十%に下がった。「こうした策は、それ自体、驚くようなものではない。けれどそれを『早い時期』に、『何度も』行ったのが、画期的だった。若いマネジャーたちは多くの挑戦を求めているだけでなく、フィードバックと「ふれあい」を望んでいることが分った」

ブリーデンは自分が学んだ教訓を忘れないよう、平たい、手のひらくらいの大きさの石を、常にサイドキャビネットに置いている。「これをここに置くのは、優先順位を決めることについて書かれたある本を思い出すためだ。まず『大きな石』のことを考えないと、小石や砂に押し出されて、いつの間にか大きな石の居場所がなくなってしまう。私はこのイメージを、『質の高い従業員の意欲を高め、引きとめるために、投資しなければならない時間と配慮』としてとらえている。つまり、うまく時間を使えば――大きい石を先に置けば――それにともなって、ビジネスの能率もかなり上がるはずだ、と」

さらにブリーデンは、人間同士のふれあいが、価値の高い社員をつなぎとめる上で、どれほど重要かを知った。大切なのは、「素晴しい仕事に対する感謝の気持ちを記したエリックへの手書きのメモ、優れた指導力を認めるシャノンへの電子メール、ローレンとの予定外の昼食」と、ブリーデンは言う。「驚かれるかもしれないが、私は古典的な意味での人間関係が得意なタイプではない。どちらかと言うと分析屋タイプである。けれど自分の三六〇度フィードバックは、もう少し『人間味のあるふれあい』に努めれば、もっと効果的になることを示している。今から思うと、外に出て人と話し、社員が一生懸命働き、この銀行から評価されていると感じているのを見ることで、自分の方がエネルギーをもらっている。実際、それがすべてを価値のあるものとなっている」

■製品や市場戦略と同じように考える

新しい会社を興すのであれ、人材流出に対処するのであれ、すでに強力なEVPをさらに強化するのであれ、顧客への訴求価値に対するのと同じくらい真剣な態度で、EVPに取り組まなくてはならない。製品開発や市場戦略に使う、診断テクニックを応用してみよう。

□あなたの会社のEVPが、現在どのくらい強力かを査定する。成績優秀者、新人、その他主要グループの離職率を調べる。リクルーティングのオファーが、どのくらいの確率で受け入れられるか、新規雇用者の質はどうか、など。

□あなたの会社がターゲットとする市場のニーズを理解する。現在、過去、未来の従業員に対する調査を行い、彼らにとってどんなEVPの要素が重要か、商品を「買う」あるいは「変える」決断をさせるのに、何が一番重要なのかを理解する。あなたの会社のEVPに引きつけられる人材層を特定する。

□あなたの会社のEVPが、競争でどの程度の力を持つかを検討する。人材をめぐって争うライバル企業はどこか、相手のEVPの強みと弱みが、どんな点にあるかを理解する。

□自分の会社のEVPの強みと弱みを見極める。他社よりも秀でている点と、劣っているをリストアップする。

□どんな点を改善するべきかを決める。EVPを強化するために、どんな意見でも出し合い、行動の基盤となるものを決める。EVPを進歩させるために必要な変化は、あなたをはじめ、他のリーダーたちが、それを受け入れて推進しない限り、実現することはない。

明確なブランドのメッセージによって、製品が恩恵を被るのと同様の効果を、企業のEVPももたらす。ボルボの製品は、高い安全性で知られている。ボルボのブランドは「安全で頼れるファミリーカー」というメッセージを伝えている。同じようにGEのEVPは、「世界レベルの企業の一員となり、世界レベルのゼネラル・マネジャーになる」というメッセージを伝えているのだ。

「求人用ブランド」とは、ターゲットとする人材に、あなたの会社のEVPを伝えるメッセージだ。短い言葉で伝える必要があるので、EVPの最も強調したい部分に、スポットを当てなくてはならない。適切なメッセージを伝えることができれば、自分たちの組織に必要としている人材を引きつける助けとなる。たとえばピープル・ソフト社は、白黒の求人広告（のちに賞を獲得した）をフォーチュン誌に掲載し、メッセージを広めた。その広告には、従業員の顔写真とともに、珍しい趣味、以前の職業、仕事以外で成し遂げたこと、たとえばオリンピックの水泳で金メダルを獲得したことや、以前は鶏と羊を育てていたことなどが記されていた。このメッセージは、私たちの会社に入社すれば、この地球上でも最高に刺激的で、面白く、才能あふれた人々と一緒に仕事ができます、ということである。

■人々の夢に訴える

確かに今日、有能なマネジャーは、多くを要求する。しかし彼らは会社にとって、価値あるものを多く生み出す。能力の高い人材を引きつけ、つなぎとめるためには、社員の期待に応え、他の社を上回るＥＶＰを提供しなければならない。

従業員のＥＶＰを大幅に作り変えるには、ビジネスのやり方や、人の昇進のさせ方、仕事の組み立て方、業績の評価の仕方など、最初から考え直すことが必要だ。組織全体の文化そのものについても、もう一度、見直してみる必要があるかもしれない。そうした変化は時として、会社にしっかり根づいた伝統の核心に切り込むことになる場合もあり得る。

これには大きな痛みが伴い、必ずある程度の反発が起こるが、そこでひるんではいけない。そこでの我慢が、大きな見返りとなって戻ってくる。高い能力を備えた人材を引きつけ、つなぎ止めて、社員の能力を最大限に引き出せれば、会社全体を活気付けることが可能だ。

普通の組織でも、社員に特別なものを与えることができるので、安心していただきたい。普通の組織でも心から満足のゆくキャリアを提供し、社員の向上心に応えることができるのだ。

＊1　優秀なマネジメント人材がその組織に所属し、活躍する意義を見出せるもの。すなわち、企業・組織がマネジメント人材を引きつけられるような、提供すべきその企業・組織ならではの価値。

＊2　主に一九六〇年代から一九七〇年代にかけて生まれた人々のこと。第一次ベビーブーマーの子供達の世代で、アイデンティティが希薄で大変捕らえにくい性質だと言われている。

＊3　業務上の上下関係とは別に、経験豊かな人材が担当する若手人材の成長やキャリアに関する相談にのったり、アドバイスを与える役割を担う人。または、そのような行為を促す制度を意味することもある。

＊4　Standard & Poor's Corporation（スタンダード・アンド・プアーズ社）。証券格付けや投資顧問を行う、米国の大手金融情報サービス会社。

第四章　リクルーティング戦略の再構築

一九一四年、ヘンリー・フォードがミシガン州ハイランドパークにある組み立て工場での給料を、それまでの二倍——二ドル五十セントから五ドル——に上げることを決めたとき、そのニュースはデトロイトばかりでなく、アメリカ全土で大きく報道された。しかし急成長した自動車工場がそれだけの賃金を払うことは、報道する必要がないほど、すでに街中で噂になっていた。

一晩のうちに、何千人という人が工場の前に列をなした。夜が明けると、彼らは帽子を手に、順序よく採用担当部署へ入っていった。机を挟んだ反対側には、人事担当者がずらりと並び、就職希望者に質問をし、書類に判を押していた。運のいい人々はそこで職にありつき、そうでない人は、どこか別の会社に仕事を探しにいった。

何十年にもわたり、これが多くの企業にとっての求人活動風景だった。採用担当部署が求人広告を出せば、仕事を欲しがっている人々が門前に列をなす。あくまで企業が主導権を握り、だれを雇うかを決定した。雇われる側に、力はほとんどなかったのだ。

現在では、もちろん話はまったく違っている。パワー・バランスが、有能な人材の側に傾いているのだ。その変化が起こったのは、何年か前の経済成長のころで、人材がすべてどこかしらの組織に吸収されてしまったのが原因だ。産業革命以降、門前に列ができないという事態を、企業が初めて経験したのである。当面の対応策として求人広告を出してみたものの、以前のように履歴書が山のように集まることはなかった。

企業にとってさらに悪かったのは、単に頭数が必要なのではなく、数多くの「優秀な」人材が必要なときに、このような事態が起こったことだった。

企業は社員を確保するため、攻撃的ともいえる策にも飛びついた。一番多く新入社員を入社させた従業員に、ボーナスやリゾート旅行を出したり、他の企業のウェブサイトに入り込んで、従業員名簿を入手するといったことまで行われた。しかし雇う方法を変えるだけでは――たとえそれがどんなにいい方法であっても――人材育成競争に勝つことはできない。本当にリクルート面で他社に勝ちたいと思うなら、それ以上のことが必要なのだ。リクルーティング戦略のあらゆる側面を、作りなおさなくてはならない。本章では、それを実行する方法として、社内のすべての職位に新しい人材を投入すること、常に人材を探すこと、多様な場所から人材を集めること、積極的な求職者以外にもアプローチすることなどについて説明する。

一九九〇年代後半に人材をめぐる争いが過熱したことで、企業は自社のリクルーティング戦略を見直し、それまでなかった新しい方法を考案した。経済成長が穏やかなものになるに従い、一時期のような激しい人材不足に陥ることは少なくなってきている。しかし賢明な企業は、休戦状態の時期を、人材とのパイプを強化し、人材マーケットにおけるシェアを獲得する好機として活用している。経済が停滞しているときは、人を減らしたいと思うかもしれないが、そのようなときこそ質の高い人材を採用するチャンスなのだ。再び競争が激化したときに、そのような人材を得るのは困難である。ここで紹介する新しいリクルーティング戦略は、どんな経済状況でも通用し、この先何十年かは人材をめぐる戦いをリードするために不可欠のものである。

■すべての職位に新しい人材を投入する

これまで何十年もの間、出世とは一歩ずつ職制の階段を昇っていくことだった。一番下の地位から始まり、運がよければトップにまで昇りつめることができた。これが会社と従業員の了解事項であり、努力が報われるのは、入社して十五年から二十年が過ぎたころだ。このようなシステムでは、経験豊かなマネジャーを外部から採用し、勤続二十年のベテラン社員の上につけるといったことは、ごくまれにしか行われない。十年前にそれが実行されたら大騒ぎとなり、外の世界に対して、その会社の人材開発システムは失敗だったと認めるようなものだったのだ。

しかしここ何年かで、古い枠組みは崩れかけている。崩れはじめたのは一九九〇年代前半だ。企業はそのころから、その地位にふさわしい優秀なマネジャーが不足し、目の前のチャンスや問題に対応しきれないということに気づいた。さらにいわゆるニューエコノミーの新興企業にマネジャーを数多く奪われてから、崩壊はさらに進んだ。空いたポストをすべて社内の人間で埋めるのは、とうてい不可能だった。九〇年代も終わりに近くなるころには、社内の人間だけを昇進させるという、産業革命以来ずっと存続していたモデルは、消滅しようとしていた。

上位のポストに外部から人を入れる利点

こうした理由から、上位のポストに外部から人を雇い入れる利点に目を向ける企業が現れはじめた。外部からの定期的な人材登用は、人材に関する基準を常に修正する——向上させることもある——ためにも、いい方策である。もちろん新たに入った社員は、フレッシュな取組み姿勢、新しい視点、新しいアイデアなども、もたらしてくれる。

生え抜きの社員に、能力開発と昇進の機会を与えたいという理由で、外部から人を迎えるのを渋っている企業もある。外部から人を入れることは、元からいる社員を育てることと矛盾すると思いがちだが、実際は違う。空いたポストの十%から二十五%、外部から人を入れると、内部の社員が昇進する機会

これまでのリクルーティング戦略	これからのリクルーティング戦略
自社の人材は自社で育てる	すべての職位に外からの人材を入れる
空いたポストの適任者を探す	常に優秀な人材を追跡する
伝統的な人材獲得源にアクセスする	できるだけ多様な人材獲得源にあたる
求職者に広告を出す	求職者でない人材にもアプローチする方法を探す
報酬を一定の範囲で決める	望ましい人材を獲得するには、報酬のルールを破る
リクルーティングとは応募者をふるいにかけることである	リクルーティングとは、ふるいわけであり、自社の売り込みでもある
全体計画がなく、必要があるとき採用する	人材のタイプによって、それぞれ違ったリクルーティング戦略を策定する

は多少減るかもしれないが、問題となるほどの影響はない。逆に中間管理職や上位のポストに一流のリーダーを入れると、若手社員にとって願ってもないロールモデルとなる。

たとえばGEは幹部を育てることに秀いで、「社内昇進」を基本とする企業と見なされている。しかしそのGEでさえ、中間管理職と上位の幹部に外部の人材を登用している。外部の人間を、特に上位の管理職として雇い入れることにはリスクがあることを認識しながら、会社の遺伝子を多様化するため、そのリスクを進んで受け入れようとしているのだ。同社の上位五百のポストのうち、年間およそ七十五が空きポストになるが、その二十%に社外の人間を入れている。

企業の幹部の中には、外部から人を入れると、自社の文化が破壊されると心配する声もある。一度に膨大な数の人間を入れれば、文化が変わるかもしれないし、逆にそれが自社の利益になる場合もあるだろう。しかしCEOは別として、上位マネジャーの二十%程度であれば、企業文化が大きく変わるとは考えにくい。企業が必要としている新鮮な空気——そして専門技能——を外から取り入れるいい機会となる可能性の方が高い。

近年、外部の人間を入れるようになった企業としては、ホーム・デポがあげられる。それまで同社は、自社で昇進の階段を上ってきた者だけをリーダーに登用する方針を堅持していた。

ホーム・デポは一九七八年、アトランタで創業した。十年後には全米に百四十五の店舗を構え、創業時からの社員であるマネジャーの一部が、トップクラスの地位にまで昇りつめていた。これは創業者のバーニー・マーカスとアーサー・ブランクの言葉どおりであった——わが社に加わって、店でよい業績を上げれば、能力に見合った地位にまで出世することが可能だ。

しかし一九九六年、ブランクは、それまで取り組んできた店舗拡大戦略が限界に来たということに気づいた。彼はチームとともに新しい戦略を開発し、五つの新しい実行プランを打ち出した。海外事業、コンビニエンス・ストア、ホームデザインセンター、インターネットと直販事業、そして最も重視したのがプロの建築業者向け事業である。この大きな方針転換に合わせて、ブランクは各部門のトップには、たとえ社外の人間であろうと「世界最高の人材」を据えると明言した。

社外から雇い入れた人間はよそ者だと見なされがちであること、何年もホーム・デポのオレンジのエプロンを着て陳列棚の間を歩いた者ではないと反感を買いやすいことを、ブランクはよく知っていた。しかし従来のマネジャーは、年間二百店舗のペースで拡大していた従来のビジネスに必要であり、新しいビジネスには新しいマネジャーが必要だと考えていた。

一九九七年から一九九八年にかけて、ブランクは自社に必要と思われるトップクラスの人材を求めて、世界中を探し回った。そしてスウェーデンの家具販売チェーン、イケアのCOOをスカウトして、海外事業部門のトップに据えた。他にもメイシーズ（デパートのチェーン店）のナンバースリーの役員を、ホームデザインセンター、エクスポを含む関連事業部門長に、オーチャード・サプライ（カリフォルニアのハードウェア専門のコンビニエンスストア・チェーン）のCOOを、コンビニエンスストア部門のトップにした。インターネットと直販事業には、ディズニーのトップマネジャーを、CFOにはGEのある部門のCFOを招いた。世界最高の人材というのは、決して冗談ではなかったのである。

それから二年が経ち、新しいエグゼクティブ五人のうち一人が社を去ったが、他の四人は残っていた。そしてホーム・デポの採用の方法も、すっかり変わった。二〇〇〇年後半には、GEのエグゼクティブであるボブ・ナーデリを入れた。彼はGEの動力およびタービン部門を率い、ジャック・ウェルチの後継者の座を争った二人の上級エグゼクティブの一人であった。ナーデリは消費者製品や小売りビジネスの経験はほとんどなかったが、サプライヤーにとって手強い交渉相手であり、自身、たいへんな働き者であるという、ホーム・デポの企業文化に不可欠な性質を備えていた。ブランクは事実上引退し、バーニー・マーカスと会長の座を分けあうという、社内では前代未聞の行動をとり、ナーデリにCEOのポストを譲った。「ホーム・デポがビジネス界のスーパースターを獲得するチャンスだと思って、急いで行動を起こした」とブランクは言っている。

二章で検討したサントラスト・バンクスも、成長を後押しするため、一九九六年に六百人の新しいリレーションシップ・マネジャーが必要と判断し、「人材登用は社内からのみ」という伝統を破る決断をした。その変化は、新人だけしか採用していなかった同社にとっては衝撃的なことだった。それまでは、大学を卒業したばかりの若者を雇い入れ、三年から七年かけてミドル・マネジャーに育て上げていた。しかし同銀行は、相当数の優秀なマネジャーを増やさない限り、二桁の成長を含め目標達成はできないとの結論に達したのだ。

当時、企業金融部門副社長だったビル・ロジャースは、この変化をリードした一人だった。彼はまず、すでに自分の銀行で働いている社員の中で、どんなタイプの人物を新規採用者のモデルとするべきか、明確に描き出そうとした。「まず『うちの銀行で一番の営業部員はだれか』と自問してみた」。その疑問に答えるため、彼は上級エグゼクティブのチームと、営業担当者を業績によって五つのグループに分けた。そしてトップ二十%のグループの社員について、産業心理学者の助けを借りながら、数量データ、売り方の特徴、経験、リーダーシップの型といった点から評価を加えた。「そこに表れた特性《プロフィール》が、新規に人を雇うときの基準となり、我々に自信を与えてくれた」と、ロジャースは語る。

このプロフィールをたずさえて、ロジャースと彼のチームは、銀行の外に求める人材――五年から十年の経験を持つリレーションシップ・マネジャー――を探した。彼は部下のマネジャーたちに、候補者の名前を思いつくまま、どんどんあげるよう奨励した。また顧客にも「あなたを訪ねてきた我々のライバル銀行で、優れているのはだれですか」と尋ねた。雇用の目的が非常に明確で、しかも特別だったため、人材リサーチ会社の手も借りた。候補者が見つかると、ロジャースが面接を行った。その後、産業心理学者が各候補者の定量化スキル、コミュニケーションスキル、販売スキルを評価するための標準テストを実施した。それらはすべて、サントラストの社風に適応できるかどうかを判断するためである。「かなり厳しい質問もした。入社希望者の労働観、人付き合い上のスキル、価値観などを重視した。わが社にすぐなじんで、よい成績を上げられるかどうかを見るためだ」、ロジャースは当時を振り返って言う。その後十八カ月にわたり、ロジャースと五人のマネジャーは、自分たちの時間の五十%を、人集め、審査、教育、そして新入社員を会社に同化させることに費やした。

やがて彼らの粘りが効を奏す。ロジャースが率いる部署では、わずか二年で、以前は四十人だった営業担当者が、倍の八十人となった。新しく入った社員の方が、元からいた営業担当者よりも平均的に経験が長いので、彼らが混ざることによって営業部員全体の水準が押し上げられた。ほどなくロジャースの企業金融部門の業績は大幅に向上し、新規の顧客の数は倍増した。それまで最高の業績を収めていた営業部長でさえ、営業能率がかなり上がったのだ。「重要な地位につけた一流の人材は、ほぼ百%が今でもわが銀行で働いている」と、ロジャースは自慢げに言う。「トップ二十%の営業部長のうち、半分以上が外部からの登用だ。リレーションシップ・マネジャーのトップ五人のうち三人は、二年前にはここにいなかった」

サントラストの二十四の支店はどこでも、同じようにうまくいっている。最初の年、サントラストは六百人のリレーションシップ・マネジャーを雇用し、営業部員を二十％増員した。それによって、一九九六年から一九九九年で、成長率は二倍以上伸びた。

中堅～上級レベルの人材登用のリスクを緩和する

外部から社員を入れることには、確かにある程度のリスクがともなう。上級レベルの社員を外部から採用する場合、一般的に三十％程度の失敗が見込まれると言われる。しかしそのリスクを恐れて、この人材構築の強力なレバーを引くのをやめるべきではない。七十％の成功率があるのであれば、何もしないよりはるかにいいではないか。外部からの採用をあきらめるのではなく、それに熟練しようとするべきだ。まずは失敗の可能性を減らす方法を会得することだ。

口で言うほど簡単ではないと思われるかもしれないが、成功率を上げるための段階的な方法は存在する。まず第一に、組織の拒絶反応が強く出ないよう、その人物が会社の文化に合うかどうかを調べる。ある調査によれば、外部から雇い入れた社員の退職理由で主流を占めるのが、その会社の文化に合わないというものである。しかしだからといって、同じ業界から人を入れるべきだということではない。なんと言っても、外部から人を入れる利点の一つは、まったく新しい視点を持ち込むことにあるのだ。しかし、社員を率いる流儀や価値観は、自分たちの会社でも通用するものでなくてはならない。ある人物が会社に合うかどうか、採用プロセスの一部として、よく検討し評価する必要がある。とは言うものの、本当にその人が会社に適応できるか評価するのは簡単ではないので、ビル・ロジャースにならって、産業心理学者の手を借りることを考えてみてもいいだろう。

第二は、新しい社員が会社に溶け込みやすいプロセスを整えることだ。それはたとえば、会社の業務プランや、戦略プラン、組織図といった形式に関する部分のオリエンテーションばかりでなく、会社の決定がどのようになされるか、どうすればイニシアチブに対する支援を得られるかといった形式以外の面も含まれる。どのような業績が期待されているのか、およびその時間軸について、早めに理解することもプロセスの一部である。最後に——このステップは見過ごされることがあまりに多いのだが——新しい経営幹部が、自分自身の社内ネットワークを築き、組織の文化的な特徴を理解するための助力を与えることだ。

アパレル会社のリミテッドでは、新たに雇った幹部社員が順調なスタートを切れるよう、細かな手順が決められている。一九九七年、CEOのレス・ウェクスナーが大々的な採用キャンペーンを展開し、小売業界の内外を問わず、優秀な人物を数多く引き抜いてきた。このとき新しく採用された人材はリミテッドの組織の半分にも達し、新にリーダーとなった人々もいる。ウェクスナーはまた、優れた人材をマーケティング、人事、経理、経営企画といった会社の中枢部署に配置した。しかし、これはキャンペーンのほんの手始めだった。

最初のうち、新しい社員は入社するとすぐに配属先で働き始めた。会社に慣れるための手助けは、ほとんどなかった。「それは足に二十五キロの重石をつけて、プールに放り込むようなものだった」と、COOでもあり、組織、リーダーシップ、人事部門の上級副社長でもあるレン・シュレジンジャーは認めている。言うまでもなく、彼らの数多くは組織に同化できず、辞めていった。この失敗に衝撃を受けたウェクスナーは、積極的な中途採用プログラムに疑問を感じるようになった。

しかし彼は、そこで中途採用の推進を止めるのではなく、大がかりなプログラムを作成することで、新しい社員がうまく会社に慣れるよう工夫した。いままでは新たに入社したリーダーたちは、二カ月の間は「ならし」プログラムを受ける。この期間に、彼らは各事業所のリーダー三十人と会い、企業戦略、業績、課題に関する彼らの意見に耳を傾ける。そしてほかの事業部で、自分と同等の地位にいる社員にマン・ツー・マンで仕事を教わる。これまでの重要なスピーチ、プレゼンテーション、会社の歴史を理解するために、知っておくべき記事の山を渡される。小売り損益の計算、社内の略語や仲間うちの専門用語について、初歩的な指導を受ける。

その後、何日間か店舗、配送センター、デザイン事務所などで実習を行う。それが終わると自分が学んだことをレポートにまとめ、自分が見た範囲で向上の余地があると思われることを提言する。新しい仕事を始めるころには、彼らは会社、事業部、自分の役割、コミュニティーについて熟知している。リミテッドのこの「ならし」プログラムは、外部から雇い入れた社員に必要な支援をすることで移行がスムーズに行われ、最大限の成果を得られるという好例である。

■新人の雇用はシステムを活性化する

中堅そして上級のマネジャーを外部から投入するのと同じくらい、新人を投入するのも重要である。若い優秀な人材との間に強いネットワークを構築することは、その後何年にもわたって、組織を活性化させる。早い段階で、彼らに会社の文化、価値観、技術を浸透させるという効果もある。

一九九〇年、エンロンは、エンロン・キャピタル・アンド・トレードを創設することを決めると、すぐに外部から経験豊富な投資銀行家、トレーダー、エグゼクティブを数多く雇用した。同時に、一流大学の新卒者や、MBAを取得したばかりの若者を定期的に雇用し、有能な人材を社内に確保することも決定した。そのためにアナリスト・アンド・アソシエイト・プログラムという、業務経験のない新入社員に大きなチャンスを与える制度を導入した。新卒の社員は最初の二年間、エンロンのさまざまな事業部を転々として、リスク管理と取引の基本について学ぶ。その訓練期間が終わると、エンロンのどこかの部署に配属されるか、さらに高度な教育を受けるために学校へ戻る。エンロンのこのプログラムで、何より驚くべきは、その規模の大きさだった。毎年このプログラムのために、五百人の新入社員が集まっていた。

すべての企業が、毎年何百人もの新卒社員の面倒を見られるわけではないが、いずれ会社をしょって立つ人材を早い時期に確保する機会を、今より増やせる会社は多いはずだ。あなたの会社が、能力の高い若者を、毎年数多く入れていないならば、人材をそろえるための重要なツールを、放棄していることになる。

優秀な人材を常に探す

過去において、新しい人材を雇うのは、空いたポストを埋めるためだった。あるポストが空くと、採用マネジャーが求人票に、その仕事に求められる条件を記入し、人材を探しにいった。「今日、たまたまバスケットボール選手が必要になった。マイケル・ジョーダンが、ちょうど失業中ということはないかね」。サンフランシスコ大学の人事管理プログラムの責任者、ジョン・サリヴァン教授は、従来の雇用方法をこのように表現した。彼が指摘したように、この方法ではスーパースターを獲得できる確率が高いとは言えない。

このような空きポジションを埋めるアプローチは、人材マーケットに余裕があればうまくいく。しかし現在のように、マネジメント人材をめぐって激しい競争が繰り広げられているときは、新しい戦略が必要である。有望な人材が仕事を変わりたいと思ったときにつかまえられるよう、企業は継続的に人を雇う体制を作っておくべきである。

こうした優秀な人材を予めつかまえておくアプローチは、あまりなじみのないものかもしれないが、私たちはこれを成功させる方法を発見した。まず、雇いたいと思う人物に合う仕事を見極めて、そのポストが空くまでコンタクトを取り続ける。その次に、その人物がどんなポストにつけるか念頭に置いて、たとえそのポストがその時点で空いていなくても採用する。待機期間には、特別プロジェクトを与え、企業のことを知ってもらう。最後に、中堅から上級レベルの管理職として採用した社員にふさわしい仕事を作るか、確保する。戦略企画、事業開発、会計監査のスタッフ、工場マネジャーのアシスタントなどは、経験を積んだ人材が、その会社で最初に行うのに向いた仕事の例としてあげられる。一人の社員をこのような慣れるための仕事につけておくのは、ごく短い期間（六カ月から十八カ月）にして、常に新しく入ってくる社員のために空けておくようにする。

総合分析機器メーカーであるパーキン・エルマー社は、予め優秀な人材を確保しておくアプローチを、リクルーティング戦略の一部として組み入れている。事実、同社はずっとヘッドハンターを抱え、優秀なゼネラル・マネジャーになりそうな人材を、常に追い求めている。パーキン・エルマーの場合、新しく入った社員が最初につくのは事業開発の職務で、特別プロジェクトに加わって、十二カ月間、会社のビジネスについて学びながら、その人物に適したポストが空くのを待つ。このプログラムによって、その業界についてほとんど知識のない人物でも、採用することが可能になった。今のところ一年に四人がこのプログラムを通じて採用されている。最初の四人は入社から十六カ月以内に「ブルペン」を離れ、これまで非常に高い業績を上げている。

元原子力潜水艦の技師ジョン・ダナーは、その一人である。海軍を除隊してコンサルティング会社に勤めていたダナーを、パーキン・エルマーが見い出した。彼は当時その仕事に満足していなかったのだが、そのことを知った同社は、少し距離をおきながらも数カ月にわたってねばり強く勧誘し、ついにCEOのグレッグ・サムに会ってほしいとダナーに申し入れた。数日後、サムがダナーに仕事をオファーした。

しかし話は簡単にまとまらなかった。入社後のポストは、もっと大きなチャンスのあるポストにすぐにつながるものだという確約を得て、ダナーが決心するまでに二カ月もかかった。「彼らは、私が事業開発者として自分でチャンスを作り、それを二つ目の仕事として自ら立ち上げることも可能だと保証した」と、ダナーは説明する。実際、契約を交わしてから十五カ月後、ダナーは自らが企業買収に携わった、八千万ドル規模のバイオテクノロジー・ビジネスのゼネラル・マネジャーとなった。

パーキン・エルマーの人事部門責任者であるリッチ・ウォルシュは、次のように言う。「これが理想的なケースだ。我々は高い能力と才能を持つ人材を獲得し、わが社について教え、その文化とビジネスの中で育て、いずれは彼らに会社を動かしてほしいと思っている」

GEはパーキン・エルマーの五十倍もの規模であり、優秀な人材を予め採用するアプローチにおける第一人者である。同社は現在、年間百人以上の社員を、コンサルティング会社、会計事務所、軍隊などから雇い入れ、事業開発、事業監査といった仮の業務につけている。一般的に新規雇用者は六カ月から十八カ月間、与えられたポストで特別業務や会計監査などを行い、会社のビジネスや組織について覚えていく。もしも、十八カ月経過しても、その人物が一般の事業部に受け入れられず、得意とする仕事ができる状態ではない場合は、そのほとんどが会社を去る。最初は本社で始まったこのシステムが大きな効果をあげたため、他事業もそれにならって同じシステムを採用するようになった。経験のある社員を定期的に採用し、一定の準備期間を設けているパーキン・エルマーやGEは、潜在的な入社希望者から見ても、望ましい実績を築いている。転職を希望する人々は、同じ道を選んだ先行者がその会社で成功しているのを見て、自分の決心が間違っていないと確認したいのだ。

あなたの会社は機会あるごとに、戦力になりそうな人材を探しているだろうか。納入業者や顧客と仕事をともにするとき、望ましい人材をスカウトしようとしているだろうか。会議や同業団体の集まりを、人材集めの好機として活用しているだろうか。有望な候補者の動向に注意を払い、たとえばその人物が現在いる会社で昇進を逃したとき、すぐ分かるようになっているだろうか。

シアーズ・ローバックは、USバンクとファーストバンクが合併したとき、アイダホ州ボイシーを離れたくないという二十五人のソフトウェア・エンジニアを、まとめて雇ったことがある。このエンジニアのグループは、ボイシーでの生活を愛し、親戚もそこに多くいた。チームとしていい仕事ができると分かっていたので、一つのチームとして雇用してほしいと考えていた。彼らは毎週食堂に集まり、自分たちの願いを書いた手紙を、計画的に企業の採用担当者に送った。その中にはシカゴ銀行の名もあった。

シカゴ銀行は、これにどう対処するべきか答えを出せなかった。ところがスタッフの一人が、この申し出をシアーズに勤める友人に伝えた。シアーズが技術センターをシカゴの外に移す計画があり、オースティンに土地を買ったのを知っていたからだ。この話を知ったシアーズは、即戦力となるスタッフがいるボイシーの方が、オースティンよりも望ましいと判断し、最終的にそこに技術センターを建てた。最初の二十五人のグループが、のちにボイシーに百二十五人の人材を集め、立派な技術センターに発展させた。

■多様なマネジメント人材層にあたる

これまで企業は、ある特定の仕事について、その仕事の経験者を探し、採用していた。適材適所というわけだ。広い範囲に人材を求めることもなかった。毎年、少数の限定された学校、競合会社、関連業界の企業から、自分たちの会社のニーズに合った人材を探していた。

しかし人材をめぐる熾烈な競争が続けば、そうした少数の場所で、今後も満足できる数の優秀な人材を獲得するのは難しくなるだろう。いまや企業は、遠くに足を伸ばして人を集めなければならないのだ。従来とは違ったバックグラウンドを持つ人材を雇うことを余儀なくされる。しかし多くの場合、それがかえってよい結果をもたらす。

たとえば十年前、大手のコンサルティング会社は、ビジネススクールの上位五校か六校を卒業したMBA取得者しか雇わなかった。しかしこれらのコンサルティング会社が成長する一方で、候補者の数にほとんど変化がないという状況になり、他を探さざるを得なくなった。上位十校から十五校のMBAまで採用の間口を広げたコンサルティング会社もある。また大学新卒のためにアナリストという新しいポストを作ったりした。弁護士、医者、物理学者などを採用しはじめたコンサルティング会社も多い。その結果、MBA取得者の数が全社員の半分ほどに減り、それ以外の社員が、大きな力を発揮するコンサルティング会社も現れた。

他の業種でも、もっと広い範囲の多様な人材を活用することができる。アロー・エレクトロニクスは、その好例である。同社は長年、毎年同じ十の学校から新入社員を採用してきた。しかし一九九〇年代終わりには、経済が好況にわき、有能な人材が他社に引きつけられていった。アローは自社の戦略を変えなければならないことを認識した。

認識を新たにしたアローは、全米大学セールス競技会[*1]の企業スポンサーに加わることを決定した。これは毎年テキサス州ウェイコーにあるベイラー大学で開かれている競技会だ。セールスを学ぶ大学三年生と四年生が、アメリカ、カナダの二十を超える大学から集まり、ロールプレイングによって、互いにその技術を競い合う。最終的に、優秀者には賞が与えられる。現在、アローはたいてい、そこでトップクラスの成績を収めた学生を獲得している。

アローはまた、他の業界からも営業スタッフを採用している。「五年のセールス経験がある社員が欲しい場合、その経験は電子機器を販売したものでなければいけないのだろうか」。アローの戦略スタッフ・ディレクター、レス・ギレンは問う。「金融業界でセールスの経験を積み、モーゲージで成功した人物を採用してもいいではないか」。アローはそれを実行し、金融セールスマンも、自社の大きな戦力となることを証明した。

アローは軍隊からも、社員を採用してきた。二〇〇〇年には十五人の将校を雇い入れ、彼らが受けてきた厳しい訓練、異文化経験、兵站《へいたん》の知識、技術的知識などを、業務に活用している。アローは特に、隊を率いた経験のある元軍人を好んで採用している。ギレンは言う。「そのような経験を持つ人物は、万が一の場合にどうするかという判断力に富んでいるし、他の能力も我々の仕事に必要なものと一致している。電子機器に詳しい社員と同じくらい、我々にとって貴重な人材なのだ」

電子工学の学位を雇用条件から外せば、化学、土木、産業工学などのエンジニアを、外回りの戦力として投入できることにも気づいた。これらの分野で経験を積んだ社員の多くが、人間関係にかかわる強力なスキルを持ち、顧客と非常にいい関係を築くことができるのだ。

アローは現在、販売と流通の仕事の二十五％で、非典型的な経歴の持ち主を採用し、今後もその割合を増やしていく予定である。アローでも他の多くの企業と同じく、新規に雇用された社員は、単に空白のポストを埋めるだけでなく、斬新な視点と豊かな創造性を会社にもたらしてくれている。また、さらに人材層を多様化するべきだという考えが広がりつつある。これは単に女性や少数民族の数を増やすこととは違う（それも確かに大切ではあるが）。社員がそれぞれ違った経歴、違った教育、違った考え方、違った問題解決のスタイルを備えているということだ。こうした多様性が、組織の強みとなる。

ビザの創立者で名誉ＣＥＯのディー・ホックは、特定の経験や知識ではなく、その人に備わった資質に基づいて雇用することが重要であると言っている。「雇用と昇進の決定は、第一にその人間の誠意に基づいて決められるべきだ。第二にモチベーション、第三は能力、第四は理解力、第五が知識で、最後にして最も重要度が低いのが経験である。誠意がなければモチベーションは危険なものとなり、モチベーションがなければ能力は役に立たず、能力がなければ理解力は限られ、理解力がなければ知識は意味を失い、知識がなければ経験は行き場を失くす。経験というのは容易に身につけられるものだが、それをすぐに役立てることができるのは、他の資質すべてを備えている人間なのだ」

従来とは違った経歴を持つ新人を採用するには、確かに困難がともなう。その人が持つ本質的能力と、成功するために欠かせない性質を備えているかどうか、慎重に評価する必要がある。企業文化に合っている人物ではなく、それに適応できる人物、場合によっては生産的な方向に、文化自体を変えていけると思われる人物を探すべきだ。既存の社員とはまったく違った経歴を持つ人物は、最初こそ指導と投資が求められるが、アローのケースが証明しているように、それに見合う以上の効果を上げることができる。

新しい人材の獲得源を考える上での人材の要素を図4-1に示した。

雇用の新しいチャネルを開拓する

リクルート戦線が変化しているのには、また別の理由もある。いまや仕事を探している人だけを、雇用のターゲットとするだけでは十分とは言えないのだ。仕事を探していない人にも、あなたの方から近づかなくてはならない。私たちが二〇〇〇年に調査を行った、六千五百人のマネジャーのうち半分が、今勤めている会社を二年以内に辞める可能性は三十%以上あると答えた。また、過去三年間で会社を変わったマネジャーの三分の二は、自分から仕事を探したわけではなく、前の会社より条件のいいオフ

新たな人材を獲得する第一歩として、これまでの候補者とは違っても、獲得したいと思うような人物像を列挙しよう。

場　所	求める人物像は同じでも、これまでとは違う学校、違う企業、違う世界で探す。
キャリアの長さ	求める人物像は同じでも、その職種で長い経験を積んでいるか、始めたばかりの段階か。退職者、大学入学前の高校生、卒業前の大学生なども考慮に入れる。
教育のバックグラウンド	従来の社員とは違った訓練を受けた人物、従来の社員より教育程度が低い、あるいは高い人物も考慮に入れる。
職業経験	違う業界、違ったタイプの地位、ビジネス界以外の人物まで考慮に入れる。
人物の特性	多様な年齢、性別、人種、社会経済的な地位の人物を考慮に入れる。

図4-1　ブレーンストーミング・ツール

アーを受けたからだと答えた。言い換えれば、有能な人々の多くは、消極的な求職者であるということだ。

優秀な人材は数多く存在しているが、ライバル企業にさらわれてしまっては意味がない。加えて、多種多様なマネジメント人材にアプローチするためにも、新しいリクルーティング・ルートが必要とされる。

最新のチャネルと言えば、インターネットである。インターネットを使って社員を集める方法は数多くある。会社のウェブサイトを訪れたユーザーに働きかけることも可能だろう。その場合、相手が仕事を探しているかどうかは問題ではない。求人の告知を求職掲示板や職業斡旋サイトに掲載したり、掲示板やサイトに送られた履歴書から探すこともできる。

一九九〇年代にＩＴの人材マーケットにおける競争が極端に激化したとき、多くの企業がウェブをベースとした、独創的な雇用テクニックを開発した。シスコはその第一人者であった。シスコのウェブサイトは、テクノオタクの遊園地と言えるほどで、潜在的な入社希望者の気を引く、あらゆる工夫がされていた。彼らが提供するお楽しみをいくつかあげてみよう。メイク・フレンド@シスコ・プログラムは、サイトを訪れた人々と、彼らが興味を持ちそうな仕事をしているシスコ社員とを結びつけるものだ。シスコ・プロファイラーは、ユーザーが履歴書を作成して会社に送付できる気の利いたインターフェース。〈おっといけない、上司がやってくる〉ボタンをクリックすると、「成功する社員になるための七つの習慣」の画面に切り替わる（サイトを訪れる人々の九十％が、業務時間中に他の会社からつないでいる）。一九九九年、シスコは入社志望者の履歴書の八十％をメールで受け取った。また新規採用の三分の二は、インターネットを通じて行われたものだった。

社員募集のプロセスをインターネットを通じて行うことで、作業がスピードアップされ、空いているポストを迅速に埋めることができるとともに、志望者が他の企業に気を移す前につなぎとめる助けとなる。ウェブベースのリクルート用アプリケーションを使えば、履歴書の受け取り、第一段階の資格審査、経歴調査、面接の日程調整、志望者との連絡、他の部署への履歴書の転送、そして結果の報告まで自動化できる。

ウェブベースの優れた採用プロセスにより、シスコは新規採用の作業にかかる期間を何日も短縮した。最初の連絡から契約を結ぶまでの採用サイクルを、一九九六年には百十三日だったのが一九九九年には四十五日と、三年間で六十%も縮めたのである。その時間は、会社にとっても志望者にとっても貴重である。

データベース・リクルーティングも、志望者との間をつなぐ新しいチャネルである。マーケティング担当者が顧客と接触するように、会社も将来の社員との関係を、データベースを介して築くことができる。データベースによる人集めは、流し網ではなく、銛《もり》で獲物をつかまえるようなものだ。この方法は、まず会社にとって望ましい性質を備え、いつか自分たちの会社で働きたいと思う可能性のある人物を特定することから始まる。そのような人々と連絡を取り続け、時間をかけて、自分たちの会社に加わってほしいという希望を伝える。彼らの職業の決定に影響を与えられそうな個人的、職業的な要因を調べ、適切なタイミングと思われる機会を見はからって勧誘する。

有望な候補者のデータベースを作る基礎となるのは、さまざまな場所でかかわった、あらゆる人材である。つまり友人や同僚、現在の従業員、以前に仕事のオファーを蹴った相手、あるビジネスには向かないが、他の場所では大いに力を発揮しそうな人物、あなたの会社を辞めた有能な元社員まで含める。こうした人々の履歴はどこかに保管され、見つけられるのを待っているはずだ。さらにデータベースに加えられる人材を、積極的に探す。ライバル会社の高業績者、会議で言葉を交わしたことのある人、何らかの賞を受賞した人物、採用のターゲットとする学校、団体、会社に所属する人など。

こういった人々とは、常に連絡が取れるようにしておく。商品を送り、イベントに招待し、相手が興味を持つ情報を含むウェブサイトを紹介する。折にふれて連絡を入れ、会社はいつでも求職の面接に、喜んで応じるという姿勢を示す。

世界最大のビデオゲームメーカー、エレクトロニック・アーツ（ＥＡ）は、このような人材データベースを使って、将来、入社する可能性のあるゲーム制作者との連絡を取り続けている。そして彼らとの関係を強化するのは、専らウェブサイト上である。ＥＡのウェブサイトでは、「Jobs」というボタンをクリックすると、職業上の目標、抱負、経歴、興味、資格などに関する質問が現れる。それから先、会社からのコンタクトに対して承認を求める項目まである。その後、システムがそれぞれの応募者の条件に合致するポストを探し、ＥＡの採用担当マネジャーに報告される。一年たたないうちに、ＥＡは将来、社員になる可能性のある三万四千人のデータを集め、そのうちの二万人がその後も情報を受け取ることに同意した。

つい最近、このシステムの真価が試される機会があった。ＥＡはＮＡＳＣＡＲゲームの開発部署を、カリフォルニア州レッドウッドシティから、フロリダ州オーランドに移すことを決めた。移転のために、大至急、四十人のゲーム開発者を採用する必要があった。その問題を解決したのは、「ゲット・イン・ザ・ゲーム」というタイトルがつけられた対話型の電子メールで、データベースの中から、すでに事前審査で条件を満たすと判断された候補者一万八千人に、オーランドでの新しいチャンスへの挑戦を呼びかけた。募集する職種、求められる資格、オンライン申込者へのお知らせなど詳細が、最高級のグラフィックとアニメーションとともに掲載されただけでなく、オーランドで開発される予定の、大きな期待を集めるビデオゲームのさわりを、特別に見ることができた。ほんの何日かで、三千人がさらに情報を求め、フロリダのリンクにアクセスした。その中から、必要な人材を選び出すのは容易な作業だった。

インターネットは最新の雇用経路ではあるが、新規採用者を見つけるための最も効率のよい方法は、やはり昔ながらの方法、つまり人を介した紹介だろう。私たちの最初の調査に参加したマネジャーの約四十%は、人を介した紹介で採用が決まった。

社員による勧誘も成功率が高い。ところが驚いたことに、社員が持っている幅広い人的ネットワークを、計画的かつ組織的に活用している企業はほとんどない。

企業では社員のだれもが、人材スカウトにならなくてはいけない。社員の一人一人が、有望な団体、会議、メーリングリスト、チャットルーム、顧客訪問やサプライヤー先などで、独自に社員候補のネットワークを築く。社員全員のコンタクト・リストの底に眠っている財産を、掘り起こすのだ。

インターネット広告会社のダブル・クリックは、社員の個人的なネットワークを活用し、何百人もの候補者とのつながりを作った。従業員新規採用者紹介プログラムを利用して、二〇〇〇年の最初の三カ月で五百人を採用し、企業の規模を三十%も拡大した。紹介者に報酬を出したことも、成功の要因だった。紹介件数が最も多かった社員には、ハーレーダビッドソンを二台提供、紹介だけでも、一人目の紹介に対しては千ドル、二人目には二千ドルという報酬が与えられ、しかも上限はなかった。総計するとダブル・クリックの新規採用者のうち、このプログラムによる採用が四十三%を占める。

会社にとって望ましい人材にアプローチするために、工夫を凝らして、さまざまな方法を考え出してみよう。いずれ社員となるかもしれない人材と、自分の会社との間に対話を開く道は、数限りなくある。

ある企業は、丸二日間、昼夜ぶっとおしのテレビ放送を行い、幹部も含めて八十人の社員が、有望な候補者に電話をかけた。また別の会社は、ウェブサイトにビデオゲームを設置し、高得点をあげた

エグゼクティブのためのエージェント

これまでの長きにわたって、リクルーティングの仲介者といえば、エグゼクティブのヘッドハンティングを、企業の利益を代表して請け負うエージェントだった。それに加え、個人が以前よりも大きな力を持っている現在は、個人の代理を務める、別のタイプの仲介業が参入し始めている。近い将来エグゼクティブたちは、映画スターのように、エージェントを通して最適な仕事を得るべく交渉を行うことになるだろう――にわかには信じられない話だろうか。

いまやすでにその動きが出始めている。ある人材エージェントは、30人のクライアントを抱えている。エージェントはクライアントの相談にのり、その代理人となり、宣伝を行い、市場に売り込む。また別のエージェントは、ＣＥＯ級のクライアントと契約して、その人物の望むビジネスチャンスと、経済的な後ろ盾を探す。そのエージェントではクライアントに、決して「職」という言葉は口にしないよう助言する。これは「求職」や「就職」ではなく、ビジネスの契約なのだ。

これらはまだ手始めであり、いずれ上級エグゼクティブから下位のマネジャーまで、広く行われる現象になるだろうと、私たちは考えている。人材エージェントにどれほどの利点があるか考えてみよう。常に次のチャンスを探してくれる、ヘッドハンターからの誘いに対処してくれる、そして報酬交渉のとき適切なアドバイスをしてくれるのだ。

これがどれほど企業と個人の力学を変えるだろうか。リクルーティング・プロセスを変えるにあたって、一考してみる価値はあるだろう。

参加者に、プログラミングの仕事に応募するよう誘いかけた。他にも、システムにハッカーを侵入させて、入ってこられた者たちをＩＴグループの仕事に誘うという、奇想天外な方法をとった会社もある。

欲しい人材を獲得するためには、報酬のルールを変える

人材マーケットでは、最優秀人材に対する高い需要がある。大きな価値を生み出せる一流の人材を獲得するためには、それにふさわしい代価を支払わなければならない。一流の人材に目星をつけ、選抜し、口説き落とすという長い努力のあとに、見積もっていた以上の報酬を要求されたという理由で、取り逃がすことは避けたい。もしあなたが、優秀な人材にふさわしい報酬を提示していると思っても、実際に人材を獲得できないならば、再考する必要があるということだ。

サントラスト・バンクスのビル・ロジャースは、既存の報酬体系（平均より低いサラリーを、高額のボーナスで補完している）のまま、四十人のリレーションシップ・マネジャーを採用しようとして、そのことを思い知らされた。ありふれた報酬体系では、獲得したいＡクラスの人材を引きつけることはできなかったのだ。

そこでロジャースは一歩踏み出して、入社時に支払われる一時金をオファーしたり、転居費用を負担したり、初年度のボーナスを保証したりといった策を講じた。そしてついに、サラリーも業界の平均以上に引き上げたのだ（サントラストにとっては初めての試みだった）。高くつく改革だったが、それだけの効果はあった。「新しいマネジャーのほぼすべてが、雇用の際の投資以上の利益をもたらしてくれた。報酬を上げることを惜しんでいたら、ほとんどだれも獲得できなかったでしょう」

新しいマーケットで勝つためには、報酬に昔のルールを適用してはいけない。まずは二つの重要な問いを考えてみることだ。優秀な人材を得るためには、いくらかかるか。その人物が自社のために、どのくらいの価値を生み出すことができるか。

その答えは、あなたが見積もっていた報酬の額では、とても間に合わないものになるだろう。最高額を引き上げるか、サラリーの体系は変えずに、入社時の一時金をはじめ、他の特別手当で工夫して、報酬全体を上げなければならないのではないか。高い業績を上げている企業ほど、自社に必要な人材を得るための支出を惜しまない（図4‐2）。

非の打ち所のない売り込みプロセスを実行する

以前は社員採用のプロセスと言えば、会社側が志願者を選抜することだった。企業は列をなす応募者の中から、自社に最も適した人材を、入念に選ぶことができた。会社が時間をたっぷりかけている間、応募者はそわそわと決定を待つしかなかった。

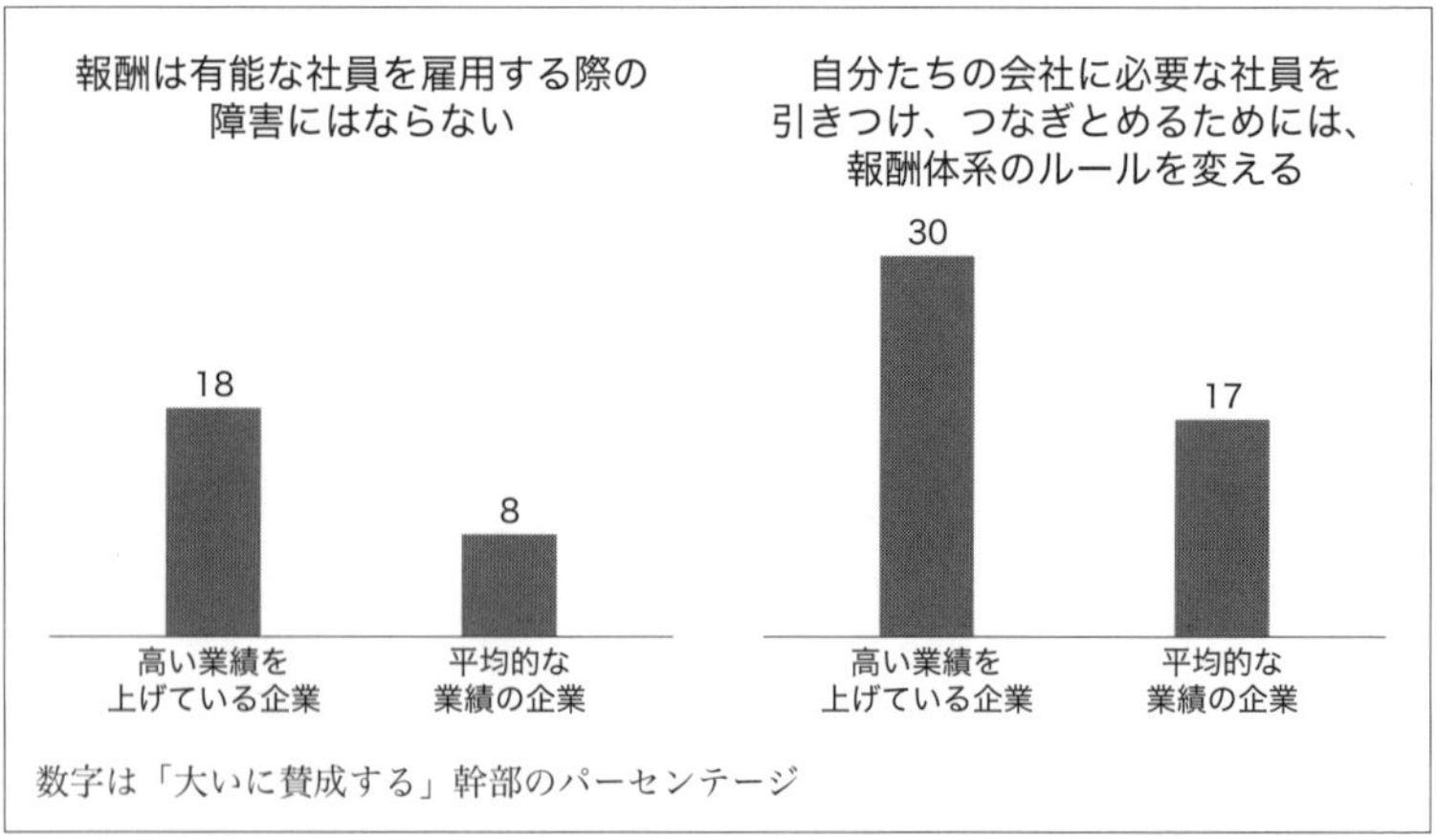

出典：ウォー・フォー・タレント調査 2000年

図4-2　優秀な人材を獲得するには、それなりの報酬を出す必要がある

今日の人材マーケットでは、自分を志願者に売り込むのは、会社の方である。もちろん厳正な審査は今でも必要だが、もっと難しいのは、自分たちの会社に入りたいと相手に思わせること、オファーに耳を傾けさせることなのだ。プロセスの各ステップが、求愛行動とよく似ている。相手を口説き、喜ばせ、巧妙に自分のペースに巻き込む。自分は褒められ、評価されていると、応募者に感じさせなければならない。どんなささいなやりとりでも、相手から「この会社の社員になりたい！」という気持ちを引き出さなければならないのだ。

過去において、企業は最高レベルの社員を、新規採用の勧誘に出したりはしなかった。時間をもて余している社員を送り出していればよかった。しかし今の時代、それでは有能な人材を引き寄せることはできない。

リクルーティングの最前線には、優秀な実績を上げている社員を送り出すべきなのだ。現場責任者は、一カ月のうち一日か二日を、採用業務――志望者の面接を行う、社内を案内する、オファーを受け入れるよう相手を説得する――に費やすべきである。優秀な社員にリクルーティング戦略を授け、人事マネジャーは、採用マネジャーと応募者の仲介をするのではなく、全体のプロセスの調整役となる。

応募者の中から最高の人材を得るために、あらゆる手を尽くそう。「最高の人材を採用することが、入社一年目の唯一の目標だった」。建築、紙メーカーであるジョージア・パシフィックのパッキング部門の副社長、スティーヴ・マカダムは言う。「人事部のチームと細かく連絡を取りあって、採用にかかわる業務プロセスを円滑に進めるよう努力した。しかし説得に手こずったり、契約を結ぶ直前になったりすると、それが私のすべての業務で最優先事項として位置づけられた。私は全国を飛び回り、個人的に志望者と会い、必要なだけ、彼らと一緒に時間を過ごしていた」

自分のリーダーシップを信頼してもらい、チームに引き入れるのに必要なのは、自分自身が直接会うことだと、マカダムは分かっているのだ。「最高の人材を得たいと思うマネジャーは、自分で出向いた方がいい」、これが彼のアドバイスである。マカダムは最初の十八カ月で、九十六人の人間を採用したが、そのうち四十九人は、彼が直接面接を行い、入社するよう説得した。その四十九人のうち二十九人は、将来のリーダーとなる資質を持っていると考えられているし、ほとんど全員がまだ会社にいる。

シマンテックのCEO、ジョン・トンプソンもまた、個人的なふれあいの力をよく知っている一人だ。シマンテックはカリフォルニア州クパチーノに拠点を置く、セキュリティ・ソフトウェアのメーカーである。ノートン・ユーティリティとノートン・アンチ・ウィルスといった製品が有名だ。トンプソンは期待の星だった研究所の所長がハイテク新興企業に誘われ、転職しようとしていたときのことを思い出して言う。「私は電子メールで、こんなメッセージを送った。『驚きとしか言いようがない。きみはこの会社を愛していると思っていた。私たちの仕事に、きみがどれほど大切か、理解していると思っていた。でも、きみは分かっていなかったんだね。そう思っていた自分たちが恥ずかしい。きみの幸運を祈る』。一週間後、その研究所の所長は戻ってきて、トンプソンは彼からのメールを受け取った。「戻ってきました。私はこの会社を愛していますから」

優秀な社員をリクルーティングの最前線に出すのは、もう一つ理由がある。採用活動をする人物が、採用する人材の基準を決定しているということだ。彼らがどの程度の力量を求めるかで、あなたの会社がどれくらい発展するかが決まる。アーサー・コナン・ドイルが看破したように「凡人はそれ以上のものを何も知ることはないが、才能ある人はすぐに天才を見抜く」のである。

各部署のリクルーティング戦略を策定する

マーケティング戦略がどのようなものかは、だれもが知っている。それぞれの顧客層の特徴をつかみ、その規模を測り、独特なニーズを研究する。そして各層に合った訴求価値とプライシング戦略を開発する。販売チャネル、売り込み方法、営業マンの教育プログラムを準備し、目指すマーケットシェアや、販売目標を決定する。熟練したマーケティングとセールスのマネジャーが、何百時間もかけて綿密な計画を練り上げ、文書化する。そして経営陣の委員会が、そのマーケティングプランを検討した上で承認する。

しかしあなたの会社には、書面化されたリクルーティング戦略があるだろうか。それぞれの部署、必要とする人材のタイプごとに、それが整備されているだろうか。おそらくないだろう。確かに人材をめぐる競争が激化する以前は、それほど厳格な手続きは必要なかった。しかし、いまやビジネスを見通したリクルーティング戦略、しかもマーケティング戦略と同じくらい細かい戦略が必要なのだ。

私たちが勧めるのは、次のような方法だ。各部署に独自のリクルーティング戦略を作成するよう依頼する。一年目は、図4‐3に示された程度の、簡単なもので構わない。二年目には、リクルーティング戦略の成功事例と応募者について、一つの部署だけでなく、部門や人材のタイプを超えて共有化する機会を設ける。

明確なリクルーティング戦略を築き、あらゆるレベルに優秀な人材を入れ、継続的に社員を確保し、多様なマネジメント人材層を活用し、人材に近づくための新しいルートを開拓し、必要とあらば報酬

図4-3　ＡＢＣ部における2001年のリクルーティング戦略

人材のタイプ	雇用人数	雇用ルート	価値提案のメッセージ	担当者	成功の基準
ソフトウェアプログラマー	100	15の大学	「最先端の技術」	ユニット長３人、学校担当者５人	受け入れ率：一人当たりの雇用コスト
電気技師（熟練者）	50	社員の紹介とインターネット	「仕事と職場を自分で選べる」	製造マネジャー２人、人事マネジャー１人	採用人数：一年目の実績
ゼネラルマネジャー	20	６つのＭＢＡスクール、２つのコンサルタント向けヘッドハンティング企業	「18カ月で現場マネジャーに」	プランニングと財務部門の幹部	同期の成績上位20％人材による割合

添付ページには、各人材のタイプについて以下のことを記す。
・各ルートから雇用した人数
・社員候補のターゲットする人物像
・面接及び選抜の方法
・報酬の幅とオプション

体系を変え、非の打ち所のない売り込みをするにはどうすればいいか、リーダーたちや人事部とともに、熟考を重ねる。

優秀な人材を雇用することは、これからますますあなたの会社の業績向上にとって重要になるし、また人材マーケットにおける競争は、アプローチ方法がさらに複雑になっていくだろう。相当数の優秀な人材を獲得するためには、確固たるリクルーティング戦略が不可欠だ。あなたの会社にそれが備わっているかどうか、確認しておこう。

＊1　大学生の参加者が与えられた課題にそってセールスのデモンストレーションをみせ、セールスマンとしての能力を競う競技会。競技会には企業スポンサーがつき、各企業は競技会中に企業説明ブースを設けたり、審査員として競技会に参加したりすることで、セールス能力のある学生を発掘することができる。各企業のスポンサーシップは三千ドルから二万ドルまでの五段階に分かれており、段階により競技会中にできる活動が異なる。

第五章　マネジメント人材が育つ組織

ジョージ・バーナード・ショーの名作『ピグマリオン』をご存知だろうか。ロンドン下町のみすぼらしい花売り娘、イライザ・ドゥーリトルと、有名な音声学者であるヘンリー・ヒギンズの話である。ヒギンズ教授はイライザの生活を援助し、自分の教育によって、イライザを完璧なキングス・イングリッシュを操るレディに変貌させられることを証明しようとした。結果、期待以上の成功を収め、イライザばかりでなく彼自身もそのプロセスで変わっていった。この話をもとに、素晴らしい演劇、映画、そして有名なミュージカル『マイ・フェア・レディ』が作られた。

これはまた、すでに古典となったハーバード・ビジネス・レビューの『マネジメントのピグマリオン』の中心をなすテーマでもある。この本は、一九六九年に初めて出版されて以来、定期的に重版されている。著者のJ・スターリング・リビングストンはその中で、部下を育てる上で極めて重要なマネジャーの役割について解説している。「エグゼクティブの多くは、まだこの問題を突き止めていないが、産業界にとって最大の課題は、会社にとって最も貴重な財産――若く、経営人材と専門性を持ったプロフェッショナル人材――が、育成されず、活用されず、非効率的なマネジメントに委ねられている現状を、どう正していくかということだ」

それはいまだに重要な課題である。ヒギンズ教授が気づき、リビングストンも繰り返し述べているように、才能がはじめから十分に発揮されることはまれである。人は大きな可能性を持っているが、栄養を与えられ鍛えられてはじめて、大きく花開くのだ。

エミリー・ヒッキーという女性の例をあげてみよう。ヒッキーはイライザ・ドゥーリトルとはまったく違い、ノースカロライナ大学を優秀な成績で卒業し、英語と宗教学の二つの学位を取得している。生活のために青空市場で花を売ったこともない。しかし広い世界に出る準備ができていなかったという点で、エミリーはイライザと同じ立場にいた。自分の可能性に気づくには、将来へのドアを開け、励まし、刺激を与えてくれるメンター[*1]が必要だった。

卒業後、エミリーはITコンサルティング会社で簡単な業務をこなす仕事についた。そこでよい業績を上げ、六カ月目の業績評価も上々だった。しかし何か物足りない。彼女自身もっと高度なことができると感じていたが、それに気づく人はいなかった。自分の能力を高める仕事を与えてもらえないのだ。その仕事のままでは、やりがいも感じられないし、能力を高める機会もつかめないと思うようになった。

いろいろ考えた結果、エミリーはまだ成長途上にある新しい会社からのオファーを受ける決意を固めた。その会社は、インターネットの就職サイトを開いていて、のちにホットジョブズ・ドットコムとして知られるようになる。ホットジョブズでエミリーは、彼女が求めていたような自分の能力を伸ばせる仕事にめぐりあえた。会計マネジャーからスタートして、その後はホットジョブズのサイトを運営するソフトウエア、「ソフトシュー」のスポークスマンとして、コムデックス展示会でソフトウエアに関する名誉ある賞を受けた。次に製品管理部門の副社長に任命され、そこではチームの立ち上げから進行プロセスの設計、製造戦略立案まで、すべてを行った。製品管理の仕事が軌道に乗ると、彼女はホットジョブズが買収したソフトウェア企業の立て直しを手伝い、そこではある製品の損益を管理した。

才能と勤勉さによって、エミリーは成功を手に入れた。しかしそこには、もう一つの要因があった。前CEOリチャード・ジョンソンからの、個人的なメンタリングと激励がなければ、これほど速く、これだけのことはできなかったと彼女自身が認めている。「初めてリチャードに会ったとき、私にはない才能の持ち主だと思った。彼は説得力に富んだ話し方、議論の仕方、積極的にアイデアを売り込む方法、自信を持って行動することを身につけているのが分かった。それで彼のようになりたい、彼から学びたいと思った」

しかしジョンソンから学ぶのは、容易なことではなかったとも言っている。とにかく要求が厳しかったのだ。あるとき彼はエミリーをジャーナリストの一団の前に立たせ、主力であるソフトウェアのプレゼンテーションをさせた。そのときは大成功だったが、それはまだ手始めでしかなかった。「それからというもの、何かというと役員会、投資家向け説明会、ビジネス開発のミーティングなどで、プレゼンテーションをさせられた。彼が私を緊張感のある状況に追い込み、失敗させ、批判し、それでも振り返って適切な支援を与えてくれたことは、とても大きな意味があったと思う」。そしてこう付け加えた。「失敗にくよくよするひまはなかった。あるプレゼンで大失敗したとき、私を重要な場面に出すのはまだ早かったと彼は言っていた。それなのにほんの二、三週間後、役員向けのプレゼンテーションに私を任命してくれた。そのときは私も落ち着いてこなすことができ、それ以来、自信がついた。彼がすべて教えてくれたから」

彼女の能力を伸ばし、フィードバックを与え、コーチしようとするジョンソンの意欲で、エミリーは大きく変わることができた。「私はあたかも二十年の経験をもつマネジャーのように振る舞わなければならない状況にさらされていた」と、彼女は言う。「今は二十年分が二年間に凝縮されたキャリアを持っていると感じている」

人材育成競争に勝つために、企業は社員を育てるという心構えを持たなければならない。すべての社員がスーパースターへ育つわけではない。しかし激励され、成功に必要な支援が与えられれば、だれでも能力の限界を押し広げることが可能だ。人材の育成を組織という生地に織り込んでいる企業は、他社よりも多くの優秀な人材を引き寄せ、長く引きとめ、長期的に高い業績を上げることができる。

そんなことは当然だと思われるかもしれないが、次のようなことを考えてみていただきたい。

□企業の役員クラスの五十四%が、社員を優秀な経営幹部に育成できないことが、マネジメント人材層を強化する上で大きな、そして主要な障害となっていると答えた。
□マネジャーの五十七%が、自分の会社は迅速かつ効果的に社員を育てていないと思っている。
□会社が自分を育ててくれないと感じたマネジャーは、うまく育ててくれていると感じているマネジャーよりも、その会社を辞める確率が五倍も高い。

□今後二年の間に、勤めている会社を辞める可能性があると答えたマネジャーのうち、五十七％が、人材育成と学ぶ機会が十分でないことを、決定的、あるいは非常に重要な理由としてあげている。また六十九％が、キャリアを高める機会がないことを辞める可能性の理由としてあげている。

あなたの会社にいる数多くのイライザ・ドゥーリトルを、どうすれば自信に満ちたリーダーに育て、最大限の力を引き出すことができるだろうか。ヘンリー・ヒギンズをさらに思慮深く、部下に影響を与えるリーダーにするには、どうしたらいいのだろうか。それがこの章で扱うテーマである。

ほとんどの企業では、人材育成が効果的になされていない。人材育成競争で勝つには、企業は社員の可能性を伸ばす力を、向上させるべきだ。実際の職務を通して恒常的に社員を指導し、フィードバックを与え、アドバイスを与えることを、日常業務として徹底させるべきだろう。

古い人材育成のアプローチ	新しい人材育成のアプローチ
人材育成はたまたま行われる	人材育成が組織という生地の中に織り込まれている
人材育成とはトレーニングである	人材育成とは基本的に、難題に取り組む経験、コーチング、フィードバック、メンタリングのことである
人材はユニットに属している。他のユニットには移らない	人材は企業に属している。社員は会社の中のどこでも、容易に移動できる
育成ニーズがあるのは、低業績者だけである	育成ニーズはだれにでもあり、コーチングを受けることができる
メンターを見つけられるのは、幸運な一握りの社員だけ	高い能力を持つ社員すべてにメンターがつけられる

■人はどのように成長するか

リーダーの多くは、マネジャーがどう成長するか理解していない。たいていは、トレーニングが人材育成の鍵だと考えている。しかし私たちの調査に協力してくれたマネジャーに、キャリアを築く上で役に立ったことは何かと尋ねたところ、それはトレーニングではなく職務経験であるという答えが多かった。私たちにとって、それは意外な結果ではなかったが、驚いたのは、コーチング、フィードバック、メンタリングといったものの重要性が高かったことだ（図5-1）。

■人材育成の不足

もう一つの驚きは、十分な人材育成を行っている企業がほとんどないということだった。マネジャーに、現在の会社が人材育成に積極的に取り組んでいるか質問したところ、効果的で率直なフィードバックを与えてくれるという答えは、三十九％に過ぎなかった。優秀なメンターがいると答えたのは三十七％、能力の高い社員をすぐに昇進させると答えたのは、四十七％にすぎなかった。

なぜ企業は、人材を育てるのが下手なのだろうか。おそらく企業側が、人材の育成とビジネスの業績の結びつきを、理解していないからというのが私たちの結論である。またマネジャー自身が、効率的な人材育成方法の恩恵を受けてこなかったことも、理由としてあげられるだろう。したがって、人材育成を牽引する背景が組織内にないのだ。さらにほとんどの企業において、期待も評価もされていないことも一因になっている。

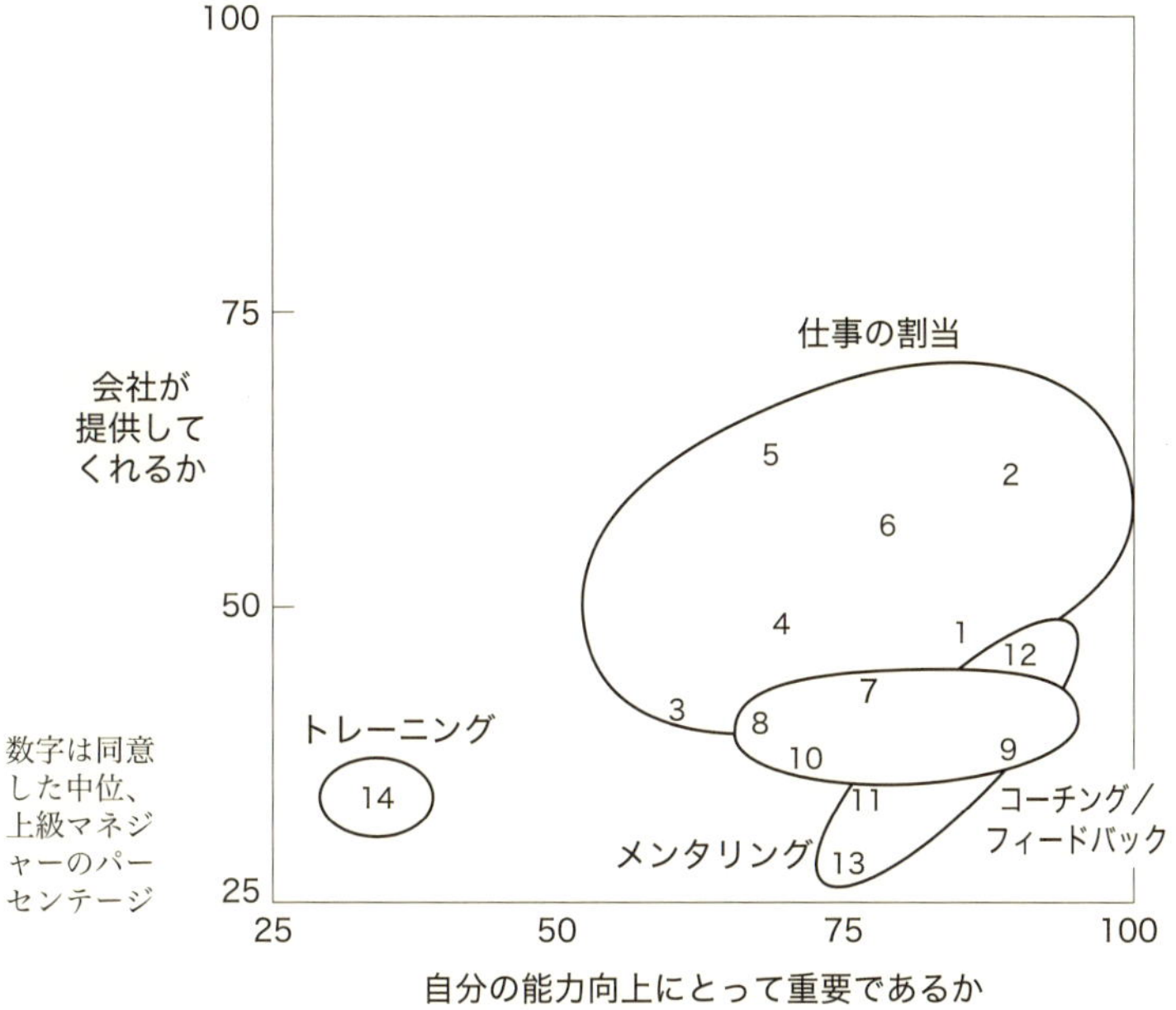

仕事の割当

1．高業績者の昇進を早める
2．職業上の可能性を広げる技能を身に付けることができる
3．職務交替、昇進のペースが速い
4．損益責任のともなう仕事
5．特別なプロジェクトを担当する機会
6．ＯＪＴ（オン・ザ・ジョブ・トレーニング）

コーチング／フィードバック

7．自分の強みと弱みを指摘される
8．360度フィードバック
9．率直で洞察に満ちたフィードバック
10．上司からのインフォーマルなコーチング

メンタリング

11．優れたメンター
12．優れた上司のロールモデル
13．人材育成に関する指導・助言

トレーニング

14．講義式のトレーニング

出典：ウォー・フォー・タレント調査　2000年

図5-1　人材育成を促進するファクター

マネジャーの多くは、人を育てようとするときに不可欠な感情的、個人的なかかわりに不安の念を抱く。よいコーチ、よいメンターとなるには、社員の才能や可能性について知る必要があるが、それは場合によっては、押しつけがましく見えることもある。人によっては、それが気持ちの負担になる。私たちはそのように感じる人々も、快不快の範囲を超えるところまで自分を駆り立てて――第三章でとりあげたミミ・ブリーデンが行ったように――大きな満足感を得られる仕事に参加してほしいと思う。他者に手を貸すことは、自分自身のさらなる能力開発にもなるからである。

■職務経験の活用による人材育成の促進

学者や研究者は何年も前から、職務経験が人材育成に果たす基本的な役割について、論議を重ねている。しかし企業の多くは、だれにどのような仕事をさせるかという重要な決定に対して、真剣に取り組んでいない。

ラーニング・カーブを険しくする

「未熟なマネジャーは、若者のキャリアに傷を残し、彼らの自尊心を深くえぐり、彼らの人間としての自己イメージをゆがめてしまう。しかし熟練したマネジャーでかつ『大きな期待』を持っている場合には、部下の自信は高まり、能力が開発され、生産性も向上する」と、J・スターリング・リビングストンが指摘したとおり、人が成長するためには、新たな挑戦と経験が必要なのである。解決法を探ることこそ、課題として与えられるべきなのだ。特に高い能力を持つ社員には、それが有効である。

ゼネラル・エレクトリック社（GE）は、非常に計画的に能力を伸ばす仕事を社員に課し、それを有能な社員を活用する戦略的な賭けと見なしている。エグゼクティブ育成部門の前副社長、チャック・オコスキーは言う。「生来のスポーツマンで、強烈な潜在能力を持ち、質の高いチームを集めて士気を高める力と、困難な仕事に取り組む集中力を示せた人物を、大きく育てることだ。特に経験がなくても、有能な人材を引き上げることを恐れてはいけない。たとえそのときは実力以上のポストと思えても。彼らは大抵、こちらが驚くほどうまくその仕事をこなすものだ」

ホーム・デポも、有能な社員にはラーニング・カーブを常に険しく、つまり実力以上の仕事をさせている。マネジャーとして初めて損益責任が生じる仕事を与えられる平均年齢は二十六歳だ。ある店舗の店長は十八歳でホーム・デポに入社し、二十一歳で部門マネジャーになり、二十三歳で副店長、そして二十五歳で店長になったという。だれもが、それほど早く昇進するわけではないが、飛躍する準備ができていると思える社員に思い切って賭けてみるのが、この会社の哲学なのだ。

タイミングも重要だ。あまり早く動かすと、結果に対する責任感が育ちきらず、能力を発揮できずに終わる可能性もある。あまりに遅すぎると、成長のペースが抑えられてしまう。多くの企業は後者で失敗する。有能な社員を評価するときは「成長が滞っていないか、もっと大きなことをさせるべきか」と問うてみることだ。

多種多様の経験をさせる

社員には大きな仕事ばかりでなく、色々な種類の仕事を経験させたほうがいい。『経験という教育』でロンバード、マコール、モリソンが、社員を育てるために重要な、異なった種類の経験の例をあげている。たとえばラインからスタッフ部門への配置転換、ゼロからのプロジェクトの立ち上げ、ビジネス上の問題の処理などだ。バランスのとれたゼネラル・マネジャーを育てるなら、キャリアを積む間に、多くの異なる種類の経験をさせるべきなのだ。

アムジェンは有能な社員に、さまざまな種類の経験をさせている企業の一例である。たとえば副社長のキース・レオナードは、最初に物流を担当し、財務へと移り、オランダで国際業務を経験し、セールスとマーケティングを経て、新しく創設されたリューマチ研究事業部の長となった。分子生物学者としての教育を受けた上級副社長、デニス・フェントンも同じような経験をしている。以前はセールスとマーケティングを指導していたが、現在ではアムジェンの業務統括責任者であり、製造、物流、エンジニアリング、品質、情報管理をはじめ、つい最近では研究にまでかかわるようになった。「この時点ですでに、能力一杯に働かされていると感じる」と彼も認める。「しかしそれこそが、人生の基本だろう。ぎりぎりまで追いつめられて、自分が何をできるか知るのだ」

とは言ってももちろんアムジェンは、救命具も着けずに、人を深い淵に突き落とすようなことはしない。高い能力を要求される仕事についた社員には、指導、教育、継続的な評価といった助力を与え、沈まずに泳ぎきれるようにする。

高度な業務を経験させる

特別な目的のための二〜三カ月間のプロジェクトは、特に人を育てるのに適した機会である。そのようなプロジェクトでは、目的を果たすための問題解決能力、職務の枠にとらわれない統合的なアプローチ、チームワーク、上級幹部との仕事上の関係、指示ではなく説得する力などが必要となる。このような仕事は、通常の仕事をこなす傍らでも取り組める場合もある。第三章でふれたように、アロー・エレクトロニクスは、長期休暇を取っている社員のポストに、別の社員を一時的に入れて、特別な業務経験をさせている。

絶えず業務の範囲を広げていく

たとえ同じ仕事を続けていても、実力を高め、上を目指すことはできる。仕事というのは、範囲が厳格に決められているものではなく、もっと幅広いものと思った方がいい。社員が自分の役割を見つめ直し、責任について新しい考え方を持ち、これまでになかったやり方で仕事に取り組むようにしむけるべきだ。

新製品を発売したり、それを新たに外国で売り出したり、顧客との関係を深めたり、有能な人材を指導したりするチャンスをつかめるよう、社員を励まそう。難しい交渉の処理、役員向けの重要な報告のプレゼンテーションといった全力投球で取り組めるチャンスを与えよう。仕事が個人の能力を決めるのではない。仕事に対してどのような貢献ができるか、仕事をどのような方向へ導くかを決定するのはあくまでも本人である。リーダーが交代したり、古い仕事のやり方を捨ててさらに上を目指すような人材を発見した場合に、仕事の質がどのように変わるかを想像してみてほしい。

社員の能力をより伸ばせるように仕事を構成する

組織を設計するときには、できるだけ構造を均一化し、仕事を分散させるようにする。たとえば損益に責任を持たなくてはならない仕事は、他の業務よりも総合的なマネジメント能力を伸ばす機会が多い。また、機能横断的なチームを組むことは、社員に視野を広げる機会を与える。一例をあげると、ジョンソン・エンド・ジョンソンには、百九十以上の事業部がある。これだけの規模に仕事を分散することで、若い社員に早い時期から仕事に責任を持たせ、実力を高める機会を与えられる。起業家を育てる風土が促進されるのだ。

特に配慮のいる仕事

ある種の仕事は、将来、会社をしょって立つ人材を育てる上で、特に役に立つ。私たちの調査で、特に実力を伸ばすという点で重要であるという答えが多かったのは、次の五つの業務である。広い視野を必要とするポスト、事業の黒字化、新規事業の立ち上げ、大規模で異彩を放つプロジェクト、海外での仕事。こうした仕事は数が限られているので、担当者は特に高い能力を持つ社員から、慎重に選ばなければならない。

アムジェンでは、製品開発チームのリーダーを、人材育成の重要ポストと見なしている。研究、臨床開発、マーケティング、規制問題まで、あらゆる業務にかかわっているからだ。このポストは機能横断的でしかも包括的なので、アムジェンのCEOケヴィン・シェアラは、上級幹部への重要なステップと考えている。製品開発チームを率いていけないマネジャーは、将来、会社を率いることもできないというのがシェアラの信念である。

GEは品質プログラムを開始したとき、シックス・シグマ（品質管理上、不良率を極めて低いレベルにする取り組み）を担当するポストを、重要な能力開発の機会ととらえていた。この黒帯ポスト（熟練を要するポスト）には、特に高い能力を持つ社員がつく。そしてこの経験を経た高い能力を持つリーダーには、より大きな業務上の役割が与えられた。有能な社員がこの経験によってさらに能力を高めることが、GE全体の業績アップに表れるまで、それほど時間はかからなかった。黒帯ポストは、人材育成に適した機会というだけではない。GEの業績を牽引するうえでも重要なのだ。

GEやアムジェンのように、企業は見込みのある社員を、その力を伸ばす仕事につけ、また最も重要な仕事には、最も期待のできる社員を配置するべきである。

人材育成を促進するように人材配置を設計する

大抵の企業では、人材育成を最大限に促進するような人材配置にはなっていない。採用担当マネジャーは、自分の知っている社員の中から、その仕事に求められる「条件」を最も満たしている人物を選ぶ。管理職といえども、すべての社員を知っているわけではないので、手近な人間を選ぶのが常だ。危険を冒してまで、将来性のある社員を育てる機会を作ろうとはしない。アムジェンは、この過ちを避けようとしている。アムジェンの人事部門の担当役員、イラーナ・メスキンはこう言う。「以前は、絵に描いたような経歴の持ち主で、ポストを埋めていた。現在では、本当の実力という観点から人を選んでいる。この仕事で最も力を伸ばせるのはだれだろうか。多くを学べるのはだれか、空いたポストをどう使えば、社員を育てるという効果が得られるだろうかということを、常に考えているのだ」

社員の配置に際しては、職務にこだわらず社内全体から人材を求め、かつ人を育てるという視点を、そのプロセスに組み入れるべきだ。この理念の基本は、上位二百人から五百人のマネジャーは、経営陣や統括部門の財産ではなく、会社全体の財産であるという認識に立脚している。社員を会社の財産だと見なしてはじめて、有能な社員が自由に、最も望ましい場所へと動けるようになるのだ。

この理念を実践に移すためには、序列にしたがって昇進させるという習慣に対して、CEOが率先して異議を唱える必要がある。役員クラスの育成を担当するリーダーたちの助力を得て、CEOは上位二百から五百の管理職ポストの人事に積極的にかかわるべきなのだ。だれを採用するかの決定は、通常、採用担当マネジャーに委ねられるが、CEOはそのとき、社内全体から幅広い人材が対象候補として考慮されていることを確かめる必要がある。会社の将来の業績を左右する幹部の育成に関して、CEOは特に重要な役割を担うのだ。

二つのアプローチ

効果的な人材配置のために、とりうるアプローチが二つある。一つ目はチェスボード・アプローチとでも言うべき方法で、CEOと人材育成のリーダーが、チェスの駒を動かすように、組織横断的に最も効果的な人材配置を考える。空いたポストの一つ一つに、採用担当マネジャーと検討しながら、適任と思われる候補者をすべてあげる。そして最終的には、採用担当マネジャーが決定する。本人の希望も考慮するが、社員の方から候補に名乗りをあげることはできない。

二つ目の戦略は、オープンマーケット・アプローチで、社員と採用担当マネジャーの両方が、お互いに働きかける。社員は自分が興味を持っている仕事があったら候補として名乗りをあげる。採用担当マネジャーも、適任と思われる社員を募り、そのポストに興味を持つ候補者すべての条件を検討した上で、最終的な決定を下す。CEOはその決定を吟味し、場合によっては介入するが、原則としては両者のやりとりの中で決定するのに任せる。

GEは五百の管理職ポストに、チェスボード・アプローチを採用している。ジャック・ウェルチは人事部長のビル・コナティと、最近まで経営人材育成担当部長だったチャック・オコスキーと協力しながら、五百のポストの人事すべてに、積極的にかかわった。GEのこのやり方は、これらのポストの人事に関しては、会社の中枢が調整役を務めていることを明確に示している。

空白のポストがあると、ウェルチ、コナティ、オコスキーが候補者のリストを作成する。候補者の選出は、ほとんどがGEの年次人材評価プロセスであるセッションCで得た情報と見識に基づいている。候補には、順当と思われる社員とともに、仕事に適した人材に関する既成の考え方に疑問を突きつける意味で、意外な人物も加えている。三人はまた、人材評価プロセスの結果に示された最近の業績評価と、候補者本人のキャリアパスについての考え方や好みも考慮する。そして最終的には、採用担当マネジャーが、その仕事に適していると思われる社員を選ぶ。

このチェスボード・アプローチの利点は、組織横断的な異動を最適化できることだ。この方法を取れば、企業側は最も能力のある人材が最も重要な仕事に配置されていると確信を持てる。

一方、SASインスティテュート、ヒューレット・パッカードや、コンサルティング会社をはじめ、多くの企業が、オープンマーケット・アプローチを採用している。ヒューレット・パッカードでは、伝統的に優秀な社員は、さまざまな事業部、地域、機能を横断的に動くという伝統がある。社員は「自分のパラシュートは自分で詰める」、つまり自分のキャリアパスは自身で考えることを期待されている。マネジャーは優秀な社員を社内中くまなく探して、自分の事業部に引き入れる。社内には確固とした「囲い込み禁止」の原則があり、他の部署に移りたいという社員の希望を妨げてはいけないことになっている。

ヒューレット・パッカードには、この不文律を支える正式な手続きが三つある。一つは、全社員に相対評価に基づく業績のレーティングが与えられていること（これによりマネジャーは、五点満点で四、五点を得た社員を中心に人材を探せば、スカウトの作業を簡略化できる）。第二は、高度なトレーニングプログラムの受講生に選ばれた優秀な社員の履歴書ファイルを、すべてのマネジャーが閲覧できること。第三は、上位百のポスト以外のすべての仕事について社内公募が行われ、社員が興味のある仕事を、容易に見つけられることである。

オープンマーケット・アプローチには、多くの利点がある。自分から積極的に仕事を探すことで、社員がやる気と手応えを感じられる。マネジャーは自分の部署を活性化し、社員にとって魅力のあるものにしなくてはならない。そうでなければ、必要とする人材を引きつけることができないからだ。

ヒューレット・パッカードの例が示すように、オープンマーケット・アプローチによって社内全体で人材と仕事の最適な組み合わせを実現するには、次の三つの要素がうまく機能していなければならない。一、厳格な評価プロセス。採用担当マネジャーにとって、社員の業績と将来性に関する信頼度の高い情報源となる。二、公募システム。これにより社員はどのようなポストが空いているか、すぐに分かる。三、囲い込み禁止の原則。自分の部署の優秀な人材が、他部署に移るのを妨げない。

継続的にコーチングとフィードバックを提供する

やりがいのある仕事に加え、社員には、本人の強みと弱みについてのフィードバックと指導を提供することが必要である。仕事ぶりがどの程度評価されているか、どのようなことに秀でているか、業績を上げるためには何をするべきかといったことを、本人にきちんと伝えることだ。それらを伝えないと、社員が自分のキャリアに責任を持ち、発展させる機会を奪うことになる。モーガン・マコールが著書『ハイ・フライヤー：次世代のリーダーを育てる』で指摘したように、フィードバック不足が原因で、優秀な社員が戦線を離脱するのは珍しくない。成長を止めないためには、自分を知ることが大切なのだ。

ところが、自分の実力について、会社がオープンかつ単刀直入な指摘をすると感じている社員は、たったの三十五％にすぎない。あなたの会社では、役に立つフィードバックとコーチングを、どの程度、社員に提供しているだろうか。

フィードバックによって、社員は自分が秀でている部分と、向上の余地がある部分を知る。コーチングには社員の変化を促すための指示、手引き、支援などが含まれる。そこには上司の個人的体験談で構わないので、教育的な談話が入るのが理想である。そのような話から示唆を受け、慰められ、上司の人間的側面を知る。部下の成長にはどちらも必要なのだ。フィードバックにはバランスが重要だ。偏っていると、社員の意欲をそいでしまう。また常にコーチングと連動しているのが望ましい。そうでないと役に立たない。

マネジャーはだれでもコーチであるべきなのだが、大抵はその役割を果たしていない。マコールが述べたように「人間を変えるというのは、感情面で大きな試練である。不安、恐れ、喪失感、自尊心の崩壊、屈辱感が大きく、感情をむしばむことがある……大きな困難をともなうことを行うときの常だが、だれかが自分のことを気にかけ、支援してくれると分かれば、その仕事にとどまり、再び挑戦し、立ち上がる助けとなるし、最後までがんばろうという気持ちも起こるというものだ」

ラリー・ボシディがアライド・シグナルのＣＥＯになったとき、上位十人の社員の業績に対する期待値を驚くほど引き上げた。彼は、成功するためには、もっと率直になり、コーチングの質を大幅に向上させる必要があると気づいた。その職について八カ月が経ったころから、ボシディは毎月二ページにわたるフィードバックのメモを、十人の直属の部下に向けて書くようになった。内容はシンプルで、主に本人の強みと向上が望まれる点についての指摘である。彼はまた、各マネジャーとおよそ一時間にわたって話し合い、前回のセッションで設定した目標と、実際の成績を厳しく比較した。そして直属の部下たちにも、自分の部下と腹を割って話し合うことを勧め、「企業には社員育成が求められている。そしてそれに取り組むのはいいことだ」という意識を植えつけた。

さらにボシディは、普通ではなかなかできないことを実行に移した。部下へのフィードバックを取締役会で公開したのだ。その理由は二つある。取締役会に対して、マネジメント人材層の質に関して、彼自身も責任を負っていることを示すためと、部下に対して、取締役会に公開した評価は「事実をそのまま述べたものであり、それ以上でもそれ以下でもない」と証明するためだ。率直、正直、有用なフィードバックが重要であるという彼の信念は、どれほど強調しても、強調しすぎることはなかった。

ボシディはまた、部下へのフィードバックが不足していることに気づいているCEOはほとんどいないと言い切る。「どこのCEOに対しても、『あなたの直属の部下は、あなたが彼らについてどう考えているか知っているでしょうか』と尋ねれば、テーブルを叩いて、こう答える。『当たり前だ。私はしょっちゅう彼らと一緒にいる。出張にも同行させるし、常に結果について話し合っている』。だが、同じ質問を部下にすると、十人のうち九人はこう言う。『さあ、分かりませんね。私は過去五年間、業績評価もフィードバックも受け取っていないんですから』」。実際私たちも、ほとんどのマネジャーから——よく管理された企業の社員でさえも——、会社には率直で役に立つ、文書化された業績評価がないという話を聞かされて、驚いた。

不自然な行為

なぜコーチングや率直なフィードバックは、これほどまでに少ないのだろうか。私たちのほとんどが、率直に意見を述べるのを苦手としている。それは確かに非常に困難なことだ。時間もかかる。自分自身に経験がないため、どのように行うのが効果的か、想像がつかない。組織にもはっきりとこれに価値があることを表明していないし、明確に責任を持たせてもいない。

「率直」という言葉にも、一部問題があるのかもしれない。この言葉自体には悪い意味は含まれないし、必ずしもネガティブなフィードバックだけを意味するわけでもない。社員が成し遂げたことに対するオープンで敬意に満ちた対話であり、それが成功や失敗に関する見識に満ちた分析と結びついて、次の成功への手がかりとなるものだからだ。建設的な批判とポジティブなフィードバックが、うまい具合に入り交じっている。その基礎は、社員の成長と育成を、心から願う姿勢であるべきだ。

ほとんどのマネジャーは、建設的な批判を避けるか、もしくは省略してしまう。それが時として、不愉快な対話のきっかけになることを知っているからだ。しかし心から相手のことを考えていれば、相手はもっと素直に、その言葉を受け取ってくれるはずだ。コーチングやフィードバックを加減するわけにはいかないが、相手の気持ちを慮るやり方はある。

真実は痛みをともなうことがあるが、痛みを減らす方法もある

他者に意見をフィードバックするときは、役割を交換した姿を想像してみよう。それは覚えのあるシチュエーションだろう。最後に率直なフィードバックをもらったのは、いつだっただろうか。

それは幸運な人でも一年に一回、三十分もあればいいほうだ。上司は評価の書かれた紙を持ってい

る。まず最初に、あなたの業績を賞賛するが、あなたはそれを口先だけの褒め言葉であると感じ、すぐに心を閉ざしてしまう。評価の決定を待つ間、食い込むような胃腸の痛みに耐える。賞賛の言葉はほとんど頭に入ってこない。次に必ず話の方向を変える言葉——それにもかかわらず・しかし・話は変わるが——が来て、「成長の機会」など、それに類した婉曲語法で、弱みを指摘されると予測できるからだ。

上司は椅子に座り、無言のまま身じろぎして、次の対話への自身の不安を表明しつつ、あなたの仕事ぶりについては、三つの欠点があるので、それに真剣に取り組むよう告げる。あなたは感情が渦巻くのを感じる。傷つき、自己正当化の道を探る。今聞いた話の中に真実が潜んでいるだけに、気に病んで誤解する。そこで言葉が途切れる。今度は自分が話す番だ。そのフィードバックに応えるために、落ち着きを取り戻そうとする。そして大きく深呼吸する。

フィードバックを与えられたときの反応としては、これは実際の経験に近いのではないだろうか。「率直な」とか「フィードバック」という言葉を聞いたとき、すぐに思い浮かべる光景からも、それほどかけ離れていないはずだ。正直で単刀直入なフィードバックは、効果的かつ頻繁に行われれば、まったく違った結果が得られる。

コーチングとフィードバックをうまく活用するリーダーは、口頭によるフィードバックを頻繁に行い、年に一度か二度、文書によるフィードバックを用意する。フィードバックは、社員の功績を素直に認めるとともに、改善、強化するべき点を指摘するものであるべきだ。ラリー・ボシディが実行したような一〜二ページのメモならば、その社員の営業成績、貢献度、仕事への姿勢などについての評価が、きちんと書かれているのが望ましい。その社員が、合意した目標をどの程度達成できたかを評価し、今後一年の目標と活動計画を立てる。

こうしたフィードバックのための話し合いは、率直でありながら相手を打ちのめすようなものではなく、客観的でありながら冷たくはなく、教育的でありながら命令的ではないのが理想だ。話し合いの間は、相手を肯定する言葉を、特に終わり近くに、ふんだんに使うべきである。ドイツの文豪ゲーテの言葉が、それをよく言い表している。「批判の後の激励は、驟雨《しゅうう》の後の日差しのようだ」

レベルの高いマネジメント人材になるために強化すべき点

CEOケヴィン・シェアラのもとで、アムジェンのマネジャーは、どんな人にでも強化すべき点があり、真剣に取り組まなければならないことを学んだ。二〇〇〇年の五月、シェアラはCEOの職につくと、上位百四十のポストにいる社員と、それぞれ三十分ずつの面接を行った。彼は社員に五つの質問をしたが、そのうちの一つは「私に対するアドバイスは?」というものだった。彼は社員の答えに、七十五時間も耳を傾けていたことになる。そのときの言葉による批判と評価をまとめてみると、彼にとって最も重要な強化すべき点は、皮肉なことに、もっと人の話をよく聞くということだった。

シェアラが受け入れたアドバイスは、それだけではない。リーダーシップに関する質疑応答セッションを行っていたときのこと、シェアラは自分の意見に反対する社員に対して、容赦のない返答をした。それで部屋の雰囲気が悪くなってしまった。その後、人事部の上級役員の、イラーナ・メスキンが、ボイスメールにこんなメッセージを残した。「あなたは社員との会話を問答無用で終わらせてしまう癖があり、社員もそうなると話を続ける気がなくなるのです。『最高のアイデアが勝つ』という意識を会社の強みにするためには、対話を終わらせずに歓迎するべきです」

それに対する返答はなかった。メスキンは、「私は部屋の中をうろうろしながら、自分のキャリアはこれで終わったと考えた」と言う。しかし次のセッションに出席したところ、シェアラは前回とはまるで別人のようになっていた。質疑応答は延々と続けられ、シェアラはそれにじっと耳を傾け、誠意のある回答をした。その後セッションのまとめ役がシェアラに近づいてきて「今日のあなたは素晴しかった」と言った。するとシェアラは振り返って、メスキンにウィンクをして、「コーチングを受けたからね」と、笑いながら言ったのだ。

彼は自分自身が模範を示すことで、だれでも能力を向上させて、その恩恵を得ることが可能だという信念を組織に浸透させた。育成を視野に入れたマネジメント人材指向を持てば、たとえ上級幹部であろうと、その責任は免除されないということを、実際に示したのだ。

年に一回開かれる直属の部下たちとのミーティングで、シェアラはその人物についての短評をその場で書く。「ほんの三、四文だけ書く。そして、こう言うんだ。『とてもうまくいっていることもある。それについては、この調子で続けてほしい。だが、変えた方がいいと思われることが三つある』。つまり、そこには、その三つだけを書くんだ」。シェアラもこのプロセスはごく単純なものと認めているが、重要なのは、自分が裁判官ではなくコーチになることだと主張する。

フィードバックとコーチングを実現するには

あなたの会社で、アムジェンと同じレベルのコーチングやフィードバックを実現するには、どうすればいいのだろうか。まずはフィードバックとコーチングを重要視する社風へと、少しずつ近づけていくことだ。ロールプレイを通じて部下にフィードバックとコーチングを行うためのトレーニングを取り入れる。フィードバックと効果的なコーチングを、リーダーに求められる能力の一つとして加える。人材育成をリーダーの評価基準の一つとする。人を認め、指導することがうまいリーダーを引き抜く。社員を昇進させる際に人材育成の能力を重視する。

そして最後は、三六〇度フィードバック・プロセスを、組織をあげて実施する。ある人物を評価する際、その人の部下と上司だけでなく、同レベルの地位にある社員にも調査票を配り、一連の能力に関して評価を依頼する。この三六〇度フィードバックは、上司のみからフィードバックを受けるときの汗ばんだ手の感触を味わうこともなく、個人の強みと改善が必要な点について、有効な見識が得られる。もちろん、その人物のリーダーシップについて一番よく知っているはずの部下たちからの情報も得ることができる。この調査には、リーダーが部下のことをどれくらい気にかけ、育てようとしているかといった視点も盛り込む。

さらにもう一歩踏み込んで、三六〇度フィードバックをその人物の上司と共有化すれば、リーダーシップに関する貴重な情報が増え、さらに大きな利益が得られるだろう。そのようなことをしたら、率直な回答を期待できなくなるのではないかと思われるかもしれない。しかし企業文化として率直さが深く根づいている会社では、そのような心配はいらない。

「率直で洞察に満ちたフィードバック」に対しては、私たちの調査でも、回答者のほぼすべてが、非常に重要であると考えていた。と同時に、自分の会社に特に不足している人材育成の要素であるとも考えられていた（図5－1参照）。

■メンター制度を作り出す

海兵隊が集める新兵のレベルが、アメリカの他のどの軍隊よりも上回っている秘密は何だろうか。海兵隊は、広告のプロの手も借りて「少数者の誇り」という明快なメッセージを持つスローガンを掲げている。二百二十五年に及ぶ歴史をとおして、海兵隊は入隊基準が厳しいことを、はっきりと打ち出してきた。海兵隊はこのメッセージを、非常に明快な言葉で伝えた。「ほんの数カ月で、自分について、友人について、人生についてのあなたの考え方を変える。海兵隊は国のために二つのことを行う。戦闘に勝つこと、海兵隊員を育てること」

海兵隊が「荒くれ男」の文化を助長していると感じる人は多いだろう。海兵隊は確かに、他とはどこか違う。リーダーを育てるための組織であり、メンタリングは重要な人材育成の一部である。

「リーダーというのは、自分のために働く小犬たちに傘をさしかけてやり、官僚主義的なナンセンスから引き離してやるものだ」と、海兵隊のロバート・E・リー大佐（南北戦争のリー将軍とは無関係）は説明する。「あいにく傘を持っているときに、小犬が靴に小便をすることもある。それでも自分の小犬であることに変わりはない。そのように考えれば、何が起ころうともそれを受けとめ、彼らをそこから守ってやろうという気持ちが起こる」

リーはそのことを、身をもって知っている。三十年ほど前、リーが海軍士官学校の生徒だったときのことだ。最終学年になって成績が大幅に低下し、学校の理事会から呼び出しを受けた。退学になっても不思議ではない状態だった。幸運なことに、そこに現れたのが、トーマス・ドラウドという名の大尉だった。彼はリーの指導官であり、リーの持つ性質――落ち着いてはいないが、活力に満ち、きびきびした態度の少年――を気に入っていた。そのドラウドが、理事会との間に入ってくれたのだ。ドラウドは当時を振り返ってこう言った。「私はリーの前に座って、こう尋ねた。『聞きたいことは一つだけだ。きみはどうしても、海軍士官学校を卒業したいと思っているのか』。リーがどうしても卒業したいと答えると、ドラウドはリーのために戦うことを決意し、リーとともに理事たちの前に立った。リーに卒業するチャンスが少しでもあると思うのかと校長が尋ねると、ドラウドが答えた。「もちろんです。私は彼を信じ続けます。最後までやり抜くと私が保証いたします」。しかしそれだけでは、十分ではなく、リーには退学という決定が下された。

ドラウドは驚いたがあきらめなかった。もう一度審理を行ってもらえるよう頼み、そこで再びリーを退学させないよう懇願した。ついに理事たちはリーに退出を命じ、ドラウドとだけ話すことになった。「我々には、彼が軍人に必要なものを備えているとは思えない」というのが、一致した意見だった。「皆さん！」、ドラウドは思わず答えていた。「リーはいわゆる優等生ではありません。しかし軍隊を率いるには、うってつけの人材です。ここは今でも、そういった人間のための組織であるはずです。私は三度目のベトナム駐屯から戻ったばかりの人間として、戦闘や軍を率いることについては、いくらか知っています。リーを手放すべきではないと、私は断言します」。その言葉に理事会も折れて、リーは二度目のチャンスを与えられた。今回はドラウドと新しい指導官が、リーを厳しく締め上げ、必要なだけ勉強させた。リーは期待を裏切らなかった。彼は次の学期には優等生名簿に名を連ね、学年主席で学校を卒業した。「ドラウド大尉は、私でさえ知らなかった素質を見てくれていた」と、現在のリーは言う。

リーはのちに、部隊長として、すべての海兵隊員に課せられたリーダーシップ訓練の担当者となっている。私たちが彼にインタビューしたとき、彼はクリントン大統領下の海軍長官、リチャード・ダンジグの補佐役であった。ここでの重要ポイントは、リーが今ではメンターというバトンを次世代に引き継いでいるということだ。

たとえばリーが指導をした中には、デイヴ・オドムとその妻であるミッチェル・トルーソがいる。二人ともリーが育てたスターだ。海兵隊の指揮官向けの最高レベルの学校を優秀な成績で卒業し、つい最近、少佐に昇進した。今やこの二人は、海兵隊を受け継ぐ者として、その下にいる若い海兵隊員を指導する立場にある。「私は指導者として、中尉や少尉に引き継ぐべき知識や経験を持っていると思う」とトルーソは言う。「私は自分に渡された海兵隊の伝統を担い、今度はそれを次世代に引き継がなければならない」

オドムはメンターの重要性を集約したような——偶然、驚くべき結果を生んだ——あるできごとを話してくれた。彼の指揮下にあった一人の若い中尉は、普段から態度がいいかげんだったが、あるときひどい指令書（弁護士にとっての弁論趣意書や事例研究のようなもの）を書くという決定的な失敗をした。「その中尉が朝食をとっていて、ちょうどまわりに人がいなくなったときだった。私は『しばらくここにいたまえ』と言って、彼が書いた指令書をテーブルの上に置いた。『これはあまりにもひどい』、そう言うと、その若者はこう答えた。『満足のいく出来ではないことは承知しています。先週末は父とノートルダム大学のフットボールの試合を見に行く約束をしていたんです。それで指令書を三十分で仕上げました』」。オドムは彼を叱りつけ、ここは大学ではなく海兵隊であり、人々の命を預かっているのだと諭した。「きみが一日二十四時間七日間の体制で働かなければ、きみが率いる軍隊は、きみに敬意を払わなくなるだろう。話にも耳を貸さなくなる。可能な限り最高の決定を行い、その決定に責任を持たなければ、他の人々が死ぬのだ」

オドムは中尉に宿題として実行すべきことのリストを渡し、後で実施状況をチェックして評価すると伝えた。「それができなければ、リー大佐のところへ行って海兵隊からの離脱を報告することを勧める」。オドムは断固たる態度で言い切った。そして立ち上がり、呆然として動けない若者を残して立ち去った。

それ以降、オドムはその若者を注意深く見ていたが、このできごとがどれほどの影響を与えたかを知ったのは、何カ月も経ってからのことだった。「卒業式のとき例の中尉が、厚手のコートを着た年配の男性と一緒に歩み寄ってきて、『ぼくの父です』と言った。そして父親に顔を向けると、『父さん、こちらがぼくの人生を変えた人です』と言ったのだ」

メンターの力

メンターという言葉は、ホメロスの『オデッセイア』から来ている。壮大な旅立ちを前に、オデッセウスは一人息子のテレマコスの世話を、家族の友人であるメントールに委ねた。二十年後、戻ってきたオデッセウスは、テレマコスがよく教育され、自らも苦難の旅を経て立派な男になっていることを知る。

メントールの果たした役割が、それ以来ずっと私たちに語り継がれているのだ。メンターの仕事は、自尊心を育てることにあるが、それはただやたらと褒めるのではなく、その人が並はずれてすばらしいことを成し遂げられる能力があると信じ、激励する必要がある。「メンターは時として、相手を深く思うからこそ、厳しいフィードバックも行わなければならない」。アムジェンのボールダー・オフイス（コロラド州）のマネジャー、キャサリン・バックはこう説明する。「メンターは、選手が試合に戻る手助けをする。『痛みと警戒心を発散するため、感情をぶちまけても構わない。私は秘密を守るから。その後でいくつかのフィードバックとアドバイスを行う。きみには見えていない全体像を教えよう。きみに成功してほしいと思ってのことだ』と、選手を励ます存在なのだ」

私たちの調査でも、メンターにどれほど大きな力があるかが明らかになった。有用なアドバイスを受けた経験を持つ回答者のうち九十五％が、その経験によって、最高の仕事をしようというモチベーションが高まったと言っている。また八十八％は、その会社を辞める可能性が減ったと答え、九十七％が、会社でよい業績を上げる助けとなったと答えている。実際にメンターとしての仕事を経験した三十五人に対して行った研究では、半数がその経験によって「人生が変わった」と答えている。これは非常に印象的な言葉である。

それほど強力な効果があるというのに、ほとんどの企業はメンターの果たす役割の大きさを理解していないし、評価もしていない。私たちの調査の回答者でも、自分の会社がメンターの重要性を認識し、評価していると思っているのは、四十七％にすぎなかった。またメンターを支援、奨励する正式なシステムが整備されている企業は、たったの二十五％だった。

メンタリングを制度化する

ほとんどの会社では、毎日、何らかの形でアドバイスや指導が行われている。しかし、全体的に見ると、海兵隊のように、メンタリングが組織の文化として、しっかり根づいているという会社はごくわずかで、偶然、相性のよい上司や先輩がいたという、数少ない幸運に恵まれた場合に限るようだ。

前者のようなケースでは、メンタリングは一つの伝統として、世代から世代へと手渡されていく。しかしそのように豊かな伝統がない会社では、どうすれば実行することができるだろうか。

驚くべきことだが、メンタリングは意図的な働きかけによって実現することが可能だ。一部の会社は、高い潜在能力を持つと思われる若手社員をベテラン社員の下につけ、ミーティングの回数や、ともに話し合う内容などを含めて、どのような関係を築くことが期待されているのか、はっきりと伝えている。単にメンターに点数をつけ、全体的なリーダーとして資質評価の対象とすることで、意識を高めようとする会社もある。また、よいメンターだと思われる人物の名前をあげるよう社員に尋ねることもできるだろう。指導している部下の数を数えれば、積極的にメンタリングを行っているのはだれか、すぐに分かる。何よりもこうした会社は、メンタリングを重視していることを、社員にはっきりと示している。

本当にメンタリングを制度化できるだろうか。アロー・エレクトロニクスは、数年前にそう自問した。どうすれば、日常業務の中から生じた熱意、エネルギー、忠誠心の高揚を、形にして周囲へ広げることができるだろうか。リーダーは社員の一人一人をよく知り、激励、支援、公正な助言を与えるべきだという概念を、どうすれば制度化できるだろうか。

アローはこの問いに対する答えを見つけ、それにしたがって行動を起こした。アローは私たちの調査に参加した大手三十五社の中で、メンタリングの充実度に関しては最高得点を獲得した。またコンピュータ・ワールド誌は、ＩＴ専門家にとって最高レベルの職場の一つとして、同社の名をあげている。それはどのように実現されたのだろうか。

メンターを慎重に指名する

アローには、メンターを指名するためのプログラムが数多くある。その中でも最も重要なのが、上級マネジャーのためのワールドワイド・メンター・プログラムだろう。その鍵となるのが、中央集権的な指名プロセスだ。上級管理職が、慎重にメンターとメンタリングを受ける側の社員を組み合わせる。上位のリーダーは、それ以外の部下たちとの間にメンターの関係を築かないよう要請される。「そのリーダーには、他のだれか――名前も知らないようなだれか――を指導してもらいたいという場合もあるから」。CEOのフラン・スクリッコは、そのように理由を説明する。「投資した以上の利益をもたらすと思われる、有望な社員を指導できなくなっては困るんだ」

メンターを選ぶ手順の他にも、数多くの規定がある。たとえばメンターとメンタリングを受ける側の二人は、月に一度はミーティングを行い、検討すべきことを提案し合うというルールがある。また守秘義務も課せられる。

アローのメンターたちは、その責任をかなり真剣にとらえている。国際事業部門の上級副社長、B・J・シャイングは、非常に人望の厚いメンターの一人だ。彼女は言う。「私にはメンターとしての役割を果たすことを大切にしている。海外に行くときも含めて、そのための時間を確保するようスケジュールを調整している。以前、担当している社員とのディナーをとるためだけに、ロンドンからデンマークまで行ったこともある。その出張の理由が、自分に会うことだけと知って、その社員はひどく驚いたようだ。そこで私はこう言った。『そのためだけに、ここへ来た理由を教えましょう。いつかあなたも、会社を辞めようかと思うようになるかもしれない。そのとき、自分はアローにとって重要な人材だから、私がわざわざデンマークまで来て一緒に食事をしたということを思い出してほしい。会社を辞める前に私に電話をくれればどうすればいいか、ともに考えることができるから』」

アローの受託製造サービスグループの代表取締役、ハリエット・グリーンも、メンターとして担当している六人の社員に対して、同じくらい細かい配慮をしている。「私はいつも、パームパイロットに、前にいつ連絡があったか記録している。しばらく連絡がなければ、こちらから連絡するのだ」。グリーンはその六人のうち二人とは、定期的に朝食をともにし（一年前から計画されている）、あとの四人については、毎月最後の日曜日に、忘れずに状況をチェックするようにしている。「連絡が途切れていると、『しばらく連絡が来ていないけど、今はどんなことをしていますか』といった、ちょっとしたメモを送る。この仕組みを活用して、相手の動向をつかむようにしている。そうでないと、指導している社員から『メンタリングは、私には役に立たなかった』『一度も、連絡をもらったことがない』という言葉が出るようになるだろう。どちらの側も、このプロセスに責任を持たなければならない」

各ユニットが、独自のプログラムを持つ

アムジェンの正式なメンター・プログラムは一つではなく、数多くある。メンター・プログラムを実施するかどうか、またそれをいつから始めるかといった決定は各ユニットに委ねられていて、具体的な方法についても、かなりの自由度が認められている。

たとえばアローのＩＴ部門のプログラムでは、年に二回、メンターとメンタリングを受ける側の社員を、十組から十五組、決定する。メンターを探す社員には、その意思を表明する以上のことが求められる。プログラムに加わる目的、目指すものについて文書で提示し、メンターとの関係から何を得ることを望むか、明らかにしなければならないのだ。こうした情報は、運営委員会が、適切な相手を

選び出す上で役に立つ。社員がメンタリングを希望する理由は、仕事に関して具体的な援助がほしいというものから、アローの複雑な組織をどのように乗り切ればいいのか、教えてくれる人が欲しいというものまで、さまざまであることを会社側は知った。

IT部門の副社長の一人であるアラン・ネイピアは、IT部門最初のメンタリング運営委員会のメンバーだった。「社員一人一人について改善が必要と思われることがらを検討し、最適のメンターがだれかを決めるため、長い時間話し合った」。現在その社員が直面している問題を過去に乗り越えた経験があるメンターが選ばれることもある。別のケースでは、ビジネスの経験を必要としていたIT関連の社員に、現場に関連する組織から選ばれたメンターが割り当てられたこともあった。

こうしたプログラムが、いくつもの利益をもたらしていることに、アローは気づいた。第一に、会社を支える社員の動向を知ることができる。運営委員会のメンバーは現在、三十八カ国の二百二十五の営業所と十九の流通センターに広がっている。第二に、アローの遠方のオフィスにいる社員に、他のリーダーたちとのコンタクトを通じて、自社の価値観やリーダーシップ哲学を共有する機会を提供することができる。「そして最後に」マネジメント人材開発部門の取締役、キャシー・バーナードが言う。「メンタリングは、お互いにとって利益があることが分かった。上級社員がこのプログラムに参加したがるのは、プログラムの中で、自分が与えるのと同じくらい、得るものがあるからなのだ」

アロー・ベル・コンポネントの社長、ヴィニー・ヴェルッチは、まさにその具体例である。ヴェルッチは三十年を超えるアローでのキャリアの中で、指導する側としても、される側としても、積極的にメンター・プログラムにかかわってきた。「私の職業生活で受けた最高のフィードバックのいくつかは、メンターの一人から与えられたものだった」と彼は言う。「辛辣なものもあったが、上司から言われるよりも、メンターから言われた方が受け入れやすかっただろう。おかしな話だが、メンターの仕事はただ一つ、成功の手助けをすることなのだと実感できるのだ」

アムジェンのメンター・プログラム

アロー・エレクトロニクスがメンタリングのベテランとすれば、アムジェンはまだ初心者の段階だ。アムジェンのCEO、ケヴィン・シェアラは、才能あふれた三人の副社長の個人的なメンターとなることで、自ら模範を示している。彼は各副社長と月に一度は会い、ときどきはミーティングを傍聴させたり、出張に同行させたりしている。「私はリーダーシップ重視の社風を目指している。メンタリングは、そのための一手段なのだ」とシェアラは言う。

会社の期待の星である、研究開発部門の副社長のパム・ハントは、この三人のうちの一人である。「ケヴィンが私のメンターになると決めたとき、差し障りがないかどうか確かめに、まず私の上司のところへ行ったそうだ。上司からそういう話があることを聞かされたときは、言葉が出ないくらいびっくりした。あまりにうれしくて、とても信じられないほどだった」。一週間後、シェアラは自分の部屋に彼女を呼び、その提案に関心があるかどうか尋ねた。「ノーなんて、どうして言えるだろう。ケヴィンはすでに、いろいろなことを考えていた。四ページにわたるメンター計画が作成してあり、それを引き出しから出して、私に見せてくれた。感激だった」

シェアラの近くにいることで、ハントはビジネスについて、計り知れないほど多くの貴重なことを学んだ。しかしそれと同じくらい大切なのは、それだけ自分のことを考えてくれる会社に対して、深い愛着を感じるようになったことだ。「アムジェンを辞めるなんて考えられない。ここは感情的な結びつきがとても強いのだ。十七歳になる娘にも、私がこのキャリアで得た成功と喜びを、味わってもらいたいと思っている」

■トレーニングをどう考えるか

この章のはじめに、トレーニングは職務経験、コーチング、メンタリングほど重要ではないと述べた。それは本当だ。ただし、リーダーを育てる上で役に立つことはある。

一九九二年にA・T・カーニーが、職場のトレーニングの八十%は、実際の仕事で役に立たないというリポートを出した。その批判の多くは妥当なものであったし、今でも妥当と思われるが、現在では、トレーニングを切り捨てるのではなく、有用な部分を探すという方向に進んでいる。少なくとも、リーダーシップの育成に役立つと思われるものについては。

綿密に計画され効果的に行われる次の二つのトレーニングが、マネジャー育成の強力な味方となる。基礎的な経営に関する教育と、効果的なリーダーシップ育成だ。

基礎的な経営に関する教育とは、財務、営業、マーケティングなどの、ビジネススクールやマネジメント教育プログラムで教えられるようなものを指す。この種のトレーニングは、特に若手管理職や、キャリアの転換期を迎えているマネジャー——たとえば初めてマネジメント部門に異動した場合など——には有効である。基礎教育には、コミュニケーションや人間関係など、全般的なマネジメント・スキルも含まれる。こうしたスキルのトレーニングは、内容が具体的で、タイミングが適確であり、実際の仕事でさらに強化できるものであるべきだ。現在でも、フェイス・トゥ・フェイスの設定でトレーニングを行った方が、よく身につくスキルもあるが（プレゼンテーション・スキルやフィードバックの交換など）、多くは、自分のペースに合わせた、ITをベースとした方法で、十分な効果があがる。

第二のトレーニング——リーダーシップ育成トレーニング——は、フェイス・トゥ・フェイスの設定で行う以外に方法はない。インストラクターは、組織内でも信望の厚いリーダーでなくてはならない。最良のリーダーシップ育成プログラムは、行動を通じた学習を中心に作られている。それは、実際に起こる重要なビジネス上の問題を解決することだ。質の高いフィードバックも大量に求められる。訓練を受ける社員へのフィードバックは、その社員と別のところで関係があった人物に、事前に依頼することが多い。そして第三者がその答えを総合して本人に伝える。それをもう一歩進めて、プログラム実施期間中、その社員を観察し、そのリーダーシップのスタイルについての評価とフィードバックを与える。

こうしたプログラムの中でも、最高級のもの——GEクロトンビルの「エグゼクティブ育成コース」、ペプシコの「ビルディング・ビジネス」、ジョンソン・エンド・ジョンソンの「課題に対して行動を起こす（テイキング・アクション・オン・イシュー）」など——は、少数の優秀なエグゼクティブを厳選し、実際のビジネス上の課題に、上級リーダーと協力して取り組ませる。ある国への進出が、どのくらい望ましいかを査定するプログラムもあった。チームはその国の政治的、経済的な趨勢を調べ、ビジネスや政府の要人にインタビューを行った。月末には上級幹部の前でプレゼンテーションを行い、そこに同席していたCEOが、チームの意見をもとに最終的な決定を下した。その過程で、プログラムに参加したエグゼクティブたちは、新しいコンセプト、スキル、知識を、強力な行動を通じた学習という形態で取り入れることができた。

さらに重要なのは、会社のリーダーシップ重視の信条と価値観が、社員の間にすっかり浸透したということだ。彼らは信頼をベースにした強力なネットワークを築き、自社の文化の方向性を定めるうえでの、自分たちの役割を理解するようになった。直接体験によって、よきリーダーになるためには何が必要なのかを体得する。プログラム参加者の多くが、この経験を「人生を決めた出来事」であるという。

トレーニングをすれば、即スキルを習得できるわけではない（その保証すらない）が、効果的なトレーニングが、リーダーの成長に寄与するのは確かである。

■目標を高く掲げる

あなたの会社では、すばらしいリーダーを育てるために、全力を尽くしているだろうか。次の質問に答えてみよう。ここで「イエス」と答えられないとしても、リーダーシップ育成アプローチを整備しなおす機会はある。

□空いたポストの人事を検討するとき、広い範囲から候補者を探しているだろうか。最優秀の人材が、最重要な仕事ができるポストについているだろうか。前にその仕事をしたことがあるとか、一番うまくやれそうだという理由ではなく、その仕事で最も成長するのはだれかと考えているだろうか。

□社員に対してその強みと弱みがよく分かるような、率直なフィードバックとコーチングを定期的に行い、成長するためのエネルギーをどこに注力させるとよいか、方向性を示しているだろうか。

□メンタリングを重視し、奨励する姿勢を、社員にきちんと見せているだろうか。あなた自身がメンターとして、二〜四人の優秀な人物を指導し、他の社員の模範になろうとしているだろうか。
□未来のリーダーを集め、上級幹部の助けを借りながら重要なビジネス上の問題を解決し、自社の文化と価値観を学んでいくような、リーダーシップ育成トレーニングを行っているだろうか。幹部にも、有望な社員を知る機会を与えているだろうか。

人材の育成は、すべてのリーダーにとって特権でもあり責任でもある。特権とは、自分が指導した社員が、本人も想像していなかったほど目覚ましい業績を上げたり、最初はとても手が出ないと思われた新しい難題に取り組んだり、はじめ手こずっていた業務をうまくこなしたりするのを目にできることだろう。責任には、社員がビジネスでよりよい結果を出す上で求め、期待し、必要とする、能力開発の手段を提供することが含まれている。これを効果的に行うには、誠意と熱意と時間が必要だが、これは会社の業績を左右する問題である。単純であるだけに、重要なことである。

最後になるが、人材育成は、効果的なコーチング、メンター制度、社員が力を発揮できる配置転換、目的のはっきりしたトレーニングなどを足し合わせた以上のものだと心にとどめておくことが重要である。『ピグマリオン』の例で見たように、そしてきっと、自分が成熟する過程で経験したように、人を育てる経験は、教える側も、教えられる側と同じくらい成長する相互的なプロセスなのだ。人材育成が成功するか否かは、当事者の理解力と意欲、また会社の明確な目的意識にかかっている。

人材育成のプロセスが直線的であることはまれで、たいてい挫折と進歩が混然となっている。と同時に、終わりのないプロセスでもある。人は決してあるべきレベル、あるいは望むレベルに到達することはない。けれどもそう気づくこと自体に発展の可能性と希望がある。次の古代賢人の言葉が、その核心をついている。「もし天がすべて羊皮紙で、すべての人間が筆写人で、森の木がすべてペンだとしても、私が師から学んだことを、書きとどめるには足りない。私は犬が海の水をなめるほどにしか、彼らから学んでいない」

＊1　業務上の上下関係とは別に、担当する若手人材の成長やキャリアに関する相談にのったり、アドバイスを与える役割を担う経験豊かな人。または、そのような行為を促す制度を意味することもある。

第六章　人材マネジメントにおける選択と集中

一九四〇年の夏、ブリテンの戦いが勃発した。ドイツがブリテンを空から攻撃し、侵略を開始したのだ。英国は完全に不意を突かれた。英国空軍（RAF）は戦闘機だけでなくパイロットも十分に持っていなかった。この戦いで勝つためには、英国軍機一機が、少なくともドイツ軍機二機を撃墜しなければならない計算だった。

ドイツ軍に対抗するため、RAFはパイロットをAレベル中隊、Bレベル中隊、Cレベル中隊という三つにランク分けした。A中隊は、戦闘を指揮し、経験の浅いパイロットを指導しながら、編隊を安全に帰還させることができるパイロットによる精鋭部隊である。彼らは、動きの速い敵の戦法を想定した訓練を受け、最も遠方の標的を追う許可を得た。

B中隊のパイロットはA中隊ほどのスキルはなかったが、RAFに常に激励され、訓練を続けていた。A中隊のパイロットが不足していたにもかかわらず、B中隊にはリーダーあるいはロールモデルとして、必ず何人かのA中隊レベルのパイロットが入っていた。

そしてC中隊については、できる限り飛ばさずにいた。もっと多くのパイロットが欲しいのはやまやまだったが、C中隊のパイロットを激しい戦闘に参加させるということは、ドイツ軍に直接撃墜される以上に、多くのパイロットを失う自滅行為になると考えたのだ。

数カ月間でRAFは、熟練した誇り高きパイロット部隊——全員が二十三歳以下の若者だった——を育て上げ、一九四〇年十一月には、ドイツ軍を撃退した。有名な「人類の戦いの場において、かくも少数でかくも多数を守ったことはなかった」は、そのときのチャーチルの言葉である。

幸いなことに、人材育成競争ではブリテンの戦いのような砲撃や流血はない。しかしRAFが戦闘部隊をランク分けして不可能を可能にしたように、企業は社員を能力に応じてランク分けすることにより業績を向上させることができる。社員の能力に応じて扱いに差をつけるだけの厳しさと勇気があれば、不可能を可能にできるのだ。

この章では以下の三つの重要なテーマについて議論する。社内の人材をランク分けする必要性、社員自らが自分のランクを知ることの意義、そして社員をランク分けすることについての倫理的問題への対処ある。

さらに、どのようにして高い能力を持つ社員（Aクラス人材）に投資し、手堅い仕事をする中位の社員（Bクラス人材）を育て、業績が振るわない社員（Cクラス人材）に対して思い切った措置をとるべきか、これら三つのランクすべてに目を配る人材評価プロセスとはどのようなものかを説明していく。

公平で思いやりのあるリーダーを目指そうとすると、社員は全員同じ能力を持ち、同じように扱わなくてはならないと思いたくなる。しかし現実には、他の社員よりも優れた業績を上げる社員が存在するのだ。

社員のランク付けに際しては、それぞれの過去の業績と潜在能力を評価し、さらに、その結果に応じた昇進、報酬、成長の機会を与えることが必要となる。Aクラス人材には投資を惜しまず、会社に引き止めて、さらに大きく育てる。Bクラス人材には、自社への貢献を認めて、能力を引き出す支援をする。Cクラス人材は、業績を上げる支援を行うが、場合によっては重要なポストから外す。明らかに能力やモラルに欠けるDクラス人材については、ここでは取り上げない。こうした社員については、どんな企業もすばやい処置を講じているはずだからだ。

人材をどうやってA、B、Cクラスに区分するのか。まず一つは「絶対評価」によるものが考えられる。Aクラス人材の基準は、常に結果を出しつつ、他の社員を刺激・奨励することで、ずばぬけた業績を上げることである。Bクラスとは、手堅く仕事をこなすものの、Aクラスとは言い難い人材。Cクラスは満足できる結果を出せない人材である。

あるいは「相対評価」による区別も考えられる。Aクラスは上位十〜二十%、Bクラスは中間の六十〜七十%、Cクラスは下位の十〜二十%というような具合である。どちらのアプローチを取るにせよ、社員全体に当てはまる基準を設定する必要がある。

多くの企業においては、社員をこのように分けることを苦痛に感じるだろう。熱心に働く社員でも、業績や組織に与える影響という点で、その能力に差があることを認めざるを得ないからだ。

この苦痛の中心にあるのは、人に判決を下すことについての心理的葛藤である。しかしこれは、判決を下すことではないのだと、常に心にとどめておく必要がある。判決ではなく、業績の評価なのだ。永遠にくつがえせない評決とも違う。実際、評価を行うそもそもの目的は、社員が能力を発揮する手助けをすることにある。

ランク付けを批判する人々は、それが個人主義を生み、チームワークにひびが入ると主張する。しかしそうなるとは限らない。A、B、Cにランク付けするといっても、額にそのスタンプを押すわけではない。評価を社員には伝えないという選択もあり得る。さらにすべての報酬を、個人の成績に基づくものにする必要もない。たとえば、マネジャーの変動給をチームの業績に基づいて決めるという手段もあるだろう。

社員の意欲を高めるには、会社全体を褒めるべきだという主張もある。しかし私たちは、この意見には賛成できない。私たちの調査対象となったマネジャーの九十四％は、個人の貢献に対して評価してもらうことが、非常に重要だと答えた。

ランク付けには、少なからず不利益もある。Bクラスの社員は、Aクラスの社員ほど注目されていないと感じる可能性がある。Cクラスの社員、および本人に業績不振を伝えなくてはならない上司は、苦痛を感じるだろう。しかし他に選択肢があるだろうか。所属企業をしょって立つリーダーになることを有望視されている社員に、何よりも重要な成長の機会を与えることを考えてはいけないのだろうか。ふさわしい報酬を出せないからと、一流の人材を登用するのをあきらめるべきなのだろうか。最も重要なポジションには最も業績優秀な人材を配置するべきではないのだろうか。社員が自ら問題に取り組めるよう、向上が望まれる点を指摘することはいけないのだろうか。

もしもあなたの会社のＣＥＯが、立派なリーダーだと社内で広く期待されている中堅クラスのエンジニアを、全社レベルの製造部門長に抜擢すると発表したら、社員にとってどれほどの刺激となるだろうか。上司から、あなたの業績が非常に優秀であると評価され、四％と思っていた報酬のアップが実際には四十％だったら、どれほど感激するだろうか。何年もの間、部下の意欲を引き出すことができなかった——逆にやる気を失わせていた——上級幹部が退職を勧告されたら、会社全体がどれほど活気づくだろうか。

社員を認めることの力

一方、個々の努力を認めれば、社員は自分にしかできないことが評価され、注目され、大切にされていると感じる。相手を認めることが、一人一人の業績と、仕事への満足度を高める役に立つ。だれであれ、組織のために何かを生み出している者として、評価されたいと思う気持ちは同じである。それがかなわなければ、働く意欲を失って、退職する可能性は高くなり、業績もふるわなくなるのは必至だ。哲学者であり心理学者でもあるウィリアム・ジェームズは、「人間の最深層には、評価されることへの熱望がある」と言っている。Ｃクラスの社員に対しても、別の仕事でなら活用できる強みを見い出し、その価値を認めることが大切だ。

私たちの調査では、現在の会社を辞めることを考えている社員の三分の二が、「評価されていないと感じている」ことを、辞める理由にあげている（図６‐１）。逆に会社から個人の能力を認められていると感じている社員は、仕事への満足度が高く、辞めることをあまり考えていなかった。

これから２年のうちに、いま勤めている会社を辞める可能性が、
30%以上ありますか。あるとすれば、その理由は何ですか。

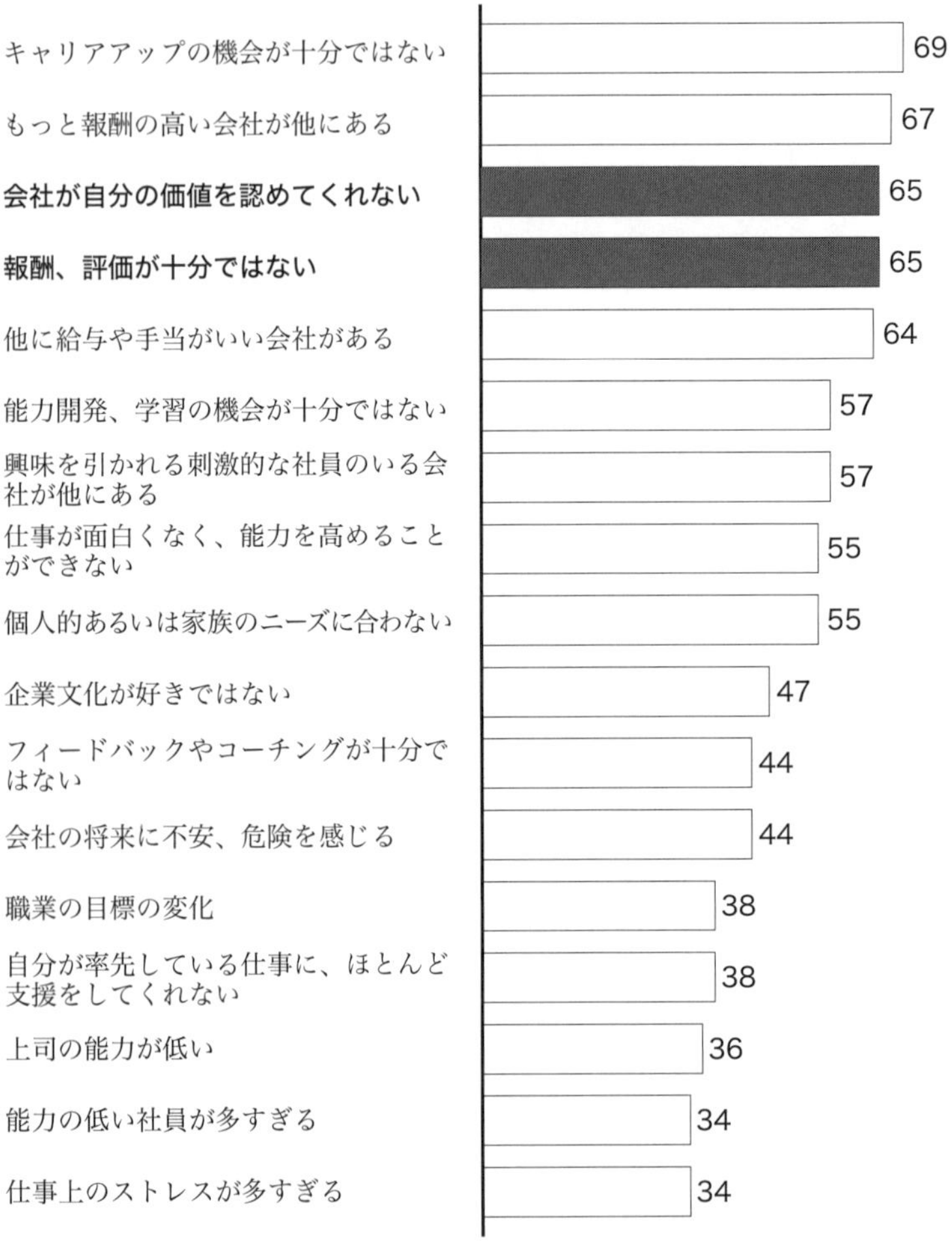

数字は、決定的、あるいはとても重要であると答えた回答者の割合

出典：ウォー・フォー・タレント調査　2000年

図6-1　会社に存在価値を認められていないという気持ちは、会社を辞める大きな理由となる

人材の能力をランク分けすること、個人の能力を認めること、この二つが人材マネジメントの規範を形作る。多くの企業にとって、これまでに見慣れたものとはかなり違った規範である。

■Aクラス社員に、重点的に投資する

アムジェンの実験生物学部長のビル・ボイルは、Aクラス人材の価値をよく知っている。何年か前、アムジェンは、透析を受けている患者の貧血を防止する新薬の開発をめぐり、ライバル会社数社としのぎを削っていた。「極めて優秀な社員たちが、二十四時間体制で働いていた。その結果、ほんの数日の差で、わが社がエポジェンの特許を取得することができた」。この高業績チームは、アムジェンに大きな利益をもたらした。今年、エポジェンの市場は世界中で約二十億ドルになってお

古い倫理観	新しい倫理観
社員すべての平等に投資する	他の社員よりも能力の高い者や、成績のよい者がいる以上、能力にしたがって投資する
高業績者には、平均的な社員より多少、高額の報酬を与える	高業績者には、相当高額な報酬を与える
チャーリーはCクラスの社員だが、彼に対してはフェアな扱いをしなければならない、15年もうちの会社にいるんだ	チャーリーの下で働く20人の社員に対して、フェアでなければならない
マネジャーには賞賛の言葉や励ましは必要ない	マネジャーにも、他の社員のと同じように、価値を認めていると知らせるべきだ
職業倫理を備えたマネジャーは、社員の陰口は言わない	マネジャーは自分の組織にいる社員について検討する義務がある
すべての社員を分け隔てなく褒めることで、集団のモチベーションが高まる	社員をランク分けすることで、個人と会社の成績を上げられる

り、いまだ成長を続けている。この数字に医薬品の製品寿命の総計をかけると、およそ五百億ドルもの規模にのぼる。「あの製品の開発を進めたのは、この業界でも最高レベルの研究者だった。彼らの努力が、めったにないチャンスをアムジェンに生み出してくれた」

Aクラス人材が会社の業績を押し上げるのは間違いない。直接的に、あるいは他の社員を刺激して意欲を高めることで株主価値を高めている彼らには、それに見合った投資を行うべきだ。図6-2に示されているように、高い業績をあげている企業ほど、その方針を取り入れている。高い能力を持つ人材を引き止めておくために、企業はできるだけのことをしてAクラス人材に仕事への興味を保たせ、満足させ、喜ばせなければならない。

彼らが何を一番望んでいるのか見極め、それに沿うキャリアと担当を与えるべきだ。彼らが仕事に嫌悪を感じるような問題——話の分からない上司や、重荷となるほど数多い出張など——は、速やかに片づける。彼らの能力を伸ばすだけでなく、会社を辞める理由になりかねない問題を解決する助けとして、Aクラス人材には全員にメンターをつけることを考

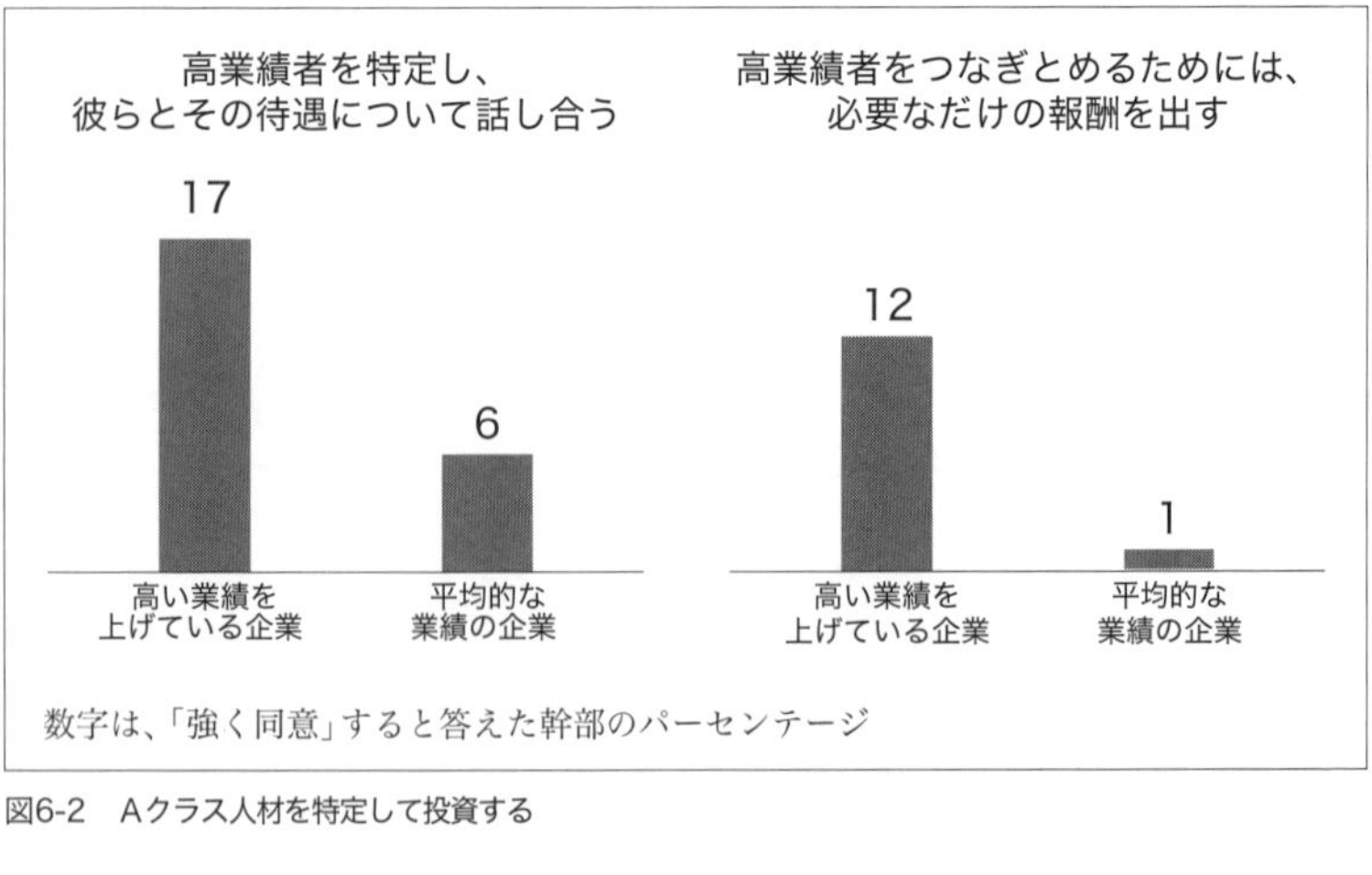

図6-2　Aクラス人材を特定して投資する

えよう。
Ａクラス人材に対しては、その能力開発のスピードをできるだけ促進するような刺激が必要だ。そうすることが、彼らを会社に引き止めるという点でも、会社での貢献度を高めるという点でも役に立つ。優秀な社員には多少困難な仕事を与え、実力よりも背伸びさせるのが望ましい。すでに多くの企業では、優秀な人材を能力開発の面で優遇していると思われるかもしれないが、調査結果を見ると、自分の勤める会社が、優秀な社員には平均的な社員よりも好条件で、しかも迅速に成長の機会を与えていると答えたマネジャーは、たった二十三％である。

Ａクラス人材は定期的に、個人の強みと弱み・改善すべきポイントについて率直かつ建設的な意見を聞く機会を持たせるべきだ。最高のメンターに彼らの担当をさせ、建設的でやる気を引き出すコーチングを行う。通常、優秀なメンターは数が少なく貴重な存在なので、その効果が最も高いこのクラスの人材に時間をかけるようにする。

成長機会の提供に差をつけるだけでは十分ではない。報酬にも差をつける必要がある。残念ながら、ほとんどの企業は、Ａクラス社員を手厚く待遇しているとは言い難い。私たちの調査では、「高業績者は平均的な業績の人より、少なくとも二十％は高い報酬を得ている」という回答は、十五％にすぎなかった。

従来の平等主義——同一の仕事をしている社員には、同一の賃金を支払う——は、新しい平等主義に取って代わられつつある。それは社員が生み出す価値の大きさにしたがって、相応の賃金を払うことである。事実、私たちが調査した企業幹部たちは、トップクラスの成績を上げている社員には、平均的な社員より四十二％高い報酬を支払うべきだと言っている。

驚くことに、成績によって報酬に差をつけている企業はほとんどない。ある企業では、支払われた報酬合計の差は、最大で十％だった。

業績のよい社員に多額の報酬を支払ったからといって、必ずしも社員の間に競争が生まれるわけではないし、個人主義を助長するわけでもない。どの程度の差をつけるか、その報酬は個人の業績をベースとするか、チームの業績をベースとするかは、企業がチームを重視する社風か、個人を重視する社風のどちらを求めているかで決まる。たとえばチーム重視のモデルでは、個人の能力と貢献度はある程度基本給に連動させ、その一方で、ボーナス部分はチームや会社の業績によって決めるといった形が考えられる。それぞれの企業が、状況に合った最も適当な規範を作ればよいのだ。

心にとめておいてほしいのは、Aクラス社員にも、B、Cクラス社員と同じくらいの注意を払うべきだということだ。海兵隊のロバート・E・リー大佐は、こう指摘する。「我々はしばしば『優秀な人材だから、心配することはない』と考えがちだ。けれども秀でた人材というのは、よりレベルの高い指導を要求している。彼らは他の人よりも、指導力を求めている。彼らは常に疑問を抱き、思考をめぐらし、新しいアイデアを思いつく。そして、こちらに難問をつきつけてくるのだ！　しかし一流のリーダーは、そうして育つものだ。ここで彼らに十分な時間を使わなければ、彼らはあなたのもとから去っていく」

ヒューレット・パッカードとプロクター＆ギャンブルは、辞めてほしくない社員が辞めてしまったケースを分析して、その教訓を学んだ。辞めた人材の多くは、会社のリーダーが、彼らをどれほど高く評価していたか気づいていなかったのだ。そのような理由で人材を失うのは、非常にもったいないことだ。

■手堅い仕事をするBクラス社員を育てる

Ａクラス社員に投資すると同時に、その下に位置する六十から七十％の社員にも気を配らなければならない。彼らは毎日の業務を確実にこなす、頼りになる中堅社員だ。Ａクラス社員のように際立ってはいないが、彼らがいなければ、会社の機能は麻痺してしまうだろう。Ａクラス社員だけでは足りないのだ。

「本当のマネジメント人材指向は、組織全体に及ぶもの」。アムジェンの人事部を率いるイラーナ・メスキンは、そこを強調する。「組織のあらゆる部分から、会社に貢献できる社員を見つけ、彼らに投資する。それは飲み込みが早い社員や、大きく伸びそうな素質を見せている社員ということになるだろう。彼らは投資から最大の利益を受ける層であると同時に、会社に最も大きな見返りをもたらしてくれる層だ」。彼女は加えてこう言っている。「私の一番の願いは、企業が能力開発と評価の努力を、一部のスター人材だけでなく、企業の中核を担う人材すべてに惜しみなく与えることだ」

Ｂクラス社員に対しては、その能力を向上させ、意欲を高め、適切な投資によって会社にとどめておくことが目標となる。彼らを育成し、その価値を評価することが重要である。

Ｂクラス社員の能力を開発すれば、生産性も社員の満足度も上がり、その中からＡクラスになる社員も出てくるだろう。彼らに自信をつけさせ、背伸びをさせ、常にその進歩の状況を評価する。たとえば、平均レベルの販売担当者全員の業績がそれぞれ三％増加したら、どれほど大きな利益となるだろうか。あるいは工場のマネジャーが、実質的な生産性を年間二％から四％向上させることができたら？　Ｂクラス人材を育成することによる価値創造の可能性が大きいのは明らかだ。

したがってBクラス社員が、必要な成長の機会を確実に得られるよう心がけよう。彼らの役に立つ、率直なフィードバックと指導を行おう。彼らの実力を評価し、欠点については率直に指摘し、能力育成のための指導をする。そのうちに成長したいというモチベーションと、そのための能力を備える社員も出てくるだろう。そのとき、彼らがどんな位置にいるか知らせることは、もう一段高いレベルを目指す助けとなる。困難な課題に取り組ませ、大きな責任を課すことで、会社の彼らへの信頼を示すのだ。あるカトリックの修道院に非常に示唆に富む言葉がある。「それを信じ、注意深く見守ってやれば、山のすみれも岩を砕くことができる」

また意図的に、Bクラス社員を引き立てる努力も必要だ。会社が彼らを高く評価し、働きぶりを認めていることを伝える。事実、Aクラスの社員にばかり多くの機会や、多くの報酬を与えれば、Bクラス社員の満足度と意欲をそいでしまうというリスクがつきまとう。その対策として、以下のような行動をとることをお勧めする。そうすれば、あなたの会社の中堅社員の意欲を高め、やる気を呼び起こすことができるだろう。

□社員に対して親身になり、会社が彼らを評価していることを伝える。仕事ぶりをどう感じているかも併せて話す。彼らが会社にとって大切な社員であるというメッセージがきちんと伝わらなかったことが原因で、社員を失うことは避けたい。ジョージア・パシフィックのスティーヴ・マカダムがこう言っている。「突き詰めると、とても単純な原則だ。社員とそのキャリアについて、心から気にかけるチームが必要なのだ。心配しているふりをしても仕方がない」

□社員が言っていることを、注意深く熱心に聞く。自分なりの答えを出し、慎重かつていねいに答える。社員の言葉を聞き、その提言に基づいた行動をとれば、社員はその存在価値を認められているという思いを強くする。アロー・エレクトロニクスの元CEOで、現在会長を務めるスティーヴ・カウフマンは、「以前の私は、社員の声を聞いていたのではなく、弁明する対象を探していただけだった」と言う。これは多くの企業に共通の問題であろう。しかしこれから本気で取り組むことは可能だ。朝食会、昼食会、コーヒーブレイク、廊下で交わす会話などもいいチャンスになる。社員と話をして、彼らの言うことには、あまり攻撃的にならずに耳を傾けよう。

□他の人にはない強みを褒める。その社員が特に得意とすることを見つけ、その人に――そして他の社員に――対して、会社がどれほどその強みを評価しているかを伝える。パーキン・エルマーのグレッグ・サムは、それが非常にうまかった。彼の下で働いていたあるマネジャーは、こう語っている。「グレッグは他の人たちの前で部下を褒め称え、スターのような気分にしてくれる。しかもそれを全員にやるんだ。だれもがいい気分になる。そのあとで、業績を上げるために必要な三つのことを指摘されても、素直に聞くことができる」

□仕事を成し遂げた社員には、新しいチャンスを与えることで評価を伝えよう。その社員が今後、身につけるべき能力を習得できる業務につければ、会社が彼らの仕事を認め、さらに多くを成し遂げられるはずという期待を抱いていることが伝わる。他にも社員への期待を表す方法はある。たとえばアロー・エレクトロニクスは、毎年、約五十人のマネジャーをハーバード・ビジネススクールに送り、三日間のトレーニングを行う。ここでは、授業を受けるだけでなく、アローのトップ・リーダーとの議論も行われる。参加者の三分の一はアローのAクラス社員だが、残りの三分の二は、将来有望なBクラス社員である。Aクラス社員へのメッセージは、「きみたちには、すぐにでもリーダーになってもらいたい。その働きは、高く評価されている」であり、Bクラスへは「会社への貢献を評価している。そしてもっと大きな可能性を持っていると信じている」

□社員を信頼する。言葉と行動で、その信頼を伝える。それぞれのポテンシャルに合った裁量と行動の余地を与える。その際、ビジネスに関する情報はできる限り社員に開示し、彼らが十分な情報をもとに行動することができるようにすることが重要だ。

□社員の働きに十分な報酬を払う。利益を上げることはできるが、販売マネジャーには向かない社員はいないだろうか。そういった社員はB社員としてランクし、貢献に見合った報酬を受け取れるようにする。

■Cクラス社員には断固たる態度でのぞむ

一般的にCクラスの人材とは、最低限の結果しか出せない社員である。Cクラスの社員は、考えを深めることをせず、思い切ったことや革新的なものはめったに生み出さない。人に感銘を与えることもない。彼らと一緒に仕事をしたいという社員もいないし、彼らから部下が何かを学ぶということもない。

むろんCクラス社員は、悪い人間というわけではない。その多くは熱心に働き、ベストを尽くそうとしている。以前は有能な社員だったが、環境の変化が速く、身につけたスキルが時代遅れとなって取り残されてしまったというケースもある。あるいは、他の業務につけば、AあるいはBクラスの社員となれるかもしれない。

しかし実力不足のマネジャーは、だれもがすぐに気づく。彼らが会社に貢献していないことも、他のチームメンバーまで停滞させてしまっていることも分かってしまう。

Cクラスの社員に対しては、Bクラスに（あるいはAクラスにでも）ランクアップする手助けをするか、場合によっては会社を辞めさせるという措置を取る。前者としては、同じ業務にとどまらせつつ、より良い指導・トレーニングを行うか、あるいは異なる業務に異動させることが考えられる。現在の業務が向かないだけで、異なる業務についたら華々しい活躍を見せた人もいる。しかし、これらの対応が適当でない場合、後者、つまり退職を勧めることになる。

Cクラス社員にかかる隠れたコスト

Cクラス社員がリーダーの地位にとどまっていると、会社にとっても、その下で働く社員にとっても、大きな損失を生む。業績不振な社員を排除する心痛とそのためにかかる時間は、相当なものになるだろうが――それを過小評価するつもりは毛頭ないが――、Cクラス社員を排除しないことの隠れたコストは、それよりもはるかに大きい。

Cクラス社員は、リーダーとして望ましくない。私たちの調査では、回答者の五十八％が能力の低いリーダーの下で働いたことがあると答えた。その八十％は、その経験が仕事を覚えることの妨げとなり、キャリアを傷つけ、会社への貢献を阻害したと言っている。そしてそのうちの八十五％もが、会社を辞めたいと思ったのである。Cクラスの社員を会社においておくことは、図6-3に示すような悪循環を招く。Cクラスの上司は、部下の能力を高めることはできないし、よきロールモデル、よきコーチにもなりえない。また生産性を上げることも、周囲の社員の士気を高めることもできない。

Cクラスの社員は、自分のまわりに、やはりCクラスの社員を集める。ネットスケープの共同創設者、マーク・アンドリーセンが、ずばりと核心を突いている。「短期間に多くの人間を雇った結果、天才が集まるグループと、そうでない人材が集まるグループに二極分化した。それはひとえに、そのグループのマネジャーがだれかによっていた。有能なマネジャーを雇えば、この上なく優秀なグループができる。しかし、うっかり無能なマネジャーを雇ったりすると、職場全体がどうしようもなくなる。我々はそれを『類は友を呼ぶ』法則と言っている。無能なマネジャーは、無能な社員を雇う。どんなことでも、自分より優れた者を雇えば、自分の地位が脅かされるからだ」

会社のリーダーが、業績不振の社員をそのままにしておくと、社員は会社のマネジメントがうまくいっていないと感じる。会社のマネジメントへの感じ方は、EVP[*1]の重要な要素であり、仕事への満足度を決める要因となる。

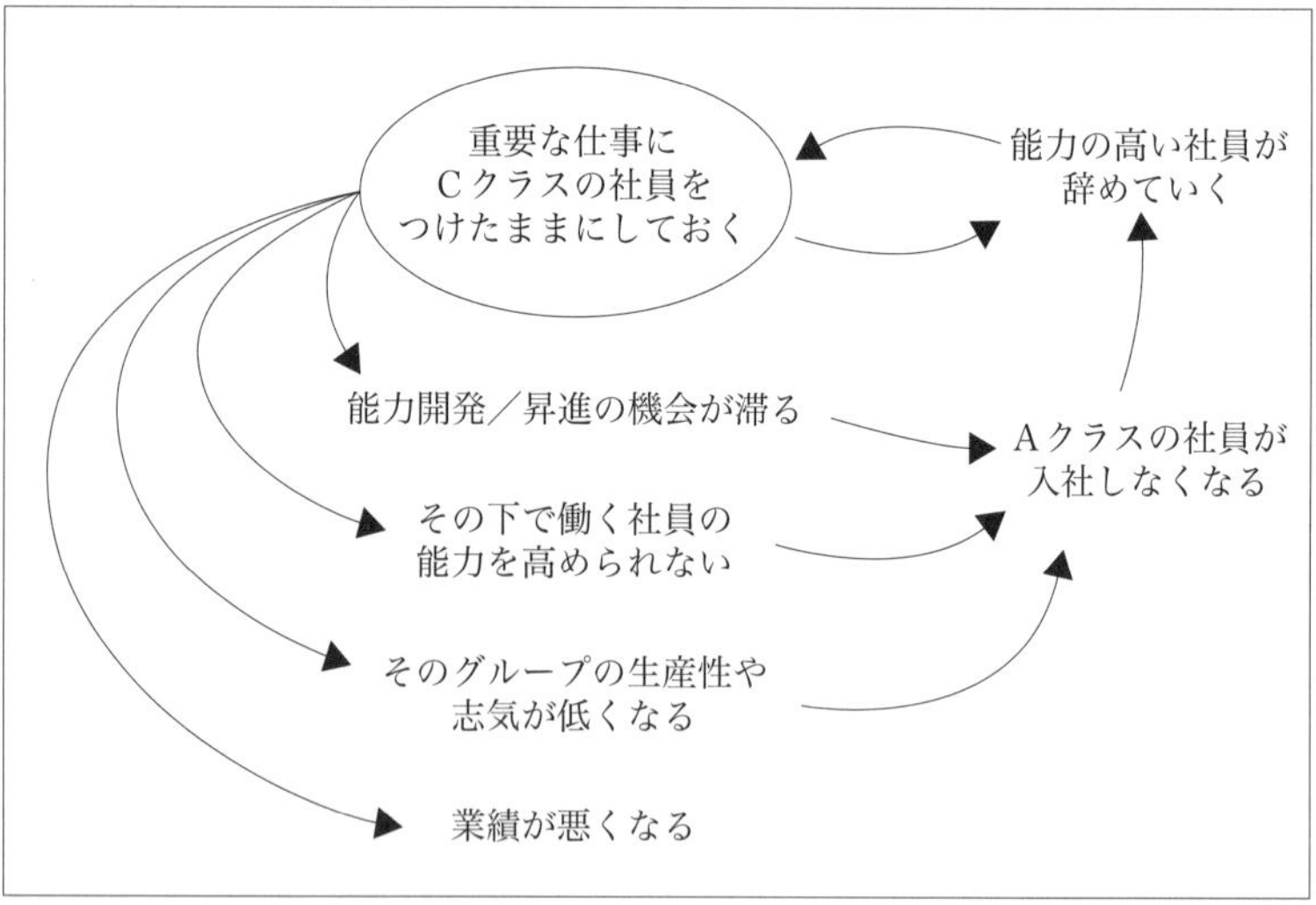

図6-3　Cクラスの社員がいることで悪循環が起こる

最後に、Aクラス人材を使わずにCクラス人材を使うことで生じる、直接的な損失がある。Aクラスのマネジャーは、Cクラスの社員よりも、大きな価値——私たちの研究では、八十％から百三十％も大きい——を生み出す。Cクラス社員のせめて半分を、Aクラスの社員と変えれば、あなたの会社の業績に、相当な影響を与えるはずだ。

なぜ行動を起こせないのか

ほぼだれもが、会社は業績不振者に何らかの対処をするべきだと考えているが、それを実行している企業は少ない（図6-4）。

エグゼクティブとマネジャーは、業績不振の社員に対処しない理由を、いくつもあげる。自分に他人を評価する能力が備わっているかどうか自信がない。自分自身のスキルに自信がなく、他人への批判が自分に跳ね返ってくるのが怖い。うまく育てれば、だれでもよい成績があげられると思っている。その社員に対して失礼である。適切な後任者が見つかる

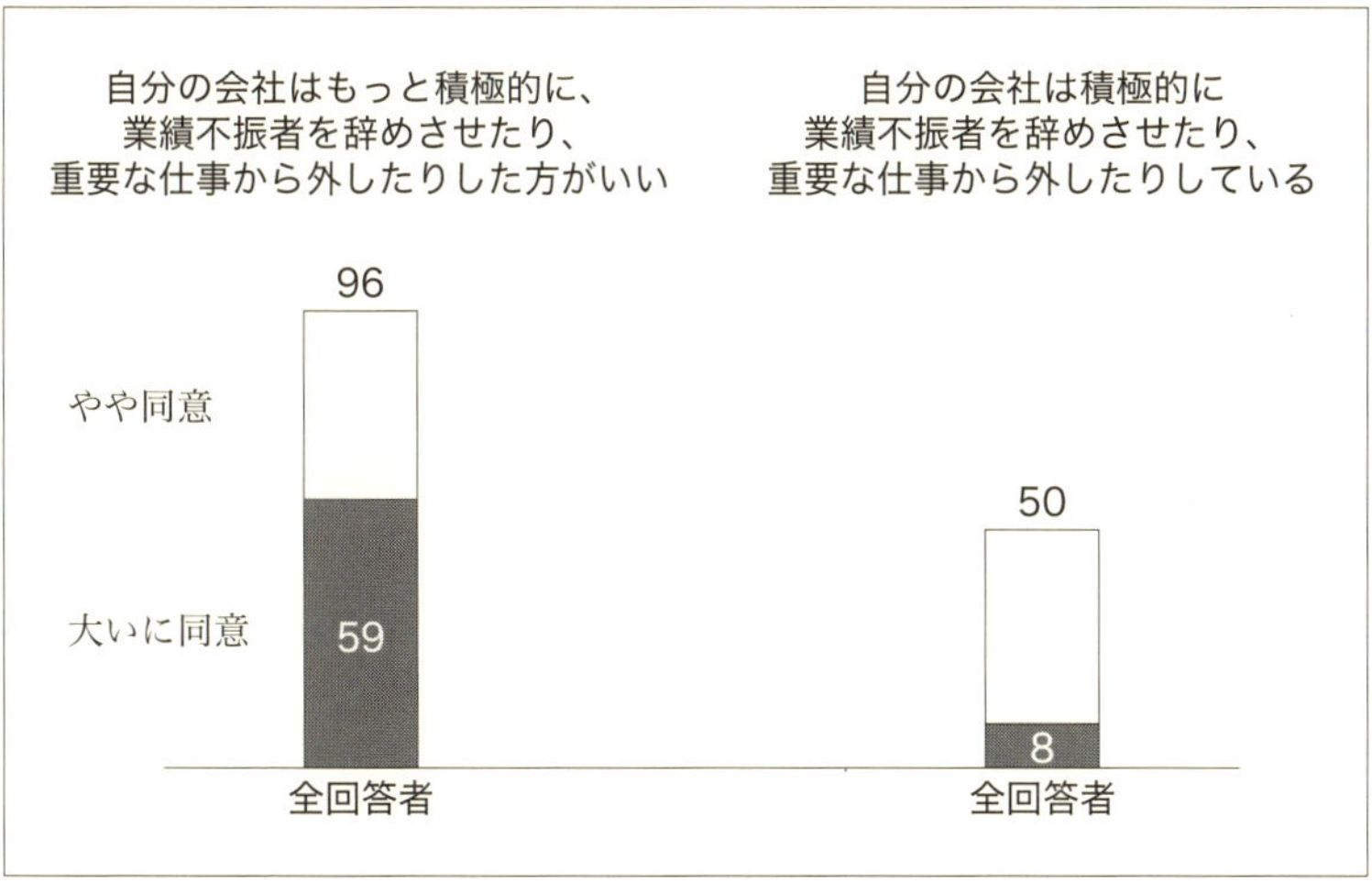

出典：ウォー・フォー・タレント調査　2000年

図6-4　Cクラスの社員に対する措置が十分ではない

かどうか分からない。法的な措置に訴えられるのが怖い、など。

これらはすべて、現実的な問題であるが、解決できないほどの障害ではない。私たちの調査によれば、根本的な理由は、会社に貢献し過去には期待に沿う業績を残してきた社員や、何年も一緒に働いてきた社員を、解雇したり異動させたりしたくないと、多くのマネジャーが思っていることだ。しかし高い業績を上げている会社ほど、Cクラスの社員に対しての働きかけが多い。その様子が図6‐5に示されている。

愛社精神にあふれた同僚や、以前からの友人たちに、悪いニュースを伝えるのは、心ふさぐものである。当然ながら、管理職の地位にある人は、部下たちに対しフェアであろうとして、心の中でこうつぶやくのだ。「チャーリーにはフェアに接するべきなのだ。彼はこの会社で十五年も働いている」。しかし同時に、次のように考えることも必要である。「チャーリーの下で働く二十人の社員にも、フェアでなければならない。そのためには、チャーリーを辞めさせるか、他の部署

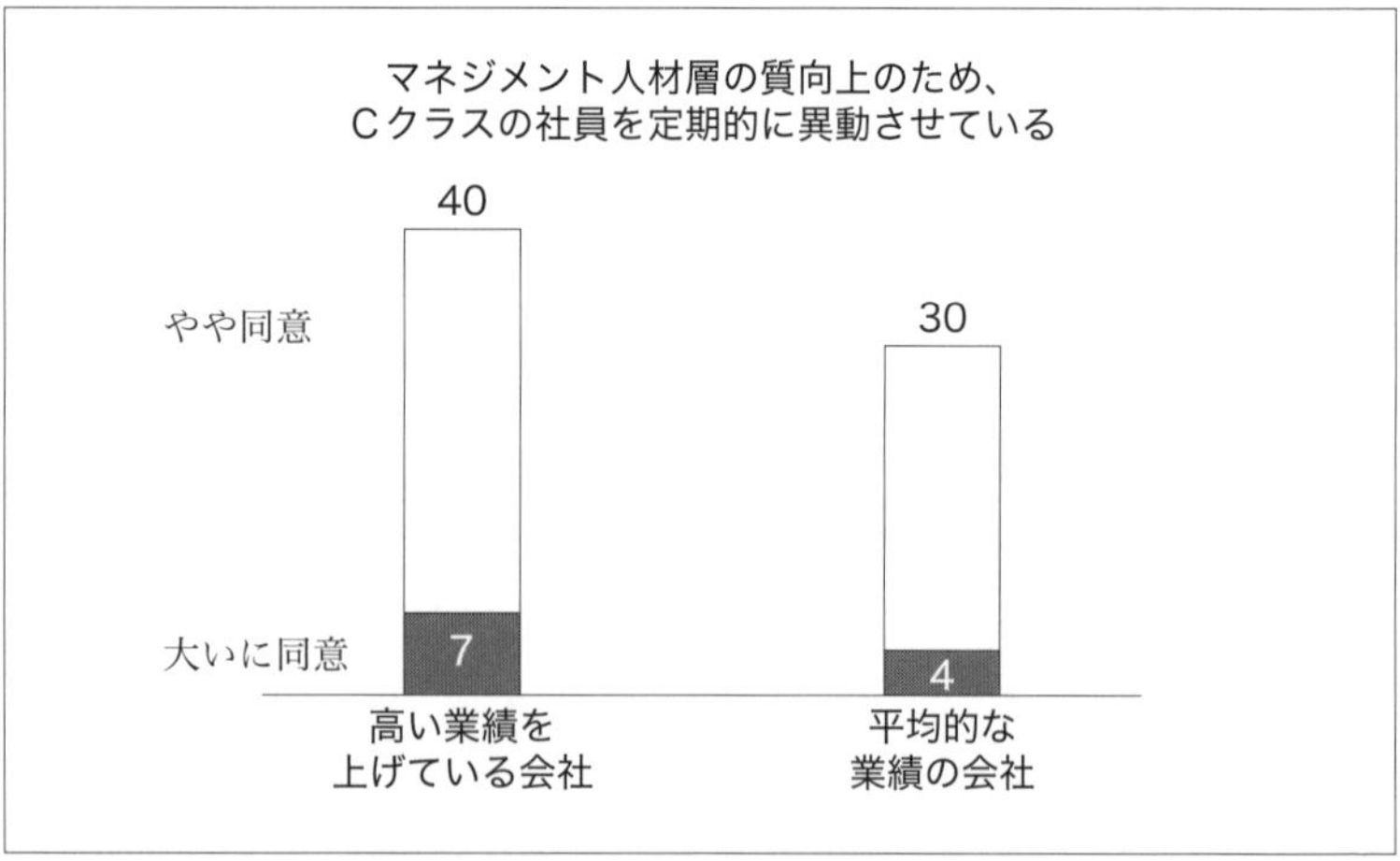

出典：ウォー・フォー・タレント調査　2000年

図6-5　Cクラスの社員に何らかの措置を講じているか

へ移すしかない」

ヒューレット・パッカードのゼネラル・マネジャー、デブラ・ダンが数年前にこんなことを言っている。「他の社員に尊敬されず、負け犬と見なされ、おそらく本人も自尊心を感じられない仕事にずるずる引きとめておくほど、その人に対して失礼なことはない。しかもそれを表向きは敬意を表しているふうを装って行うのは、私から見たらばかげているとしか言いようがない」

Cクラスの社員への対処には苦痛がともない、感情的にもつらいので、多くのリーダーは何もできなくなる。最近フォーチュン誌に発表された記事によると、CEOが失敗する最大の要因は、成績のふるわない部下に、適切な措置を講じられないことなのだ。あるCEOは「それは私の目の前にあったが、私はそれを見るのを避けていた」と認めている。作家のチャランとコルヴィンの次の言葉は、その核心を突いている。「鈍感さは、一種の感情的強みである」

二つの方法

Cクラス社員を動かすのに、一番いいのはどんな方法だろうか。GE、アライド・シグナル、パーキン・エルマー、海兵隊では、要求水準に満たない人材にフィードバックとコーチングを行ったあと、実力を伸ばすための時間を十分に与える。それでも望ましい結果が得られなければ、リーダーはその人の退職準備を開始する。これらの組織の考え方は、成績がふるわない社員は、ビジネスの変化のスピードに追いつけず、レベルを維持できない状態にあり、社内の他の部署に異動しても効果はないというものだ。また個人のキャリアを考えれば、力量の問題は早い時期に対応するほうがよい結果を生むと考えている。長期的に考えれば、それが一番誠実な対応だというのが信条だ。

一方、インテル、アロー・エレクトロニクス、ホーム・デポなどの会社は、以前トップクラスの成績を上げていながら不振に陥った社員を、まず他の部署で同じレベルか一ランク低い地位、少なくとも平均的な成績を上げられる場所に移す。ホーム・デポでは、地区マネジャーが不振に悩んでいたら、店舗マネジャーに戻すという措置を講じている。すると半分の社員は、再びうまくいくようになる。それでもうまくいかない場合、最終的に会社がその社員に辞めることを促す。

アローでは、業績不振者に対して、もっと能力に合っていて会社に貢献できる仕事ができるよう、あらゆる手を尽くす。社員はだれでもいい仕事をしたがっている、その人に合った仕事を見つけてやるのはマネジャーの役割であると、IT部門副社長アラン・ネイピアは考えている。「全力で仕事に取り組んでいるのに思うような結果が出せなくても、私はその社員を軽んじたりしない。単に仕事が合っていないということがほとんどだからだ。私は社員のことを知るために、彼らとの話し合いに時間をかけている。そうすればその社員の調子が悪いとき、救うことができるからだ。私のオフィスで社員と膝突き合わせて、アロー内でもっと実力の発揮できる場所を探そうとする。話し合いのあと、安心した社員と笑顔で部屋を出ていくことができる。彼らも業績を上げられないことで、想像もつかないようなプレッシャーにさらされていたのだ」

もちろん格下げしたり、辞めさせたりする社員の数には限りがあるし、たとえそうした措置を行うときでも、相手に対する配慮が必要である。社員を降格させるときも、その人の尊厳を傷つけないような方法が求められる。ホーム・デポが地区マネジャーを店舗マネジャーに戻すときには、それまでとは違った地区でその任につけ、つまずいていることが、部下に知られないようにしている。

またどこであきらめるか、タイミングを見極めることも大切だ。パーキン・エルマーのCEO、グレッグ・サムは、これまで成績不振者を立ち直らせようとして、時間をかけすぎたと後で思うことがたびたびあったと言う。「人を交代させたときはいつも、もっと早くこうしていればよかったと後悔した」

鉄の手にベルベットの手袋をはめて

Cクラスの社員に断固たる態度でのぞむには、「鉄の手」（厳しさ）と「ベルベットの手袋」（優しさ）の両方が必要である。鉄の手がなければ、リーダーはこの困難な仕事を避けようとする。ベルベットの手袋がなければ、このプロセスは無神経で不作法なものになりかねない。そうなれば社員の士気は低下し、アクションをとることがますます困難になる。

以下の行動を心がければ、鉄の手を備えられる。

□Cクラス社員を特定し、彼らに何らかの措置を取るのは、マネジャーの仕事であるという考えを徹底させる。だれでも成績が振るわない社員に、直接、向き合いたくはない。そのままにしておくか、たとえ異動した先でその社員が苦しもうと、他の部署に異動させるほうがいいと考えるものだ。

□業績不振者の査定には、必ず複数の上級管理職がかかわるようにする。そうすれば、より正確な査定が可能となり、より結果に信頼をおくことができる。業績不振者の直接の上司が一人で重荷を背負い込んでしまうこともない。

□マネジャーを頻繁に動かす。新しいマネジャーは、社員を新鮮な目で見ることができるし、感情面でのしがらみが比較的少ないので、業績不振者に対しても行動を起こしやすい。

□現場のマネジャーに、業績不振の社員への対処法を教える。これは管理職に昇進するときの、正式なトレーニングに加えることも考えられる。あるいは、何か特別なことが起こったときに、上司や人事マネジャーがコーチするのもいいだろう。

さらに、次の行動はベルベットの手袋となる。

□社員一人一人に対し、率直なフィードバックを定期的に行う。退職の勧告や異動は、相手の不意を突くものであってはならない。社員に対しては、複数回の口頭によるフィードバックと、年に一度の文書によるフィードバック、そして継続的な話し合いの場を提供する必要がある。そうすれば、たとえ心からの合意はできなくても、査定結果について理解はしてくれるだろう。
□そのポストにいる間に、社内であれ社外であれ、新しい仕事を見つけられるだけの時間を与える。新しい仕事が決まったら、その社員は、新しいチャンスを見つけたという理由で、辞めてもらえることができる。
□社員の威厳と自尊心を傷つけずに転職や異動を切り抜けられるよう、カウンセリング（職業上の問題と感情面での問題、両方について）を提供する。
□経済的な不安をできるだけ減らす。解雇手当が十分な額であれば、解雇にともなう目先の経済的不安や悪感情を多少は和らげることができる。

当然のことながら、社員を辞めさせることには法的なリスクがつきまとう。そうしたリスクについては善処が求められるが、すべてなくそうと考えない方がいい。人事部や弁護士の助言を受け、その措置が独断ではなく客観的に見て適当なものであると確認してもらう。退職金の受け取りに、訴訟をしないという同意書をつけよう。人事部には、彼らの仕事は業績不振者の解雇や異動を防ぐことではなく、そのプロセスを取り仕切ることだと認識させておくことも重要だ。人事部はリーダーに、業績不振者対処のために自分たちが立てたスケジュールを忘れないよう時折確認し、必要があれば対処方法への助言を与える。また退職後についてのカウンセリングや、再雇用の手配を行うことも人事部の仕事である。

こうした一連の業績不振者への対処は苦痛がともなうが、自分が前任者から受け継いだやっかいな従業員のことを思い出し、自分の後任者には出来の悪い部下を引き継がせないよう全力を尽くそうと考えてほしい。

ウェクスナーの場合

リミテッドのCEO、レス・ウェクスナーは、Cクラス社員への措置を講じるとき、倫理的な問題に苦しんだ。ウェクスナーは自分の部下を三つに分けることを決めた。「私は自問した。『本当にこれが自分の望むことだろうか。人の道にかなった、公平な行為だろうか』と。すべての人間は平等にできている。A、B、Cとランク付けするなどどうしてできるだろう。彼らのキャリアにかかわる意思決定、彼らの家族への責任といった問題は、特に否定的な決断の場合、何よりも難しいのだ」

ウェクスナーはこれらの問題に、かなりな不安を抱えながらも、なんとか回答と慰めを見いだした。「リーダーの役割を担い、この種の決断を下そうとする人は、道徳的な基盤に寄らざるを得ない。それが公共の部門であれ、民間の部門であれ、リーダーには責任がある。道徳的な面から考えると、会社の成長を妨げている社員に関して私が判断を下さなければ、私のリーダーシップに頼っている十七万五千人の社員を、危険にさらすことになる。私にとって、人材育成競争を指揮する上でのモラルとは、この競争で自分が先頭を走れなければ、皆が犠牲者になる、ということだ」

倫理的な問題を乗り越えると、今度はどんな行動をとるべきかという決定が待っていた。「私の最初の決断は、一番下の階層にいる社員の問題を検討して、『これは能力開発の問題か、価値観の問題か、スキルあるいは才能の問題か。解決方法はないのか』と問うてみることだった。最下層の社員のほとんどに対して下された判断は――望みなしである。そのリストを作ったおかげで、大きな潜在力がある社員も特定できた。たとえばある人物には、折り紙付きの能力がある。しかしこれまで成長の機会をなぜか与えられてこなかった、ということが明確になった」

自分が責任を持っている社員は、誠意をもって面倒を見なければならないというのが、ウェクスナーの信条だ。しかもそれは、現実的なものでなければならない。「その人をどう見ているのか、すべて真実を話すべきだ」、彼はそう説明する。「悪いリーダーになるのは簡単だ。悪いリーダーというのは、ユートピアを信じている。だれもが素晴らしく、だれもが昇進し、株価は永遠に百三十%の上昇を続ける。逆によいリーダーは、一貫性のあるバランスのとれたものの見方をする。そしてその見方が、人材育成競争を戦い抜くために下す判断の土台となる。我々は、環境は変わり続けているということを、常に受け入れていなければならない。変化に対応した正しい道徳的判断は、個人やビジネス上の損得勘定ではなく、すべての社員に対する責任感によってなされるものなのだ」

■しっかりした人材評価プロセスを

能力によって個々の社員をランク付けするためには、見識のあるしっかりした評価ができていなければならない。この本は人事マニュアルとして書かれたものではないが、一つだけ会社として確保すべきプロセスを紹介したい——人材評価プロセスである。効果的に行われれば、優れた人材管理の土台となる。

人材評価プロセスは非常に重要なので、目的、関係すべき人々、結果として得られるものなどについて、ある程度細かく説明しよう。効果的な人材評価プロセスは、効果的な予算配分プロセスと同じように、企業にとって不可欠なものだ。しかしほとんどの企業には、あってしかるべき人材評価プロセスが備わっていない。適切なプロセスでは、リーダーに求められる高い水準に照らし合わせて、社員を評価する。それが機会の配分や、報酬、一層の能力開発などの土台となり、会社のリーダーが、各部署のマネジメント人材層について、その多様性や弱みを知る材料となる。

人材評価プロセスは、従来の業務評定——一年に一度、上司と部下の間で行われる——とは異なっている。リーダーの集団が、各部署のマネジメント人材層をチェックして、最高レベルの業績を上げる社員と、最低レベルの業績しか上げられない社員を特定して、組織をどう強化していくか検討するためのプロセスである。

これまでの後継者育成プランは効果がない

たいていの会社に後継者育成プランがあるが、そのほとんどは効果をあげていない。最も一般的なのは、事業部長と人事部の役員が、年に一度、本社で半日過ごすというものだ。色分けされた図表を使って、さまざまなポストの後継者候補に関するプレゼンテーションを行う。後継者となりそうな人物について検討し、順番にプレゼンテーションを行う。この過程全体が、落ち着いたムードの中、進んでいく。たいていの場合、難しい質問はなされず、発表者に異議を差し挟む人もいない。話題にされている社員をそもそも知らなかったり、自分の部署に来る確率が低いと思ったり、あるいはわざわざ反対するのは失礼だと考えているからだ。これらのセッションは全体的に率直さに欠け、空いたポストにつけるのに適していない社員の名前があげられることも多い。

従来の後継者プランと、しっかりした人材評価との間には、三つの根本的な違いがある。

第一に、人材評価では、各部署について丸一日をかけたミーティングを行う。会議の進行

従来の後継者育成プラン	しっかりとした人材評価
年に一回、本社での半日にわたるセッション	各部署の現場で、丸一日かけて行う
後継者になりうる人材を検討する	現職の人材の質について検討する
個人を評価する	個人を評価すると同時に、各ユニットの人材の強みを評価し、離職やリクルーティングといった問題について話し合う
上品で形式的なプレゼンテーション	厳格かつ率直な話し合い
評価を調整しようとはしない	社員同士を比較して ランク付けを行なうようにする
同意に達する行動計画はない	各ユニットで行動プランを文書化し、 フォローアップを行なう
年に一度、文書にまとめる	予算作成プロセスと同じくらい厳しく、密度の高い内容。実質的な責任がともない、また具体的な成果の目標を設定する

は、ＣＥＯと人事部の上級副社長だ。彼らはまず事業部長と事業部マネジメントメンバーについて検討し、それから事業部マネジメントメンバー全員と、その直属の部下のことを話す。日暮れごろには、五十人のマネジャーと、将来を嘱望された才能あふれる社員たちについての議論を終えているはずだ。

第二に、人材評価では、一人一人の名前をあげて行う議論であると同時に、部署全体のマネジメント人材層の強みを評価するものだ。参加者は各職場、各領域の人材の強みについて検討し、その多様性、今後必要な人材、定着率といった重要な問題を、そのユニットのビジネス上の目標という観点から考える。

ミーティングの目的は、マネジメント人材層を強化して業績を向上させること、この明確な一点に絞られている。話し合いは形式ばらずオープンに行い、個人、ユニットのレベルで実行計画が立てられる。参加者は社員に対して、たとえ厳しい結論であろうと、毅然とした態度で、タイミングを逃さず、そして敬意を払いつつ言い渡さなくてはならない。

図６‐６には、効果的な人材評価プロセスの大きな特徴と、高い業績を上げている企業ほど、それを実践していることが示されている。

マネジメント人材の評価の最終的な目的は、社員を査定したり、点数をつけたり、成績を図表で示したりすることではないが、実際にはそのようなことがよく行われている。人材評価の目的は、これまでとはまったく違ったやり方で仕事をする社員を発見し、月並みな事業展開、予想どおりの業績という枠を大きく超えることだ。普通とは違う、だれもが驚くような人員配置を行い、優秀な人材が生み出す価値を認めて、社員が持つ力すべてを発揮させること。社内に信頼を築き、熱意をもって、ビジネスを新たなる成長軌道に押し上げられる社員の能力開発と登用に関する一連の決定や行動を行うこと。競争相手のものより強力な、管理職にふさわしいマネジメント人材層を作りあげること。そして、市場で勝利をつかむこと、業績を上げることである。

これまでどんな会社の人事プロセスにもなかった、予算審査と同じくらい厳格で、密度の高い人材評価とはどのようなものだろうか。人材評価で、業績のみを集中して追求しているところや、このような人材評価が、あなたの会社どのような影響を与えるか考えてみよう。

マネジメント人材の評価プロセスに求められる要素

マネジメント人材の評価は、個人のレベルと組織のレベルという、二つの面での効果が出るように設計されている。細かい部分は、それぞれの会社によって違ってくるだろうが、どんな人材評価プロセスにも必要な要素がいくつかある。

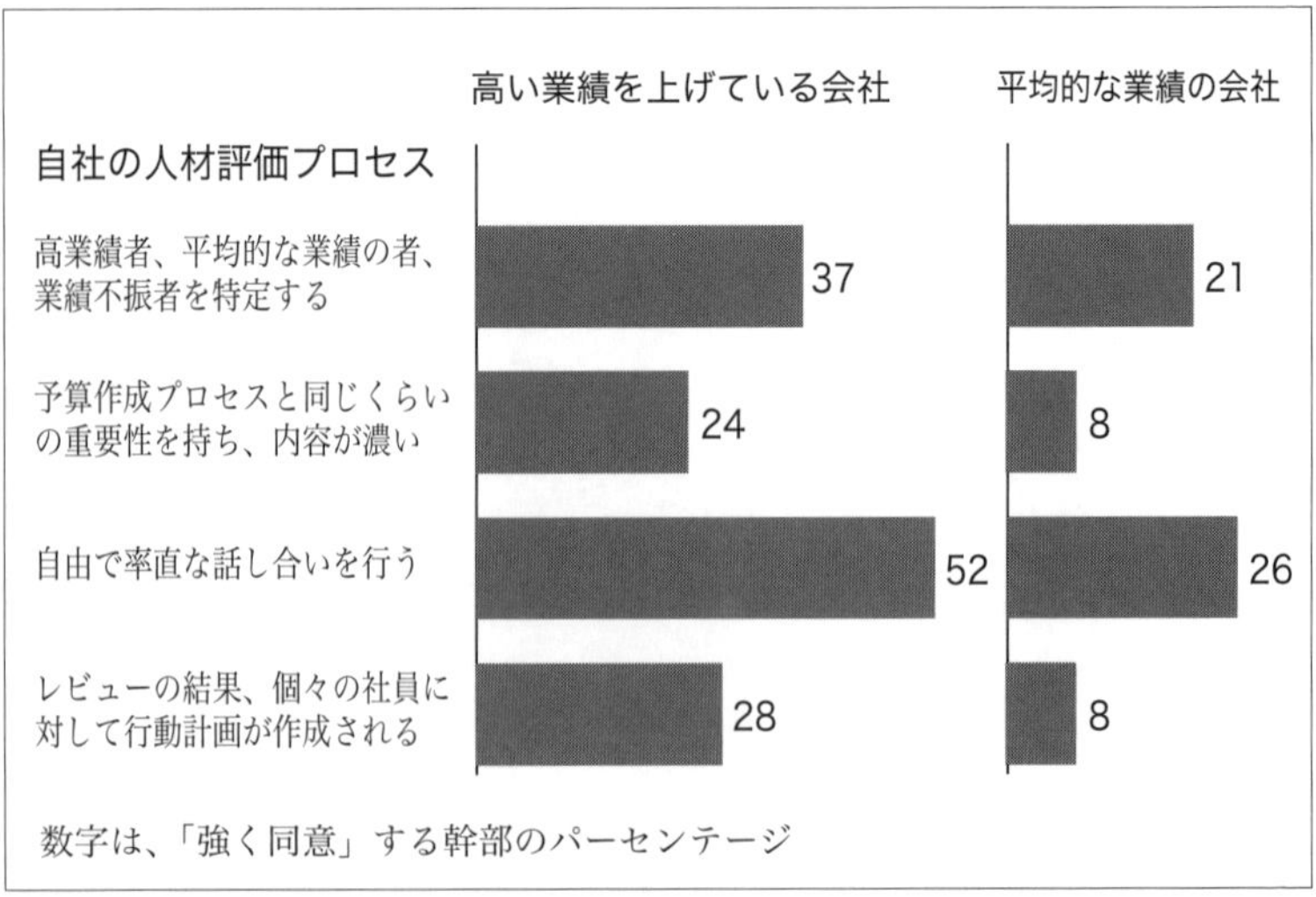

出典：ウォー・フォー・タレント調査　2000年

図6-6　効果的な人材評価プロセスの要素

一．ビジネス戦略から出発する

ミーティングの初めには、自社がビジネスで目指すものの概略を明らかにし、ビジネス・ネゴシエーションや業績目標達成を妨げるような緊急の人材問題について、真剣な話し合いを行う。ウォー・フォー・タレント調査のアンケートに回答を寄せた経営者の約七十九％が、ビジネス戦略と人材を集める基準は密接に結びついているべきだと答えたが、それが自社で実行されていると答えたのは、たった十％にすぎなかった。マネジメント人材評価の目的は、ビジネス戦略を実行するためにどんな人材が必要なのかを明らかにし、絶えずマネジメント人材層を強化することである。

二．個々の社員を厳格に評価する

個々の社員について、一人ずつ名前をあげながら、その業績と将来性について検討する。強み、弱み、育成の観点から強化すべきポイントなどをはっきりさせる。それぞれの社員の評価は、トップクラスの社員を基準にして行う。その基準には、その組織のリーダーに求められる力量と価値が示され、高業績者、平均的業績者、業績不振者それぞれの行動特徴が説明されている必要がある。これが話し合いにおける共通の言語となり、これにより評価に客観的な基準を持ち込むことが可能となる。

各社員に対して、率直で忌憚のない話し合いが容易に行えるムードを作る。特にAクラス社員とCクラス社員、さらに人によって異なる見解を示している社員に関しては、細心の注意を払う。

検討対象の社員のことを知っている人物を、話し合いの場に少なくとも二人は参加させて、議論の参考になるようにする。もしそれができていなければ、次の人材評価のときまでに実現するよう調整する。公平な評価は何よりも重要だが、完璧な客観性を求めるのは不可能だ。事実と客観的なものの見方は追求すべきではあっても、社員の評価は結局のところ、常識と、いくぶんかの主観性に頼っている。評価の質を向上させるには、複数の人々の見解を組み合わせることだ。

三．基準にのっとって業績をランク分けする

検討中の四十人から六十人の社員を、いくつかの枠組みに当てはめ、強制的にA、B、Cにランク付けする。ランク付けの基準は、二十％ずつの五レベルでも、正規分布を前提とした振り分けでも構わないが、何らかの意味のあるルールにしたがって割り振る。十分な数のサンプルをとり（四十例以上）、正規分布に近い状況が得られるようにする。どのカテゴリーでも、何らかの分布に社員を当てはめる。しかし個々の社員を、それほど正確に順位づけする必要はない。あまり神経質になると、ある社員は二十三位になるか二十四位になるかというような、不毛な論議で堂々巡りをすることになるだろう。重要なのは、大きく三つから五つほどの層に分けて、その人がどのランクに入るかということなのだ。

できるだけ単純な道具《ツール》を用いよう。単純であればあるほど望ましい。その道具を、自分たちのニーズに合わせてカスタマイズする。効果的な道具の一つとしてあげたのが、図6-7の業績／能力のグラフだ。それぞれのビジネス・ユニットが、共通の能力評価の基準を用い、共通の配分ルールの適用を目指せば、組織全体の評価を標準化できる。

もう一つの例として、一つの軸に実績をとり、もう一方に企業の価値観をとるようなものが考えられる。サントラスト・バンクスが行ったように、各企業が自社に合ったものを作成するとよい。サントラストはトップ二百の社員を、大市場開拓者、小市場開拓者、現状維持、伸び悩みという四つの大きなグループに区分した。

四．各社員に対しての具体的な行動計画を作成する

個々の社員を評価したあと、具体的にどんな措置をとるかを決める。ここでの目的は、議論の中から、その社員のキャリアに本当に必要なものは何かを確認することだ。各社員に対し長々とした育成プランを立てることはないが、議論での同意に基づき、二つから五つの措置を提示する必要はある。図6‐8に、マネジメント人材評価で決定する措置のサンプルをいくつか示した。適切なタイミングを見計らって、迅速に行動を起こそう。

五．ユニット全体として人材を評価し、ユニットレベルの行動計画を作成する

個人を評価したら、今度はユニット全体としての人材の実力について検討する。個々の職場は、どんな領域をもち、どの程度の実力を備えているのだろうか。ユニットの業績の伸びを抑えているの

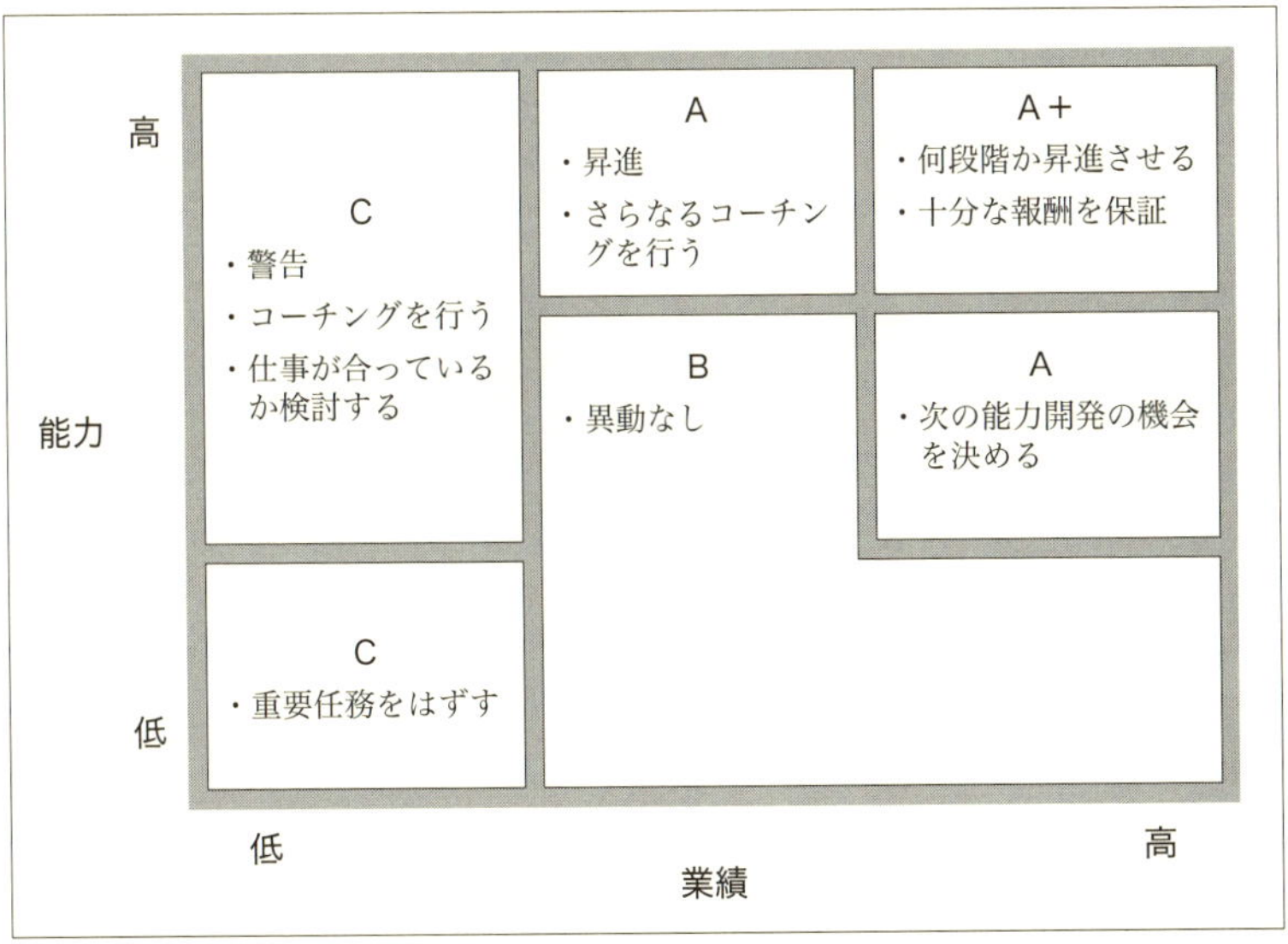

図6-7　業績／能力のグラフ

は、人材にかかわるどんな問題だろうか。ユニットのリクルーティング、人材開発はうまくいっているだろうか。高業績者の定着率は、どの程度だろうか。業績不振の社員を、異動させているだろうか。多様性がない、従業員調査の得点が低いといった問題を抱えていないだろうか。

翌年にかけて、ユニットの人材層を強化するためにどのような措置をとるか、全体の意見をまとめる。その中には、個人の評価の際必要と認められた、すぐに行動できるプランが入っているはずだ。たとえば「副社長レベルの社員を二人雇う」「業績不振の五人を交代させる」「他部署への異動を二件行う」といったものだ。

そのほか、ＥＶＰの強化を図る、ある職務に能力のある人材を入れる、新しいリクルーティング戦略を策定する、社員

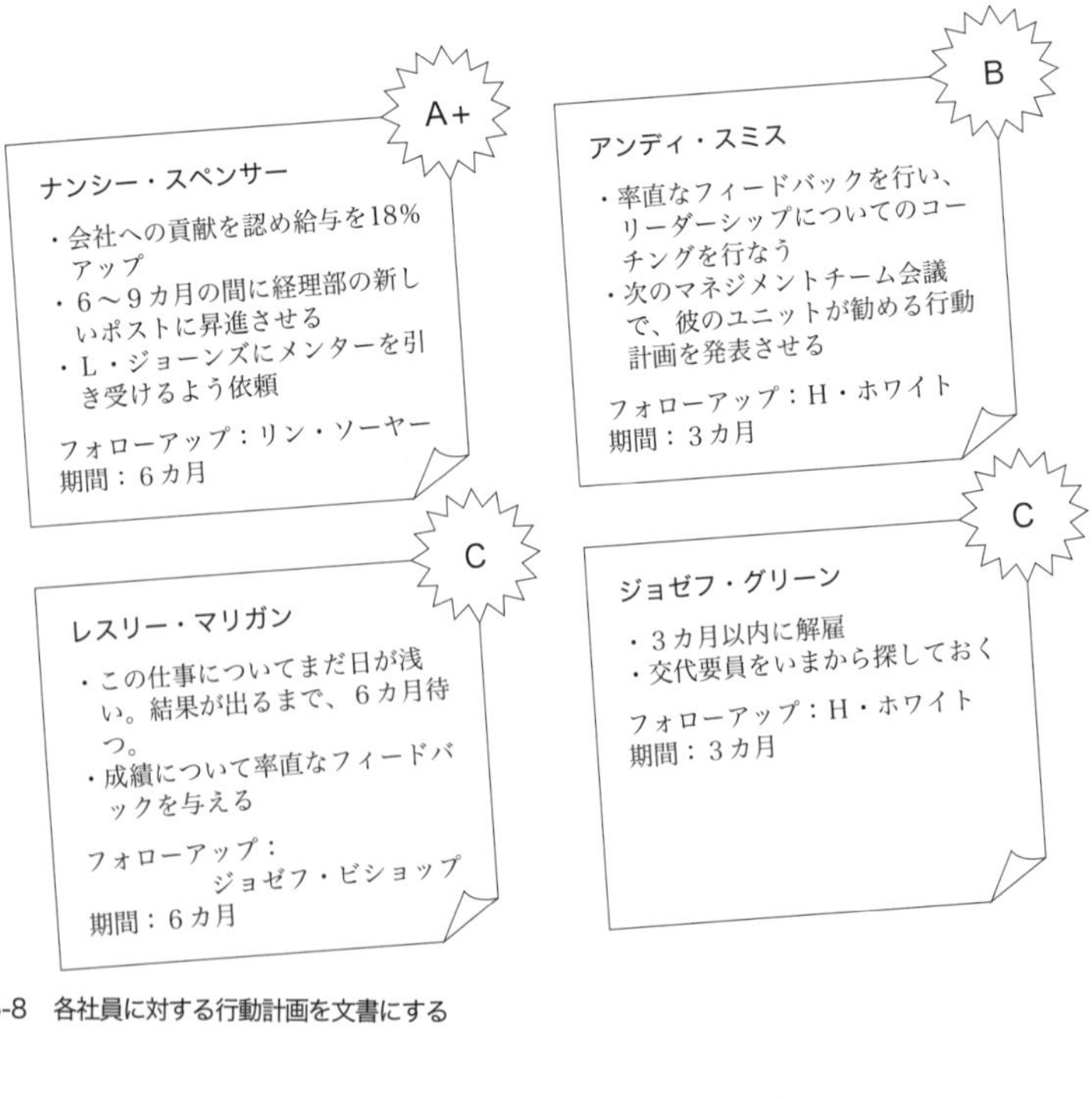
A+
ナンシー・スペンサー
・会社への貢献を認め給与を18%アップ
・6～9カ月の間に経理部の新しいポストに昇進させる
・L・ジョーンズにメンターを引き受けるよう依頼
フォローアップ：リン・ソーヤー
期間：6カ月
B
アンディ・スミス
・率直なフィードバックを行い、リーダーシップについてのコーチングを行なう
・次のマネジメントチーム会議で、彼のユニットが勧める行動計画を発表させる
フォローアップ：H・ホワイト
期間：3カ月
C
レスリー・マリガン
・この仕事についてまだ日が浅い。結果が出るまで、6カ月待つ。
・成績について率直なフィードバックを与える
フォローアップ：ジョゼフ・ビショップ
期間：6カ月
C
ジョゼフ・グリーン
・3カ月以内に解雇
・交代要員をいまから探しておく
フォローアップ：H・ホワイト
期間：3カ月

図6-8　各社員に対する行動計画を文書にする

を定着させる工夫を実施するといった、幅広い問題にかかわる措置も必要である。

人材評価が終わったら、ユニット強化のためにとる具体的な措置をリストアップして、三ページから五ページにわたる行動計画を作成する（図6-9）。

六．責任とフォローアップ

行動計画作成の責任をリーダーに自覚させるのが基本である。リーダーは各自、部下が目標を達成したか、四半期ごとに、そして年度末に評価を行う。リーダーを監督する幹部も、同じことを行う。マネジメント人材層は前より強化されただろうか。リーダーは業績が振るわない社員を異動させただろうか。社員の流出は減っただろうか。

ほとんどの会社は、自分たちでマネジ

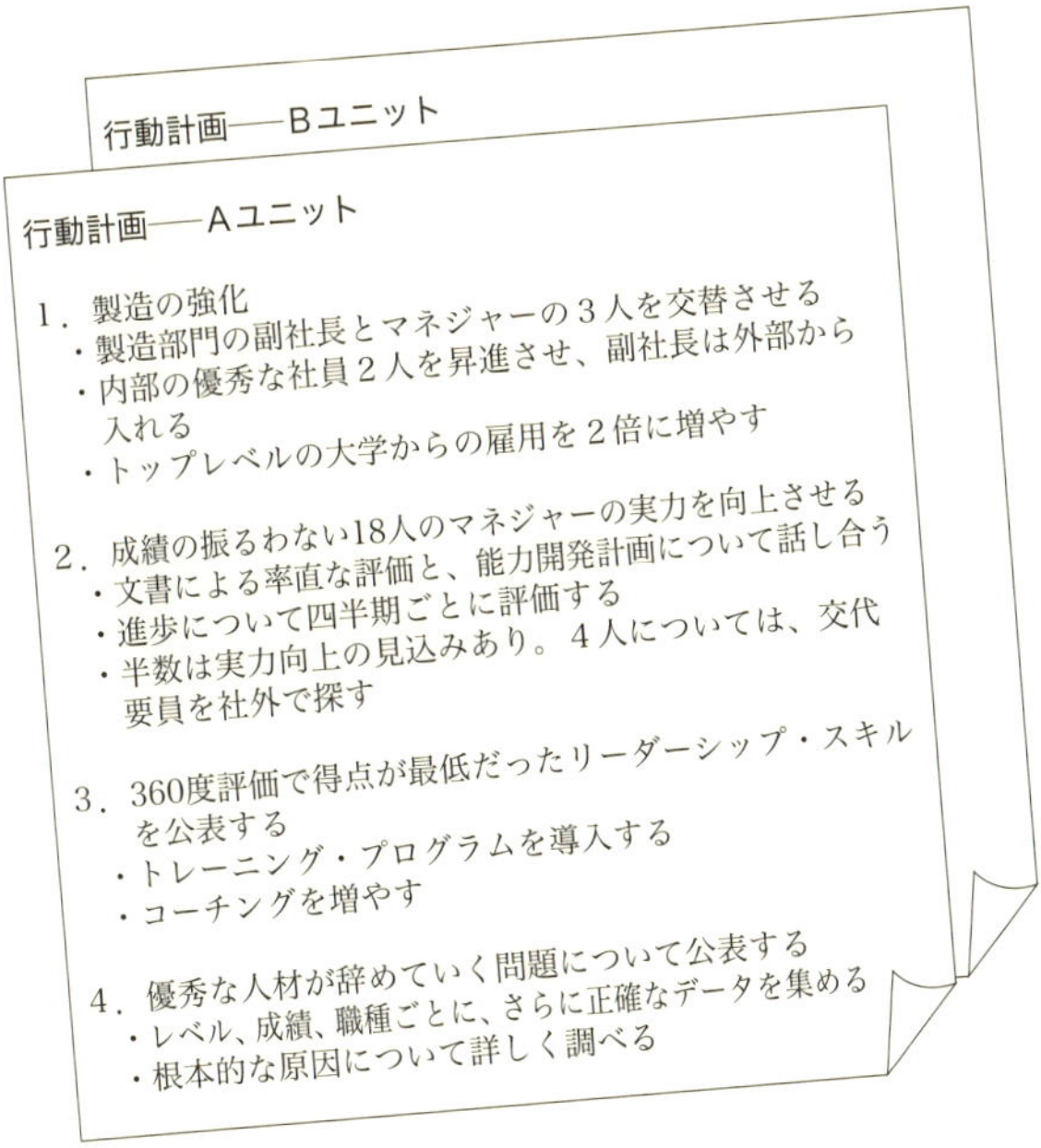
行動計画——Bユニット
行動計画——Aユニット
1．製造の強化
・製造部門の副社長とマネジャーの３人を交替させる
・内部の優秀な社員２人を昇進させ、副社長は外部から入れる
・トップレベルの大学からの雇用を２倍に増やす
2．成績の振るわない18人のマネジャーの実力を向上させる
・文書による率直な評価と、能力開発計画について話し合う
・進歩について四半期ごとに評価する
・半数は実力向上の見込みあり。４人については、交代要員を社外で探す
3．360度評価で得点が最低だったリーダーシップ・スキルを公表する
・トレーニング・プログラムを導入する
・コーチングを増やす
4．優秀な人材が辞めていく問題について公表する
・レベル、成績、職種ごとに、さらに正確なデータを集める
・根本的な原因について詳しく調べる

図6-9　ユニットごとに行動計画を書く

メント人材層を充実させるのだという自覚を社員に持たせていない。責任とは目標を達成した人にも、しなかった人にも、その結果が戻ってくるということだ。責任にはフォローアップがつきものである。行動計画についての正式なフォローアップ・ミーティングを、四半期ごとの事業評価に組み入れる。毎週、形式ばらずに相手に連絡を入れ、ある特定の仕事の成果を尋ねる。電話での会話、ミーティング、飛行機に乗り合わせた機会、得意先への訪問など、すべてが人材育成プランの実行を助け、促すためのチャンスとなるのだ。

だれが評価され、だれが評価するのか

組織のどのレベルで人材評価を行い、どのように評価するメンバーを集めるべきなのだろうか。評価に参加するのは、だれだろうか。それぞれの参加者が、どんな役割を果たすのだろうか。そして評価されるのはだれだろうか。手短にこれらの質問に答えてみよう。

評価のレベルと参加者

すべての事業部において、マネジメント人材の評価を行うべきである。具体的にどのくらいの数になるかは、会社の規模、ビジネス・ユニット（事業の単位）や部署の数、評価の話し合いに参加するリーダーの実力によって決まる。事業部にいくつかのユニットがあるときは、評価は事業部レベルで行い、その中のすべてのユニットを出席させ、意思の統一をはかるものにする。

できれば、CEOと人事部の上級役員は、各ユニットへ足を運び、一日八時間から十二時間、そのユニットの社員や、マネジメント人材層全体の強みについて話し合うべきだ。GEは二十あるすべて

のビジネス・ユニットで、サントラストは三十の支店でそれを行っていたし、リミテッドもやはり同じレベルのことを行った。評価は大抵、各ユニットごとに一日ずつかけて、CEOが進行役を務める。各事業部の結論を吸い上げて、企業全体としての展望をまとめる。レビューを統合することで、企業全体の統一した基準を物差しとして、評価を行うことができる。

小規模の企業では、四十人から百人のマネジャーを同時に見るくらいでちょうどいい。

参加者とその役割

評価にCEOと人事部の上級幹部が参加することは、前に述べた。実はそれが評価の必須条件なのだ。CEOは評価への期待を明らかにし、率直さが求められていることとその理由を伝える。CEOはまた、高い潜在能力を持つ社員を多少のリスクがあってもどんどん活用すること、業績の振るわない社員に対しては、断固とした措置をとることをリーダーに求め、高いレベルのリーダーシップを全員が保つよう努める。

人事部門の担当者は、実際の討議で率直さと洞察力の発揮が望まれる。社員を育てるチャンスとなる仕事を確認するため、重要な仕事や特別なプロジェクトを常に把握しておかなくてはならない。また社員の評価と行動計画を記録し、生産性が高まるように、高い能力を持つマネジャーを配置する。ユニット長と人事部のマネジャーも参加する。各マネジャーは直属の部下に関する予備的な評価を提出する。評価は、ふだん目にすることのない領域の社員について知る機会として活用する。検討されている社員の強み、弱み、強化すべき育成のポイントなどについて、核心を突く質問をする。個々のランク付けが、事前に決めた分布になるようにする。ユニットのマネジメント人材層全体の強みと弱みを評価に役立てる。そして責任を持ってフォローアップを行う。

評価対象者

どのような形で評価を行うか決めるときは、組織の奥深くまで探り、現在のリーダーだけでなく、将来のリーダーも含めることができるようにする。たとえば評価の対象として、ユニットのマネジャー直属の部下と、その直属の部下、さらに十人から二十人はその下のレベルの有望な社員を入れておく。将来のリーダー候補を評価の場に出すことで、優秀な人物がより早い時期から、上級マネジャーの人事レーダーに入る。つまり、大規模な企業なら、評価の対象者は四百人から八百人のマネジャー、小企業なら四十人から百人程度に絞り込む。

まず始めてみる

評価プロセスは、完璧でなくても始められる。実際、トップクラスの業績を上げる企業は、形式ではなく、密度の濃さに比重をおいた評価を用いることが多い。そういった企業は、人材が重要であるという認識に焦点を合わせている。評価の方法とスキルは、実際に進めていく中で、しだいによいものになっていくと割り切っているのだ。ナショナル・オーストラリア銀行の例を考えてみよう。

一九九九年、フランク・チクットが同銀行のCEOとなったとき、以前よりも厳格な新しい人材評価を導入した。CEOである彼、彼の直属の部下六人、人事部の上級役員が、トップ百の社員を別々に評価する。そのあと各人の評価を比較して、異なっている点について討議し、総合的な評価を下す。それまでこのような人材評価を行ったことがなかったため、評価対象者のうち、高業績者と業績不振者を各二十五％ずつあげることを条件とした。上位と下位の社員を決めるという作業を通じて、チクットと同僚の中で、銀行にとって必要なリーダーシップとはどんなものか、明確なイメージが固まっていった。

評価を行動に移すには、いくらかの勇気が必要だった。温情主義の社風に反する措置もあった。最初のうち提案された措置は、どちらかと言えばソフトなものだった。たとえばAランクの社員の報酬に多少の上乗せをするとか、Cランクの社員に特別なトレーニングを課すといったことだ。

しかしチクットはまもなく、この程度の措置では、会社が能力主義の組織に変わり、業績の善し悪しが大きな差を生むと分からせるには不十分だと気づいた。そこで次の評価のときは、AランクとCランクの社員にもっとハードな措置をとるべきだと主張した。Aランク社員には、重要な部署への登用、大幅な給与アップ、注目を集める特別な仕事への配置などを行い、Cランク社員には、昇給ストップと重要任務から外すといった措置がとられた。最初の審査では、A、Cランクともに、ハードな措置をとることに同意したのは、二十％にすぎなかったが、二回目には七十％に達した。これによりトップ百が早く交代し、全社に向って、好業績を上げることが重要であり、経営陣はマネジメント人材層の強化に真剣に取り組んでいると、明確なメッセージを伝えることができたのだ。

この人材評価プロセスが成功した要因の一つは、チクットをはじめ、トップのマネジメントチームが、自分たちの行為の目指すところをはっきり表明していたことだ。リーダーシップの能力育成と、個人的なコーチングは、自分たちから始まるのだと肝に銘じていた。最近の上級管理職の会合で、チクットは人材評価プロセスが、自分たちの組織に与えた影響について述べた。彼がＣＥＯを引き継いだときに六十人いたエグゼクティブのうち、そのときも同じポストにいたのは、たったの四人だった。

■新たなるスタート

Aランクの社員に投資し、Bランクの社員を認めて育て、Cランクの社員に具体的な措置をとれば、とても想像できなかったほど、会社の業績を引き上げることができる。まずはオーストラリア銀行やリミテッドのように、簡単で効果的な人材評価プロセスを構築することだ。各ビジネス・ユニットの長と一人ずつ会い、マネジメント人材層を強化するためにとりうる行動を五つから七つ決める。報酬の三十%は、それらの策をどのくらい実行したかに結びつける能力給にしてもいいだろう。さらに他の社員にもしてほしいと思う積極的な行動を、すぐに自ら実践することもできる。

マネジメント人材の評価プロセスで重要なのは、正式な手続きではなく、質の高い対話、明確で思い切った行動計画、徹底的なフォローアップであり、それが業績向上に結びつくのだと、常に頭にとめておくことだ。社員の待遇に差をつけながら、各社員の存在を認めることで、あなたの会社は有能なマネジャーたちが望むような、能力主義が徹底した組織となる。

＊1　Employee Value Proposition：従業員がその組織で働くことの理由となるような独自の提供価値。

第七章　マネジメント人材育成への挑戦——一年で大きな成果を

この最後の章では、厚いマネジメント人材層を構築する作業に、どう着手すればいいのか考える手助けをしたい。まずＥＶＰの強化から始めるべきか。それとも、高業績者と業績不振者を、新しい職務につけることから始めるべきか。はたまた、自社のリクルーティング・プログラムの刷新から始めるべきか。

どこから始めるにせよ、一年目から大きな成果をあげるというつもりでいなければならない。もしその間に成果が現れなければ、人材活用について思い切った策をとっていないと考えられる。慎重すぎたり、段階的に変えていこうとすると、計画は途中で頓挫し、あなたの決意も鈍ってしまうだろう。

人材育成競争に勝つには、意識的かつ持続的な努力が必要とされる。一年目に実行することは、長い旅路のほんの始まりにすぎない。マネジメント人材層を強化するためには、人材管理の考え方に、これまでとは根本的に違ったアプローチを取り入れなければならないのだ。またビジネスをどのように進めるか、リーダーシップをどう発揮するべきか、根本的な発想の転換が必要になる。しかしその作業は刺激に満ち、また大きな効果が約束されているので、ぜひともあなたの会社を活性化するのに役立ててほしい。

■見落としやすい分岐点

本書のはじめに、アンディ・グローヴの「戦略の転換点」についてふれ、「人材の問題を会社の最優先事項にするという決定が、その転換点になる」と述べた。しかしこれは驚くほど過小評価されやすく、ともすれば完全に忘れられてしまうことが多い。

人材育成競争の重要性が、いかに声高に語られていても、実際にはほとんどの企業が、この重要な転換点を見落としている。確かに企業のリーダーは、風向きが変わったことに気づいている。会社に必要な人材を確保するのが、前よりも難しくなったことも認識している。しかし私たちが調査したマネジャー六千九百人のうち、人材育成を自社の最優先事項として掲げていると答えたのは、たったの二十六％にすぎない。

企業の多くは、自分たちが人材育成競争において、どこに位置しているのか知らない。人材市場における自社のシェアを、他社と比べようとしない。社員が辞めても、その理由を深く追求したり、何らかの措置を講じたりしようとしない。業績の高い社員が辞めていくことや、率直な意見交換が行えない社風、業績の低い社員が極端に多いこと、レベルの高い社員が集められないことなど、悪いニュースをＣＥＯに伝えようとしない。それだけでなく、取締役会もＣＥＯや上級管理職に、マネジメント人材層の強みを尋ねようとしない。以前のマネジメント人材に対する意識と新しい意識は、黒と白ほど違っているのに、ほとんどの企業の意識は、あいまいな灰色の状態にある。

人材育成競争は過小評価されやすい。自分の会社は有能な人材に恵まれている、どうがんばってもこれ以上の人材を集めることはできない、若くて能力のある社員が辞めるのは仕方ない、最優秀のリーダーは組織のトップにしないほうが賢明だ。そのようなことをつい言いたくなるものだ。小手先の変化――ストックオプションの増加、人事部員の増員、リーダーシップ・トレーニング・プログラムなど――で満足し、できることはすべてやったと言いたくなる。景気がもっと悪い時期には、人材育成競争など気にしてられないと思いたくなる。

ここではっきりさせておこう。本当の変化を起こすのは、困難な仕事であり、熱意と不屈の精神、そして勇気が必要である。ホーム・デポのアーサー・ブランクにとって、六人の上級役員を社外から採用し、自分は名誉職に退いて、最終的に五十八歳で引退するのは容易なことではなかった。またサントラスト・バンクスのフィル・ヒューマンにしても、有能な人材を数多く集めるのに、五千万ドルを投資するのは大変なことだった。グレッグ・サムもパーキン・エルマーで、一年の間に直属の部下十人のうち九人を交代させるのは、困難だったはずだ。

■人材の問題を最優先事項として扱っているか

まず何よりも、本気で人材を戦略的に優先する気があるかどうか、自問してみることだ。あなたの会社の競合優位性と、レベルの高い人材が会社の発展に果たす役割を考えてみることをお勧めする。目標を実現するのに必要なマネジメント人材層を備えているだろうか。マネジメント人材層を強化することで、今後何年かにわたり会社の業績を向上させることができるだろうか。こうしたことを同僚たち、特に中間管理職の社員と十分に話し合うべきだ。中間管理職は問題が起こる兆しを、上級エグゼクティブよりも早く察知する場合があるからだ。

何種類かの指標をとりあげよう。中位レベルのマネジャーの離職率はどの程度か。空いているポストはいくつあるか。二年前はいくつあったか。トップ五十から五百人のマネジャーのうち、二段階上のレベルに昇進できる能力を持つのは何%か。またすでに能力以上の仕事をしているのは何%か。平均的業績社員に比べて、高業績社員の生産性はどのくらい高いのか。

答えが出たら、次のことをよく考えてみてほしい。マネジメント人材層の強化を、企業としての三大優先事項の一つとするべきか。人材管理を自分の仕事として、今よりも力を入れる心構えができているか。マネジメント人材層を強化するために、思い切った行動をとれるだろうか。チームと話し合いながら結論を出そう。

ほとんどの場合、「人材を自社の最優先事項とするべきだ」という結論に至ると思う。しかし重大な変化に対する覚悟ができていないうちは、この決定に飛びついてはいけない。少しずつ段階的な変化を起こしても意味はない。自分自身とそのチームに、はっきりとした決断を下すよう迫るのが、最初の一歩である。

■何から始めるか

人材を三大優先事項の一つに据えたら、まず何から着手するかを決めなければならない。一度にすべての課題には取り組めないし、一晩のうちに低いレベルからワールドクラスレベルに飛躍できるわけでもない。

これまでの四年間で私たちは、二百以上の企業のよりレベルの高い人材確保の試みについて検討してきた。人材について企業が真剣に取り組み出すのは、たいてい以下の三つの状況下にあるときだ。業績の大幅向上を目指しているとき。雇用と社員の維持が危機的な状況にあるとき。基本的な人材管理の方法が、まったく役に立っていないという認識があるとき。

確かにこれらの状況には一部重複する部分があるが、ケーススタディを行った二十七社の状況は、この三つのどれかに該当した。状況によって、緊急を要する課題もその優先順位も異なってくる。あなたの会社には独特の事情があるかもしれないが、これらの状況にあった企業の取り組みを知れば、強固なマネジメント人材層の構築を目指すとき、どこから着手するべきか何らかのヒントを得ることができるだろう。

状況その一――業績と成長率の大幅な向上を目指す

大幅な業績向上――黒字転換、大幅な成長率上昇、新しいタイプのビジネス開拓――を目指すときには、相当なマネジメント人材層の強化が必要とされる。こうした状況にいるリーダーにとって重要なのは、問題に真正面から取り組むことだ。これまでよりはるかに堅固なマネジメント人材層を築くために、思い切った行動をとらなくてはならない。

たとえばホーム・デポは、六つの新分野へ進出するため、エグゼクティブ人材層の強化を行った。サントラストは有能な人材を数多く集めて、成長率を四％から十％へ引き上げることを目指した。グレッグ・サムが業績の振るわない企業のＣＥＯについたとき、何よりも高いレベルの人材を必要とした。リミテッドのレス・ウェクスナーは、自分のマネジメント方法がうまくいかず業績も下降したため、神にすがるような気持ちで人材強化に取り組んだ。

こうした状況下にある企業は、業績に変動を与える要素を改善すると同時に、より強固なマネジメント人材層を築かなければならない。ビジネスの業績を向上させる直接的な行動としては、事業ポートフォリオの見直し、より高度な財務管理能力と評価システム、品質、生産性を向上させるための徹底的な取り組みが考えられる。また、サムがパーキン・エルマーで行ったような購買効率の追求、新製品開発や、ホーム・デポが行ったような新しいビジネスへの進出も含まれるだろう。

確かにすべてのビジネス・ユニットにおいて、期待する業績のレベルを向上させたり、これを奨励するための報酬体系・仕組みを変更することが必要だろうが、マネジメント人材層も強化しなければならない。そのためには新たな人材を組織に投入することだ。要求についてこられない、かなりの数の社員を、交代させなければならないかもしれない。またレベルの高い人材を早急に育成し、可能性を引き出してやることも必要だろう。

業績向上と人材層構築は、表裏一体のものとして取り組まなければならない。刺激的なビジネス上の取り組みが実力を備えた人材を引きつけ、実力のある人材がそのような取り組みに積極的にかかわっていく。人材の問題に目をつぶってはいけない。昔からいる人材が、魔法のようにまったく新しいものを生み出すと期待してはいけない。特別プロジェクトや新しいプロセスを導入するだけで、会社の業績の伸びが大幅に向上するとも思ってはいけない。大抵そうはならないのだから。人材に関する問題を直視して、リーダーは業績アップや事業のリストラに取り組むときと同じくらいの精力を、人材強化に注ぎ込まなくてはならないのだ。高レベルの人材と高レベルの業績は、理屈抜きに結びついている。

マネジメント人材層を強化するには、まず業績向上の要となるポストについている社員を、リストアップすることから始める。新しい目標を達成するには、どのようなスキルが求められているのだろうか。現在、主要ポストについている社員のうち、新しい目標を達成できそうなのは何%程度なのだろうか。新しい成長計画を引っ張っていく、十分な数の社員がいるだろうか。投資に値する能力を持つのはだれだろうか。会社のお荷物となりかねないのは、どの社員だろうか。サントラスト・バンクスのケースでは、二百職種にわたるマネジャーのうち十%が活用する価値があるにもかかわらず十分に活用されておらず、二十%が能力以上の仕事を与えられているという結果が出た。グレッグ・サムがパーキン・エルマーを引き継いだときにもこのような調査が行われた。彼はトップ百のマネジャーのうち、八十人を交代させる必要があると判断した。交代要員の半分は社内から、残りの半分は社外から迎えた。

大幅な業績向上を目指すときに、手の込んだ人材評価は必要ない。新しい目標レベルの業績を達成できる社員とできない社員が、すぐに分かるようなものであれば十分である。各社員について既存の情報を集め（身に付けたスキル、過去の仕事ぶりと実績など）、その人が一番よく見える立場の三、四人から、評価対象となりそうな情報を入手し、リーダーのチームが一人一人の能力について検討する。その際、第六章で説明したような、簡潔で分かりやすいツールを利用する。マネジメント人材の評価プロセスを六カ月ごとに行って評価の精度を上げ、継続的に行動計画に手を加えていく。

次に必要なのは、実際の行動である。新しい能力の基準を定め、新たなスキルとものの見方をもたらしてくれる人材を、社外から登用する。ついてこられない社員を特定し、職務から外す。会社を辞めさせないまでも、少なくとも重要なポストからは外す。Aランク社員には大きな権限を与えて、高い能力が要求される重要ポストにつける。二〜三段階下のレベルから、特に優秀な社員を引き上げる。

まずトップ十のポストに適切な人材を配置し、彼らと検討しながら、次の百から二百のポストに適切と思われる社員を選び出す。自分の直属の部下に、しかるべき能力を持った社員を配置できないと、労力も信頼性も大きく損なうことになる。人材のレベルを底上げするプロセスを、最初の十二カ月から十八カ月で組織全体に徹底させる。

状況その二――雇用と社員の維持に関する危機

危機的な状況――リクルーティングが突然うまくいかなくなったり、他のもっと魅力的な企業に人材が流出してしまう――に陥る企業もある。このような状況では、EVPの一層の強化が求められる。

サントラスト・バンクスのミミ・ブリーデンは、高い離職率という危機に直面し、EVPをじっくりと見直す必要に迫られた。一九九〇年代にコンサルティング会社や投資銀行の多くが、突然、新興企業やベンチャー・キャピタル会社に人材を奪われたのと同じ状況である。人材育成競争が続く限り、

EVP強化の必要性はますます強くなるだろう。

まず最初に、なぜ成績のいい社員が辞めていくのか、なぜ仕事をオファーした相手に断られるのかを突き止める。ブリーデンは退職者と面接を行い、社員が辞めていく理由をできるだけ正確に調べた。それと同時に、どんな社員が辞めていくのか、辞めてどこへ行くのか、辞める社員が最も多いのはどの部署かといったことを考える必要がある。EVPのどの部分が人を引きつけ、どの部分が嫌がられているのか細かく調べる。離職やリクルーティングの問題を、マーケティングの問題に対するのと同じ姿勢で考える。将来、社員になる可能性のある人々が何を望んでいるのか、徹底的な分析を行う。ライバル会社のEVPを採点し、それにどう対抗するかを決める。

レベル3・コミュニケーションズは、コロラド州に拠点を置くことにした。シノヴァス・ファイナンシャルは、社員重視の強力な社風を作りあげた。EVPのどんな側面を強化していくかを決定しよう。ありふれた特典ではなく、ターゲットとする人材にアピールするような、他社とはひと味違ったものを目指すのだ。ブリーデンのように、自分のビジネスのやり方を変え、快適な場所から踏み出す覚悟を決めることだ。

状況その三――不適切な人材マネジメント

自社の人材マネジメントが不適切であると認識したとき、人材の重要性に気づく企業もある。そういった企業は、レベルの高い社員がいて、高業績を上げ、高レベルの成長が見込める企業かもしれないし、また、人材が将来の発展の鍵を握っていると、直感的に分かっているのかもしれない。しかし、人材プロセスが不十分、あるいはまったく存在していない場合がある。この状況にある企業は一つのビジネスで成功し、次の新しい領域への進出を目指している場合が多い。中規模の企業が、さらに大きなものを目指しているということもあるだろう。こうした企業には、厳格な人材評価プロセスや、実際的なリクルーティング戦略はほとんど存在しない。コーチングや戦略的な人事異動を通して行われる人材育成の制度もない。高い能力を持つ社員が喜んで仕事に取り組み、やりがいを感じていることを確認するすべもない。

こうした状況にある企業が取り得る行動として、まず次の四つのステップがあげられる。第一に、人材を戦略に結びつけて、どんな人材が足りないのかを特定する。アムジェンはさまざまな職務において、不足している人材像を明らかにした。

第二に、人材育成をもっと重視する。アムジェンにはすでに有能な社員が数多くいたが、目に見える形で彼らを育てる必要があった。CEOのケヴィン・シェアラが有能な二十人のスター社員を選び出し、一連の人材育成措置を行った。ホーム・デポは三六〇度フィードバックを活用して、すべてのマネジャーが自分の強みと弱みを理解できるようにした。

第三に、簡潔で確固たるマネジメント人材の評価プロセスを導入する。アムジェン、ホーム・デポにも、マネジメント人材の評価プロセスがあった。二社ともに、率直な意見を伝える文書化された業績評価制度があり、三六〇度フィードバックを利用している。またリーダーシップ・トレーニングにも取り組んでいる。シェアラが言ったように「人材マネジメントに必須の条件に基づく行動には、とてつもなく大きな効果がある」のだ。

第四に人事の機能を強化する。ホーム・デポ、アムジェンは、組織全体を通じて人事の機能を強化し、各部署に強力な人事のゼネラリスト――スペシャリストではない――を配置している。現場の社員とその責任者が、人材管理プロセスを動かしていくのは当然だが、効率的な人事組織があれば役に立つ。

特に努力をしなくても質のいいマネジメント人材を確保できる会社——最先端業界の、最先端新興企業など——は、人事の機能や人材評価プロセスを、ほとんど価値のない作業と捉えがちである。しかし他の最先端企業、アムジェン、ホーム・デポなどは、将来さらに発展するための作業と考えている。

人材構築のための改革に着手するために、まず次の質問に答えてみよう。十二の質問すべてに対する答えが「イエス」なら、模範的な企業といえる。その姿勢をよしとし、このままその努力を続けていただきたい。イエスの数が七個から九個であれば、その会社はすでに人材の問題を優先事項として捉え、順調なスタートを切れる状態にある。答えが「ノー」だった領域で、努力が求められる。イエスの数が六個以下だった場合……、不安に陥るに及ばない、仲間はたくさんいる。二百以上の企業と仕事をした経験から言うと、イエスの数の平均は、三か四だろう。しかしながら、これから先の道のりは遠く、ライバル会社に水をあけられる、あるいはすぐに追い越される可能性があるということだ。

□人材はあなたの会社の三大優先事項に入っているか。
□業務時間の三十%を人材強化のために使っているか。人材の問題を自分の仕事として捉えているか。
□あなたと周囲の主要ポストにいる社員が、マネジメント人材層の強化に対して、はっきりとした責任を持っているか。
□優秀な人材を自分たちの組織に引きつける、強烈なＥＶＰがあるか。

□高業績マネジャーの離職率と、彼らが辞める理由を把握しているか。会社にいてほしい人材の流出を減らすための計画があるか。
□上級レベルの職務を含め、すべてのレベルのポストに、新しい社員を積極的に登用しているか。
□あなたのユニットには、マーケティング戦略と同じくらい厳密な、文書化されたリクルーティング戦略があるか。
□高業績者にはその能力をさらに伸ばす成長の機会、他の社員とはっきり差をつけた報酬、効果的なメンター制度を提供しているか。
□あなたの組織には、遠慮のない意見交換と効果的なコーチングができる環境が整っているか。
□あなたの組織には、予算作成プロセスと同じくらい重要で密度が濃く、組織全体で継続的に行われているマネジメント人材の評価プロセスがあるか。
□評価の場では率直な議論が十分に行われ、話し合った問題に対する実行可能な結論が出るか。
□年間の解雇率は五％から十％の範囲にあるか。業績不振の社員に対して、継続的な取り組みを行っているか。

■一年で大きな成果をあげる

人材への取り組みは継続的に行われるものだが、着手して一年で大きな成果をあげるつもりでいなければならない。それができないのは、積極的な取り組みが十分に行われていないということだ。マネジメント人材層強化に、十分な時間も資金も注ぎ込んでいないのではないか。高いレベルの目標を設定していないのではないか。一年間で大きな成果があがるという信念のもと、それが実現できるような創意あふれるプログラムを作成しよう。

これは私たちにとっても驚きだった。当初、人材強化策の効果が現れる時期とその程度については、はっきりした予測ができず、実質的な効果が出るまで三年から四年、場合によっては五年ほどかかるのではないかと考えていた。しかしその認識は変わった。効果が一年以内に出るのは例外的なケースではなく、実はそれが標準なのだ。サントラスト・バンクスの成長率は一年で四％から十％に跳ね上がった。パーキン・エルマーは事業再構築を行うと同時に、マネジメント人材層を強化し、二年未満でその市場価値を三倍にまで伸ばした。ミミ・ブリーデンが優秀な人材の流出を十八カ月で八十％も減らすことができたのは、人材強化を自分とその直属の部下の仕事であるととらえて取り組んだからだ。アライド・シグナルのラリー・ボシディは直属の部下に、バランスの取れた率直なフィードバックを文書の形で渡すことで、風通しのよい社風を一年未満でつくりあげた。

これらの例に見られる特徴は、目に見える効果を早急にあげるため、リーダー自ら積極的な取り組みをしているということだ。それ以外に選択肢はない。質の高い人材の育成と業績の向上は、社内のどこにいるリーダーにとっても最優先に考えるべき問題である。ところが実際には、段階的な変更、慎重な態度、うんざりするほど長い話し合いの方が目につく。サントラスト・バンクスは五千万ドルを投資したが、他の企業ならもっと保守的に、五百万ドル程度ですませただろう。ボシディは直属の部下一人一人に、率直で建設的なフィードバックを与えるため、二ページにわたるメモを渡していたが、多くのリーダーは口頭による注意だけですませてしまうのではないか。

ＧＥの前エグゼクティブ育成部門副社長チャック・オコスキーは、直接的な効果という考えを、さらに一歩進めている。「Aクラスの社員を主要なポストにつけたら、すぐに効果が出るはずだ。一年後で構わないと思っていてはいけない。一九九六年一月、ラリー・ジョンソンが、ヨーロッパにあるGEの医療システム事業部長になったとき、最初に手がけた作業の一つが、ヨーロッパ中の幹部全員をプラハの営業所に集めることだった。開会のあいさつでジョンソンは、大幅な売上向上を期待していると述べ、それをどのように実現するか細かく説明した。次に六時間かけて顧客をまわり（本部のスタッフは何カ月も実行していなかった）、『どうすればもっと多くの受注をしてもらえるか』と尋ねた。その夜開かれた会合では、答えの一つ一つに対する行動計画が決まり、すぐ実行に移された。一日でチームの向上心と意欲に変化が起こり、ほんの数カ月で成果が現れ始めたのだ」

人材育成競争には、このくらいの切迫感が必要だ。以前の考え方は、「人材に投資するのはいいことだが、どの程度の見返りが期待できるか分からない。だから慎重になった方がいい。過剰な投資は避けるべきだ。まず一つか二つの計画に着手しよう。実行は、人事部にやらせればいい」。一方、新しい考え方は、「我々がリーダーとして、各自がマネジメント人材層の強化に取り組み、そのために必要な行動をすべて実行に移せば、一年で目に見える成果が期待できる」

■これは終わりのない旅路である

一年で大きな成果をあげることはできるが、人材構築は始まりや終わりのあるプログラムではない。むしろ半永久的に続く、根本的に新しいビジネス・マネジメント手法なのだ。人材管理はリーダーの仕事だというコンセプトをしっかり定着させるべきである。マネジメント人材層の評価と継続的な強化は、プランニング、新製品開発、生産性向上、予算作成などと同じく、ビジネス運営の中心であるべきなのだ。

どんな会社でも、人材構築のために最優先で行わなければならないことが常にあるはずだ。ここで最良の例としてあげている企業でも、人材管理の次の段階へどうステップアップするか、悩みながらも前へ進もうとしているのだ。

「人材はこれまでの三年間、私にとっての最優先課題であったし、今でも最優先課題である。これから三年たったときも、やはり最優先課題だろう」。グレッグ・サムは以前そう言った。マネジャーのトップ二百人の人材強化を実現し、部署の責任者をはじめ社員の多くにマネジメント人材指向を植えつけ、自社の時価総額を三倍にまで伸ばしたサムでさえ、いまなお努力を続けているのだ。人材評価をトップ二百のポスト以外に広げる努力が足りないという部分で、サムは自社の取り組みに辛い点をつけている。世界に通用するマネジャーの育成が十分ではないと感じているのだ。また開放的で信頼感に満ちた環境を作るために、さらなる努力が必要であるとも気づいている。サムはさらに高い望みを抱き、株主の利益を生み出す機会がかつてないほど満ちていると考えている。そしてすべての事業、すべての職種、すべての場所で最高レベルのマネジメント人材層を築くだけで、それが実現できるという信念を持っている。彼はまた、こうも認めている。「それを本当に実行するには、長い道のりが待っている」

強烈なマネジメント人材指向と強力なＥＶＰを持つアムジェンも、それが始まりにすぎないことを認識している。確かに同社のトップには「人材育成は自分の仕事である」という意識が浸透している。同社のＥＶＰは世界レベルだ。人材育成にも力を入れている。しかし、しっかりした人材評価プロセスについては、実は最近取り入れたばかりなのである。率直さという点でも、まだ問題がある。アムジェンはまた、自社のマネジメント人材の予備軍の質をさらに向上させなければ、世界最大級の製薬会社に名を連ね、メルクやファイザーに対抗するのは難しいと考えている。

同じことはサントラスト・バンクスにも言える。サントラストは人材マネジメントの計画を通じ、一年間で成長率をほぼ三倍にまで伸ばしたが、やるべきことはまだ多い。事実、本書の調査への協力に応じたとき、CEOのフィル・ヒューマンは、同銀行の過去三年間の躍進について大げさに書かないよう私たちに釘を刺した。「おそらくまだ道のりの半分しか来ていない」彼の説明によれば、人材の質の向上、外部の人間の投入、人材マネジメントの開発、業績不振な社員の排除といった点で、サントラスト・バンクスは進歩をとげた。しかしゴールにはまだほど遠い。乗り越えるべき障害は、どんどん高くなる一方だ。成長の速度は遅くなり、競争は激化、販売利益も落ちている。「新たな問題に取り組むだけでなく、これまでに成し遂げたことを、確実に維持しなければならない。これからもマネジメント人材層を掘り下げて、社員に成長の機会を提供し、若い社員を引きとめることに重点をおく必要がある。そう、障害は高くなる一方なのだ。新しい目標に照らすと、満足できる水準に追いついていない社員が、まだ二十％もいる。若い社員のやる気を鼓舞しなければならない。そして何より、これらのことを急いでやらなければならないのだ」

こう考えてみよう。GEは人材の問題に熱心に時間をかけて取り組み、私たちが調査をした他のどんな企業よりも大きな効果をあげ、しかもそれをすでに四十年以上行ってきている。それでもGEはいまだにトップ五百のポストの二十％は、外部から人を入れている。そして毎年、企業のあらゆるレベルで、能力が低いマネジャーに対して積極的な働きかけを行う。そしてジャック・ウェルチはその職を辞するまで、仕事の時間の五十%を人材の問題に費やしていた。GEのように、人材管理についてすでによく整備されている企業でも、その方法を常に改良しようとしている。どんな企業も、他社に遅れないようにするだけでも、改革を続けなければならない。

それはまさに、終わりのない旅路である。しかしうれしい話もある。一年たたないうちに成果が現れると期待できることだ。ジョージア・パシフィックの例が、一つの励みとなるだろう。

■ジョージア・パシフィック社パッケージング事業部

ジョージア・パシフィック社のパッケージング事業部では、大量のダンボール箱を製造している。一九九七年のダンボール箱による収益はおよそ十四億ドルだった。それらの箱は全米にある五十の梱包材工場で作られる。外から見ていると、ダンボール製造など単純なビジネスで、改革や業績向上の余地などないように思えるかもしれない。しかし実際には、ダンボール製造も梱包材工場運営も高度な技術を必要とする業務であり、業界特有の奥深いスキルと、献身的なリーダーシップが要求されるのだ。

一九九八年初頭、スティーヴ・マカダムがジョージア・パシフィックのダンボール紙および梱包材部門の上席副社長に就任した。マカダムは最初の三カ月間、五人の地区マネジャーからなるチームとともに、生産性から安全性、品質まで、業績向上に関する課題に取り組んだ。するとすぐに、すべての領域における業績向上は、梱包材工場のゼネラル・マネジャー（GM）の実力によっていることが明らかになった。

マカダムはまず、五人の地区マネジャーに、五十人のGMの評価に協力するよう依頼した。「スティーブは率直な評価ということに固執していた」。地区マネジャーの一人が当時を振り返って言う。「一人一人について、いつも時間をかけて熱心な話し合いをした」。マカダムは地区マネジャーに、GM一人につき一枚の評価シートを書くよう求め、地区マネジャーは各GMを、戦略的思考、リーダーシップ、組織全体の業績向上へのこだわり、数値的な業績結果という項目について五段階で採点した。

「スティーブは私たちと一緒に、熱心に取り組んだ。五十人のマネジャー全員のところへ来て話を聞き、相手を議論に巻き込み、反対意見も受けいれた」と、あるマネジャーは語る。これらの共同作業をとおして、効果的な人材管理について、五つの原則を制定した——率直であること、社員の能力をきちんと識別すること、業績結果をよく管理すること、社員とそのキャリアに関心を持つこと、その社員を認めること。

この評価の結果、地区マネジャーとマカダムは、ほぼ半分のGMを交代させる決断をした。マカダムは当時を思い出して言う。彼らの居場所が、組織の中になかったということだ。しかしやはり、つらい作業だった。特に社員を解雇するのには大きな苦しみがともなった。「彼らにも家族があり、家に帰って子どもたちに職を失ったことを話さなければならないことを考えると、夜も眠れなかった」。マカダムが就任してから二十カ月で、早期退職、横滑りの配置転換や降格、解雇、辞職という形で二十二人のマネジャーが異動した。

新しいマネジャーを見つけるために、熱心なリクルーティングが行われ、六カ月以内に新しいGMが雇われた。六人はジョージア・パシフィックの管理職から選ばれたが、残りは外部から折り紙付きの実績を持つ人材が引き抜かれてきた。地区マネジャーとマカダムは五十の梱包材工場へ赴き、生産性、品質、安全性、利益について、目標を定めた。新しく入った、実力を備えたGMを配置しても、それは簡単なことではなかった。

計画を進めている間に、GMを交代させてもビジネスが一朝一夕で変わるわけではないと気づいた。本当の変革を行うには、各梱包材工場の奥深くに存在する人材に関する問題に手を打つ必要があった。問題は工場の多くが二十五年にわたり、同じ社員、同じやり方で運営されてきたことだ。変化に対しては大きな抵抗がある。

たとえばシカゴの梱包材工場では、かなり思い切った措置が不可欠だと、新しいマネジャー、スティーヴ・ウェルズは判断した。「一九九九年二月にGMの業績をチェックしたとき、シカゴ工場は二十年にわたって利益をあげていないことが分かった。一九九八年には五百三十万ドルの損失を出している。安全性にかかわる事故の発生率が高く、そのときもちょうど、致命的になりかねなかった事故のショックから立ち直ろうとしているところだった。工場のある場所は街の南側の危険地域で、敷地外では常に安全性の問題があった。要するに喜んで働ける場所ではなかったのだ」

地区マネジャーの助言を受けながら、ウェルズはまず人材の問題に取りかかった。主要な社員全員（正社員とパートのどちらも）に面接を行い、一人一人の実績を評価した。その結果、全体的に社員は仕事熱心であるものの、指針、仕事への動機づけ、彼らを引っ張っていくリーダーシップの不足により、実力を発揮できていなかったことが判明した。「工場の百三十人の従業員全員と、損失の背後にある本当の理由について話し合い、それを変えていかなければならないという認識に至ったら、すぐに変化が現れた。それまで何年も、社員には自分たちのことを考えるリーダーがいなかったのだ。私の変革への考え方に賛同できない社員は、自分から辞めていった」。事実、ウェルズの下に二十六人いた正社員のうち十人が、六カ月以内に辞めた。

　チームが定着したところで、ウェルズは熱心に、メンバーとの結びつきを強めようと努めた。月曜日の朝にミーティングを行い、正社員からその担当部についての報告を受ける。そして月に一回、非難ではなく、問題を抽出するチームビルディングの練習を通じて、彼らに工場の目標や使命を合意させる。そのような議論をとおして特別チームが編成され、目的を果たそうとする責任感が生まれてきた。ウェルズはさらに付け加えた。「今は社員重視、業績志向だ。この一年で社員が成長し、積極的に反応するのを見るのは驚きだった」

　結果は満足のいくものだった。一年経たないうちに、工場の従業員は再びチームとして機能するようになった。事故も七件から二件に減り、一九九九年には四百万ドルの損失を出していたのが、二〇〇〇年には三百三十万ドルの利益をあげた。業績のアップと人材マネジャーとしてのめざましい働きにより、ウェルズは最近、ジョージア・パシフィックの優秀リーダー賞を授与された。この賞についてウェルズは言う。「この工場を売却する話もあったが、その際私はここに残ろうと決めていた。ジョージア・パシフィックの他の工場に移るよりは、ここの社員と残りたかった。自分がつくったチーム、そしてこれまで一緒にやってきた事実は、他の何ものにも代えられない」

　五人の地区マネジャーの一人、テリー・チノットは、ウェルズのような新しいGMが起こした変化に驚嘆し、次のように言った。「そのとき、マカダムが強調していた人材の重要性について理解した。私は以前、勤務時間の七十%を、社員の尻を叩き、命令することに費やしていた。しかし新しいGMのもとでは、尻を叩いたり命令したりする必要がない」。今では仕事の時間の七十%を、工場の主要ポストに優秀なリーダーを配置することに費やしている。人材が会社の鍵を握っていると分かったたからだ。
チノットを納得させたのは、人材管理の成功がもたらした金銭的利益だった。「まったく新しい工場と平均的なリーダーがいたら、年間百万ドルの利益をあげられる。それに対して、古い工場に優秀なリーダーシップが加われば、年間三百万ドルから四百万ドルの利益があがる。平均的なマネジャーには十一万五千ドルの年棒に六万ドルのボーナスを支払う。しかし特に優秀なマネジャーには、十三万五千ドルの年棒と九万ドルのボーナスを出す。つまり五万ドルの追加で、年間二百万ドルから三百万ドルも利益が増加するのだ」

それならば、なぜもっと前からそれに気づかなかったのだろうか。「人材評価システムもなかったし、本人への率直なメッセージや、業績結果の管理もなかった。人材の話には時間をかけなかったし、正直に言って、人材の質が上がっただけで、これほど大きな違いが出るとは考えていなかった」。チノットはそう締めくくった。

丸一年がすぎて迷いも消え、マカダムと五人の地区マネジャーは、二百四十六人のうち九十六人を交代させた。新しい社員が配置され、マカダムと新しいチームは、製品の値上げなしに、一年で利益を二千万ドルから八千万ドルに引き上げた。

強力な人材の底上げを背景に、マカダムは現在、もっと長期的な計画に目を向けている。ジョージア・パシフィックが、マネジャーのためのしっかりした教育プログラムをスタートさせることになったのだ。これは家具製造会社ミリケンの有名なトレーニング・プログラムをモデルにしている。「社員は自分の力を伸ばしたいし、もっと伸ばせると考えている。そして、もっといい仕事をしたいと思っているのだ。社員に継続的な教育機会を与える——これこそ会社が人材に力を入れている証拠だ」。

そして、マカダムはジョージア・パシフィックが考える、効果的な教育の四つの原則について説明してくれた。第一に、仕事に適した社員を配置する。単にそのためのトレーニングを受けてきた人物というだけで駄目だ。第二に、トレーニングを受けたい社員は、自分から手をあげなければならない。社員自身が希望していることが大切だ。第三に、トレーニングは時宜を得たものでなければならない。第四に、トレーニングの効果を測定する方法がなければならない。

さらにマカダムは、こう語った。「我々は社員にこう言っている。『工場のマネジャーになるためには、四つの技術的スキルと三つのリーダーシップ・スキルが必要で、それぞれについてあなたは今、このような状況にある。自分の立場がきちんと分かったら、あとはあなたしだいだ。私としてはコーチングとフィードバックを受けることを勧めるので、教育プログラムに申し込むことを考えてみた方がいい』。結果は確かに重要だが、昇進させる前に、次のレベルで仕事をするためのスキルを身につける必要がある」

一年で利益が二千万ドルから八千万ドルへと増加し、成果主義が導入され、社員の意欲が高まってやる気を出し、教育プログラムが始まった。一年で相当な効果があがったと言えるだろう。

取締役会は、人材の力に気づいていない

会社に強力なマネジメント人材層を確保する上で重要な役割を担うべきなのに、実際はそれを果たしていないグループがある。取締役会である。彼らはそれを知っていて、あえて無視しているのだろうか。それとも、気づいていないだけなのだろうか。

取締役会は伝統的に、その会社の人材活性化に責任を担っていなかった。近年、アメリカの大手企業50社の年次報告書を調べたところ、人材委員会のある企業は1つとしてなかった。これだけ排除されているということは、機会が奪われているということにほかならない。

取締役会の多くは、新しいＣＥＯの選択に際しては、当然、協力するし、上位５人から20人の幹部の報酬は、報酬委員会が決定する。しかし35社、400人以上の幹部社員に対する調査を行ったところ、取締役会はマネジメント人材層の強化の支援については、大した役割を果たしていないという実態が浮かび上がった。事実、「取締役会が、自分の企業のエグゼクティブ、上位20人から100人の強みと弱みを把握している」という項目に、「賛成」、「どちらかと言えば賛成」と答えた幹部社員は、たったの26%だった。

役員の強みや弱みを理解しないで、どうやって報酬の決定を、合理的に行えるだろうか。「取締役会は各部署の組織的な強みと弱みを、しっかりと吟味しているか」という質問に対して、イエス、またはどちらかいうとイエスと答えたのは、27%だった。会社のマネジメント人材層全体を強化するうえで、取締役会が重要な役割を果たしていると答えたのは、たったの35%である。

たいていはＣＥＯが、上位10人から25人の幹部社員に対する評価を、取締役会で発表する。毎年恒例で、時間はだいたい数時間というところ。当たり障りのない質問が続く中、行き詰まっている社員について、１つか２つ、突っ込んだ質問があるか、あるいは空白になっているポストについて、簡単な提言がなされると、次はカクテルの時間となる。これは誇張がすぎるかもしれないが、当たらずとも遠からずではないだろうか。

取締役会がどれほど大きな力を発揮できるか考えてみよう。企業の取締役会のほとんどは、200年から400年間分の蓄積された経験を持っている。その多くが企業の属している業界のものだ。経験を積んだ取締役の多くは、優秀な人材の要件とはどのようなもので、そのような人材はどこで見つかるか知っているはずだ。しかしその経験が、企業のために役立てられていないことがほとんどなのである。

取締役会は何をするべきか、いくつかここで提案したい。

1．取締役会に人材委員会を設けて、マネジメント人材指向の強い取締役３、４人を配置する。
2．ＣＥＯ、ＣＯＯ、各部署の上位のリーダーが、本書で説明したようなマネジメント人材指向を持っていることを確認する。
3．会社の人材評価プロセスが、厳密で鋭いものであること、行動をともない、目に見える効果があること、会社全体の各部署の人材層強化策を生み出すものであることを確認する。
4．年に一度、２日間の研修を行い、ＣＥＯと人事部の上級副社長が会社のマネジメント人材層強化策について報告する。
5．マネジメント人材層の強化に関するアドバイスを、積極的かつ継続的に、会社のＣＥＯと主要なリーダーに提言する。

最近ＥＭＣのエグゼクティブ・チェアマン、マイク・ラトガーに、パーキン・エルマーの取締役となって学んだのはどのようなことか尋ねる機会があった。彼によれば「グレッグ・サムは毎回のミーティングで、人材評価プロセスと、人材強化策について、最新の情報を提供する。ほとんどの企業は、これをやっていない。したがって取締役会も、体系的、継続的なマネジメント人材層の強みと育成に目を向けられないのだ。私は自分が取締役に名を連ねるすべての企業に、このようなプロセスを導入することを勧めている。これによってビジネス運営に対する考え方が根本的に変わったからだ。ＥＭＣでもこのようなプロセスを取り入れるようになったのは言うまでもないし、私は取締役会の助けを常に歓迎している」

■マコーリー・スクール

本書でこれまで扱った例は、すべてビジネスに関するものだった。しかしマネジメント人材層の強化が、どんな組織にも――政府機関であれ、オーケストラであれ、教会であれ、シナゴーグであれ、テネシーにある男子校であれ――大きな影響を与えるということを証明する例を最後にあげてみたい。

マコーリー・スクールは九十年以上の歴史を持ち、質の高い教育を行う高校という評判を保ってきた。テネシー州チャタヌーガのミショナリーリッジのすぐ南に位置する同校は、六年生から十二年生まで、八百八十人の男子生徒を教育している。教育レベル、必修科目のカリキュラム、愛校心など、どれをとっても常にトップレベルだった。しかし標準テストの得点と、大学への入学に関しては、東部の有名なボーディング・スクール（全寮制の学校）に、半歩遅れを取っているという印象があった。トップクラスの生徒は、学業でもリーダーシップでも秀でていたが、そういった生徒の数が、十分ではなかった。

レベルアップをはかるため、学校側は何人かの卒業生と協力しながら、優秀者奨学金プログラムを設置して、ボーディング・スクールからトップクラスの九年生と十年生を引き抜いた。ノースカロライナ大学の有名なモアヘッドメリット奨学金にならい、マコーリーの奨学生プログラムも、特に厳しい条件が設けられた。奨学金を獲得するには、標準テストの得点が全国の上位十％以内という優秀な成績をおさめなければならない。また人格が優れ、リーダーとしての素質を備えていることが求められる。

マコーリーは卒業生による委員会を組織し、東部と南部の学校を回って、レベルの高い公立校や他の高校に、この話を広めてもらえるよう依頼した。学校の理事会が千二百万ドルの資金を集めて、毎年十七名の奨学生を迎えることにした。一年目は六十人の少年が候補に上がった。そのうち二人に奨学金全額、十人が半額、十三人に四分の一の支給を申し出た。十七人が受諾し、二〇〇〇年に正式に入学をした。

この人材投入の効果はすぐに現れた。新入生は入学するなり、寮や運動場や生徒会でリーダーとなった。九年生の標準テストの得点は四十七%から六十七%へとアップした。学業レベルが上がっただけでなく、彼らの存在が刺激となり、他の生徒たちがこれまでにない成果をあげるようになった。また新しい生徒は手がかからないため、教師はつまずいている生徒に対して、時間をかけて接することができるようになった。「優秀な生徒の熱意、そして彼らがもたらす集中力とリーダーシップは伝染する」と、上級学年主任のケニー・ショールは言う。「その種の興奮が、他の生徒に移っていく。活動に参加したり、成績がよかったりする生徒が、かっこいいと思われるようになった」

サウスカロライナ出身の最上級生、ジェイコブは言う。「マコーリーでチャンスを与えられた以上、将来、意義のあることをしたいと思うようになった。そしてここにいる間に、それを仲間にお返ししなければならないとも感じている。よい手本になるよう努め、他の生徒にも学校の活動に加わるよう勧め、課題をこなす手伝いをする。みんなと友だちになれるよう努力する。その見返りとして、驚くほどの数の友人と、学力を伸ばす機会を手に入れることができた」

校長のカーク・ウォーカーは、当然、鼻高々だ。「一年間で九年生のレベルが、大幅に上がった。これから三年たてば、学校全体の質が向上するだろう。教室ばかりでなく、寮でも運動場でも。優秀な人材を入れたことで、他の生徒も、教師も、事務職員も、カリキュラムも、制度も、いい方向に変わった。人材の上げ潮がすべての船を押し上げている」

■人材の上げ潮

人材の上げ潮がすべての船を押し上げている——これはテネシー州の男子校の状況を言い表した言葉だ。しかしアムジェン、パーキン・エルマー、サントラスト、リミテッド、アロー・エレクトロニクスをはじめ、多くの企業にも当てはまる。また人材への取り組みで、とてつもなく大きな成果を得ようとしているなら、あなたの属する組織にも、そしてもちろんあなたにも、当てはまるかもしれない。

あなたの会社が人材管理を向上させるための策に着手したばかりでも、すでに積極的に取り組んでいても、思い切って行動し、ねばり強く続けることを勧める。人材マネジメントは終わりなき旅であって、目的地ではないことを忘れてはいけない。シマンテックのCEO、ジョン・トンプソンが苦笑いをして言ったように「ときどき人材育成競争は、ボストンマラソンで心臓破りの坂をのぼるようなものではないかと思う。しかし実際には、ランニングマシンで延々と走り続けるようなものだ。競走にはゴールがあるが、このマシンは、乗ったら走り続けなければならない」

この本で学んだ原則と、実際にこれを行った人物の例が、勇気とエネルギーとインスピレーションを与えてくれることを、私たちは願っている。組織の業績に、直接的で相当の影響を与えることは可能である。ただしそのためには、人材マネジメントが効果をあげると信じ、社員の希望や野心を理解し、それを伸ばし、励まし、彼らのために時間と注意を振り向け、社員全員の努力に、率直さと配慮を吹き込めばの話だ。その過程で、あなたに託される人材（あなた自身も含めて）の数は、聖書の寓話のように増えていき、あなたの組織は実際に大きく成長するだろう。

付録A――ウォー・フォー・タレント調査

巻頭「ウォー・フォー・タレント調査について」では、マッキンゼー・アンド・カンパニーのウォー・フォー・タレント調査の目的と協力企業について説明した。この付録の部分では、調査方法の細かい部分について、補足的なポイントを付け加えておく。

■協力企業

一九九七年の調査には、アメリカに拠点を置く七十七の大手企業が参加した（図A-1）。これらの企業に、回答者の立場によって異なるアンケートを、三種類送付した。回答者は、企業幹部、上級マネジャー、人事部の上級エグゼクティブである。回答するアンケートは一種類でも二種類でも、三種

アボット・ラボラトリーズ	テラ・インダストリーズ
アムジェン	デルタ航空
アメリカン・エレクトリック・パワー	トランスアメリカ
アメリテック	ナショナル・サービス・インダストリーズ
アライド・シグナル	ナッコ・インダストリー
アルキャン・アルミニウム	ナビスコ
アルコア	ヌーコア
アロー・エレクトロニクス	ネイションズバンク
インターナショナル・ペーパー	ネイションワイド
インテュイット	バージニア・パワー
インテル	バーリントン・ノーザン・サンタフェ鉄道
ヴィアコム	ハーレー・ダビッドソン
ウィリアム・カンパニーズ	バーン
ウェルズ・ファーゴ	バクスター・インターナショナル
エッカード	パシフィケア・ヘルス・システムズ
エルパソ・エナジー	バンクワン／ファースト
エレクトロニック・データ・システム	ヒューレット・パッカード
エンロン	フィリップ・モリス
カーディナル・ヘルス	ブリストル－マイヤーズ・スクイブ
キーコープ	ベクトン・ディキンソン
ギャップ	ベストフーズ
キャンベルスープ	ベルサウス
クロロックス	ホーム・デポ
サービス・マーチャンダイズ	マッキンゼー・アンド・カンパニー
サントラスト・バンクス	ミード
シアーズ・ローバック	メイ百貨店
シェブロン	メドトロニック
シカゴ・タイトル・アンド・トラスト	メルク
シグナ・ヘルスケア	モンサント
シナジー	ユナイテッド・テクノロジーズ
シャーウィン・ウィリアムズ	リサウンド
ジョンソン・エンド・ジョンソン	リライアスター・ファイナンシャル
ステープルズ	レイノルズ＆レイノルズ
ゼネラル・エレクトリック	ＡＤＰ
セントポール社	ＣＶＳ
チェース・マンハッタン	ＥＭＣ
テキサコ	ＫＰヘルスプラン＆ホスピタルズ
テキストロン	ＵＳウェスト
テックデータ	

図A-1　１９９７年の調査で協力を得た大手企業７７社

類すべてでも構わない。幹部用のアンケートに回答を寄せたのは四十社、上級マネジャー用は五十社、人事部エグゼクティブ用は二社であった。

二〇〇〇年の調査には、アメリカに拠点を置く大手企業三十五社、中規模企業十九社が参加した（図A-2）。三種類のアンケートが、三つの回答者グループ向けに送付された。今回は企業幹部、上級マネジャー、中位マネジャーである。すべての企業が、三つの調査すべてに参加した。

■高業績を上げている企業、平均的業績の企業

一九九七年の調査では、過去十年の株主への利益合計をもとに、高業績を上げている企業と平均的業績の企業の境界を明らかにした。アメリカに拠点を置き、株式公開している企業のリストを、標準産業コード（SIC）の二桁の数字を使って分類し、それぞれのSIC群に属する企業を、十年間の株主への利益合計データ（TRS）にしたがってランク付けした。このTRSが上位五分の一に入る企業を高業績を上げている企業とし、中央の五分の一に入る企業を平均的業績の企業とした。

私たちは、その二つの部分に属する企業のみに協力を要請した。協力を得られた企業のうち、四十四社が高業績を上げている企業、三十三社が平均的業績の企業となった。

二〇〇〇年のウォー・フォー・タレント調査では、同じくSIC群のランキングを用いる方法で、大手企業を高業績を上げている企業と平均的業績の企業に分類した。しかし今回は、十年間のTRSではなく、三年ないし五年のデータを使用した。三十五社の大手企業のうち十一社が高業績を上げている企業、八社が平均的業績の企業であった。

アメリカン・エキスプレス	ヒューズ・エレクトロニクス
アルコア	ファーストＵＳバンク
アロー・エレクトロニクス	ブリストル・マイヤーズ・スクイブ
ウェルズ・ファーゴ	ベルク・ストアズ・サービス
エイブリィ・デニソン	マイクロウェアハウス
エジソン・インターナショナル	メリルリンチ
オーエンズ・コーニング	モルガン・スタンレー・ディーンウィッター
カーギル	ヤング・アンド・ルビカム
キャンベルスープ	リミテッド
コックス・コミュニケーションズ	リンカーン・フィナンシャル
サントラスト・バンクス	ロックウェル・インターナショナル
シナジー	ＡＤＰ
ナショナル・サービス・インダストリーズ	ＣＮＦ社
ナショナル・シティコープ	ＧＡＴＸ社
パーキン・エルマー	Ｊ・Ｐ・モルガン
ハートフォード	ＰＰＧインダストリーズ
バクスター・インターナショナル	ＳＬＭホールディング社
ハンチントン・バンクシェアーズ	

図A-2　２０００年に調査に協力を得た大企業３５社

付録B――掲載企業プロフィール（日本語翻訳版特別付録）

□アムジェン（Amgen）

細胞生物学と分子生物学に基づく医薬品や医療用機器等の開発・製造・販売企業。米国カルフォルニア州に本社を持ち、世界二〇カ国で事業を展開する。売上は約三七億ドル、純利益約十一億ドル、従業員数は約六四〇〇人。一九九四年には米国大統領からNational Medal of Technologyを受賞。日本では一九九三年に業務を開始し、従業員六六人を抱える。山之内製薬と共同開発し、山之内製薬が販売を行っている。

□アライド・シグナル（Allied Signal Inc.：合併により現社名はHoneywell International）

世界最大級の航空宇宙機器、自動車部品、エンジニアリング素材等の製造会社。本社は、米国ニュージャージー州。一九九九年にハネウェル社と合併したが、合併前の業績は売上約一五一億ドル、純利益約十三億ドル、従業員数は約七万九〇〇〇人。一九二八年に設立した世界最大のアンモニア合成工場を皮切りに、相次ぐ合併で成長。

日本では、アライドシグナル・ジャパンが日本連絡事務所となっている。

□アロー・エレクトロニクス（Arrow Electronics, Inc.）

米国ニューヨーク州メルビルに本社を持つ、電子部品やコンピュータ関連製品の世界最大の卸売業者。世界各国約十七万五〇〇〇の取引先に販売し、売上は約一三〇億ドル、純利益は約四億ドル、従業員数は一万二二〇〇人。積極的な買収により事業を拡大し、北米、南米を中心に世界約四〇カ国で事業を展開。

□エレクトリック・アーツ（Electronic Arts Inc. ：EA）

独立系では最大級のゲームソフトの製造・販売会社。本社は、米国カルフォルニア州レッドウッド。欧米、アジアの約五万八〇〇〇の小売店に販売。一九八二年の設立後、ゲームソフト開発会社の買収を繰り返す。ソフト全体の約四割がソニーのプレイステーション用。売上は約一三億ドル、純利益約一〇〇〇万ドル、従業員数は約三五〇〇人。

日本には、ＥＡＤ（Electronic Arts Distribution）Japan、およびＥＡが七〇％、スクエアが三〇％出資し設立された、エレクトリック・アーツ・スクウェアがある。

□エンロン（Enron Corp.）

電力・天然ガスの開発から卸売りまでを手がける事業モデルを構築し、売上約一〇〇〇億ドル、純利益約九億ドル、従業員数約二万人を誇る総合エネルギー会社だったが、二〇〇一年一二月に会社更生手続きを申請。電力市場の規制緩和により一九九〇年代中盤から、発電事業のパワーマーケティングを北米、豪州、アルゼンチンなどで展開。「エンロン・オンライン」という独自のネット取引市場を開設して売上を拡大させていた。

日本では、発電事業を手掛けるイーパワーを一九九九年に設立後、エンロン・ジャパンを二〇〇〇年に設立し、計四社の日本法人が設立されたが、二〇〇一年に同じく破産。

□サントラスト・バンクス（SunTrust Banks, Inc.）

米国第九位の銀行持ち株会社。本社をアトランタに構え、米国南東部を中心に約一一〇〇の支店を持つ。リテールや法人貸出、住宅ローン、リース、投信、保険などを手掛け、売上高は約八六億円、純利益約一三億円、従業員数は約三万人。The Trust Company of Georgia と Sun Bankが一九八五年に合併。一九九八年、エクイタブル・セキュリティーズ（Equitable Securities）を買収し投資銀行業務に進出。一九九九年クレジットカード事業より撤退。

□シスコ・システムズ（Cisco Systems）

インターネット関連機器やソリューションの販売会社。本社は、米国カリフォルニア州。売上は約二二三億ドル、純損益が約一〇億ドル、従業員数は約三万七五〇〇人。一九八四年にスタンフォード大学のコンピュータ研究者五名により設立され、革新的な技術を持つベンチャー企業を買収し、技術を製品化させることで発展していたが、二〇〇一年に経済不況等を理由に一五％の人員削減を発表。

日本法人は、一九九二年に設立。

□シノヴァス・ファイナンシャル（Synovus Financial Corp.）

米国コロンバスに本社を持つ、銀行持ち株会社。リテールや法人貸出、住宅ローン、リース、信託の他に、カードデータプロセッシング業を手掛け、売上は約一九億ドル、純利益は約二億六〇〇〇万ドル、従業員数は約九二〇〇人。一九八三年にデータ処理部門が独立し、トータル・システム・サービス（Total System Service）社として上場。全米、カナダ、中南米のカード保有者約二億六〇〇〇万人を対象とする世界最大のカードデータ処理会社に発展。一九九〇年よりM＆Aにより事業を拡大。

□シマンテック（Symantec）

米国カリフォルニア州に本社を持つ、インターネット・セキュリティ製品やソリューションの提供会社。ウィルス対策やリスクマネジメント、コンピュータやモバイル機器による業務管理および支援ソリューションを提供。フォーチュンｅ五〇社のうち四五社が同社のソリューションを活用。売上は約八億五〇〇〇万ドル、純利益は約六〇〇〇万ドル、従業員数は約三七〇〇以上。

日本には一九九四年に参入し、二〇〇一年よりソニーや富士通など六社のＰＣベンダーにノートン・シリーズをＯＥＭ供給。

□ジョージア・パシフィック（Georgia-Pacific Corporation）

米国ジョージア州に本社を持つ、世界第二位の建材・紙パルプ会社。売上の約三割を占める建材部門の木材パネルや事務用紙の生産では全米第二位。一九二七年に前身会社を設立し、一九五七年に現社名に変更。買収により成長し、売上は約二二二億ドル、純利益約五億ドル、従業員数は約七万五〇〇〇人。アメリカやカナダ、ヨーロッパの十三カ国に六〇〇以上の事業所を抱える。

□ジョンソン・エンド・ジョンソン（Johnson & Johnson）

医薬品や医家向け製品、消費者向け製品などを幅広く製造・販売する企業。一八八七年設立、本社は米国ニュージャージー州。売上は約二九一億ドル、純利益は約四八億ドル、従業員数は約九万八五〇〇人。二〇〇〇年現在で世界五一カ国に約一九〇社のファミリー企業を持ち、国外比率は売上高の四二％を占める。

日本法人は一九七八年に設立。一九九九年にジョンソン・エンド・メディカルと合併。従業員数は約一二〇〇人。

□ゼネラル・エレクトリック（General Electric Co.：GE）

金融サービスや航空機エンジン等の製造、産業や発電、医療等の各種システム開発などを幅広く手掛ける多角的な企業。本社は米国コネチカット州。時価総額は全上場会社の中で第一位。売上約一三〇〇億ドル、純利益約一二七億ドル、従業員数三四万人を誇る。製品・サービス・メディア事業部とＧＥキャピタル・サービス（ＧＥＣＳ）事業部の二部門で事業を行っている。

日本では約四〇の事業体を持ち、従業員数は約三三〇人。

□ダブル・クリック（Double Click）

米国ニューヨークに本社を持ち、インターネット広告や広告配信管理ソリューション、データ関連事業を手掛ける。約二〇〇〇の顧客を持ち、二〇〇〇年一二月期は約六三〇億件の広告をインターネットユーザーに配信。売上は約五億ドル、純損益が約一億五〇〇〇万ドル、従業員数は約一九〇〇人。一九九九年に米国大手データベース会社アバカス・ダイレクト、二〇〇〇年にネットグラビティ・アジアパシフィックと合併。

日本には一九九七年に参入し、従業員数は八八人。

□ナショナル・オーストラリア銀行（National Australia Bank Ltd.）

オーストラリアのメルボルンに本社を持つ、銀行を主体とした総合金融機関。豪州最大の銀行で、売上は約一三一億USドル、純利益一八億USドル、従業員数は約四万七〇〇〇人。一八五八年設立。相次ぐM&Aの末、二〇〇〇年にリテール事業に集中する方針を明確化。S&Pによる長期信用格付けはAA。国外比率は資産のうち四五%、利益では四七%。

日本には一九六九年に駐在員事務所を開設し、個人向けにオーストラリアドル預金などを提供。

□パーキン・エルマー（PerkinElmer, Inc.（旧EG&G））

政府や産業向けの分析機器や光電子工学製品、システム等の開発・販売会社。本社は米国ボストン。

積極的なM&A戦略により政府への依存度を下げている。売上は約一七億ドル、純利益は約九千万ドル、従業員数は約一万二五〇〇人。欧州やアジアなどにも展開し、売上に占める国外比率は五三%。日本では一九七八年に子会社を設立後、一九九九年に合併等を経て再度新規設立。日本は本社極東地区販売地点の位置付けで、従業員数は六三人。

□ヒューレット・パッカード（Hewlett Packard）

コンピュータと周辺機器等の開発・製造・販売およびITサービス会社。本社は、シリコンバレー発祥の地、米国カルフォルニア州パロアルト。一九三九年に設立され、北米、ヨーロッパ、アジアなど一二〇カ国以上に五四〇以上のオフィスを持つ。売上は約四八八億ドル、純利益は約三七億ドル、従業員数は約八万八千人。二〇〇一年にコンパックとの合併を発表したが正式には決定されていない（二〇〇二年四月現在）。

日本では一九九九年に横河電機との合併を解消し、コンピュータ部門を日本HPとして設立。

□ペプシコ（PepsiCo, Inc.）

ソフトドリンクやスナック菓子、シリアルの製造・販売会社。本社は、米国ニューヨーク州パーチエス。一八九八年にペプシコーラの販売を始めて以来、セブン・アップ、トロピカーナ、クエーカーオートミール、ゲータレードなどグローバルに展開する飲食品ブランドを買収。売上は約二〇四億ドル、純利益約二二億ドル、従業員数は約一二万四千人。日本では一九六六年にペプシが上陸し、一九九七年にはサントリーにペプシコーラの販売権を売却。

□ホーム・デポ（The Home Depot, Inc.）

米国ジョージア州に本社を持ち、ＤＩＹ（Do-It-Yourself：日曜大工）用品では世界最大の小売チェーン。売上は約三八四億ドル、純利益約二三億ドル、従業員数は約二二万四〇〇人。現在一三〇〇以上の店舗を北米、カナダ、メキシコを中心に展開。一九九八年にチリとアルゼンチンに店舗を展開したが二〇〇一年に売却。取り扱い商品は四万点以上におよび、店舗の平均面積は一三万二千平方フィート。今後五、六年で新たに二〇〇店をオープンする予定。

□リミティド（The Limited, Inc.）

米国最大級のアパレル専門店。本社は米国コロンバス。約五三〇〇の店舗を持ち、売上は約一〇一億ドル、純利益九億ドル、従業員数は約一二万三七〇〇人。一九八〇年に一〇代向けブランドとしてExpressを立ち上げた後、女性アパレル関連ブランドを数社買収。一九八九年には男性用カジュアル・スポーツウェア・ブランドStructureを立ち上げる。過去五年間に不採算店一〇〇〇以上を閉鎖し、中核事業に経営資源を集中化させ事業再編をすすめている。

日本では女性下着ブランド、ビクトリア・シークレット（Victoria's Secret）のカタログ販売を展開。

□レベル3・コミュニケーションズ（Level3 Communications）

米国コロラドに本社を持つ、ＩＰベースの光ファイバーネットワークを利用したキャリアズ・キャリア（通信事業者向け回線提供業者）。自前の大容量回線を通信需要の多い地域のみに提供し、低廉なサービスを提供。売上は約十一億ドル、純損失が約一四億ドル、従業員数は約四五〇〇人。

日本では二〇〇〇年からサービスを開始したが、二〇〇一年に二五%の人員削減と香港リーチ社へのアジア事業売却合意を発表。

□**米国海兵隊**（United States Marine Corps.）

米国ヴァージニア州アーリントンに本拠地を持つ海兵隊。全世界的有事即応部隊として世界各基地に駐在・待機し、大統領、ホワイトハウス、米国大使館の警備等を務める。組織の特徴としては、阿《あ》吽《うん》の呼吸で動くための「原型」の共有化や知的リーダーシップなどがある。予算は約二九億ドルで、約一七万三〇〇〇人が所属している。

日本にいる約四万人の米軍のうち、一万五〇〇〇人以上が海兵隊。

■著者紹介

エド・マイケルズ（Ed Michaels）
マッキンゼー・アンド・カンパニー、アトランタ支社の前支社長。これまでの一〇年間、コンサルタント業務に専念し、クライアントの企業拡大戦略、マネジメント人材強化に取り組んできた。一九九四年にマッキンゼーの人材育成競争実践法を確立し、一九九七年には、最初のウォー・フォー・タレント調査を共同で指揮した。三〇社以上の企業の人材関連の問題に助力し、秀でた人材マネジメントがどれほど企業戦略上の強みになるか、何十回ものフォーラムを開催した。一九九八年八月、ファスト・カンパニー誌のインタビューで、人材育成競争の考え方が広く世間に知られることになった。マイケルズはマッキンゼーに三二年間勤続し、二〇〇一年六月に退職した。

ヘレン・ハンドフィールド＝ジョーンズ（Helen Handfield-Jones）
マッキンゼー・アンド・カンパニー組織運営関連研究グループのシニア・エクスパート。主に人材マネジメントに取り組む。一九九七年の最初のウォー・フォー・タレント調査を共同で指揮。一九九四年以来、マッキンゼーの人材育成競争実践のリーダーの一人である。トロントを本拠地として、三〇社以上の企業リーダーとワークショップを行い、世界中の数多くのクライアントのチームに、人材と業績マネジメントに関する助言を与えている。人材育成競争について、ウォートン・リーダーシップ会議やコーネル大学の国際人事エグゼクティブ開発プログラムなどを含む、多くのフォーラムで講演している。

ベス・アクセルロッド（Beth Axelrod）
マッキンゼー・アンド・カンパニー、コネチカット州スタンフォード支社パートナー。一二年にわたり、さまざまな業種のクライアントのビジネス戦略や組織の問題に取り組んできた。ここ三年ほどで、三〇社以上の人材戦略に助言を与えている。現在は人材育成競争に関する業務のリーダーであり、マッキンゼーのグローバルレベルでの組織やリーダーシップ研究グループのリーダーの一人である。二〇〇〇年のウォー・フォー・タレント調査を指揮した。コンファレンスボードや人事計画協会をはじめ、数多くの企業や会議で講演を行っている。

この三人は共同で、広く人材マネジメントに関する意見を発表している。彼らの調査と、人材についての考え方についての記事は、ファスト・カンパニー、ハーバード・ビジネス・レビュー、リーダー・トゥー・リーダー、マッキンゼー・クォータリー、グローブ・アンド・メールなどに掲載された。また、ウォー・フォー・タレント調査の結果は、ダボスの世界経済フォーラムで発表された。彼らは二〇〇〇年、人材育成競争のチームとともに、人事マネジメントの分野で大きな貢献をした個人に与えられるPRO賞を、国際専門職及び企業リクルーター協会より受賞した。

■監訳者紹介

マッキンゼー・アンド・カンパニー　McKinsey & Company, Inc.

一九二六年設立。世界四四カ国に八三の支社を持ち、七〇〇〇名のコンサルタントがグローバルに活動を展開する経営コンサルティング・ファーム。世界の主要企業をクライアントとして年間一六〇〇以上のコンサルティング・プロジェクトを手がけている。そのコンサルティングの領域は、全社戦略の立案、組織設計から、オペレーション、財務、IT、R&D、営業、マーケティング、生産等、各分野の戦略立案と実行まで、多岐にわたる。またコンサルティング・サービスとともに、各産業や事業機能の研究、およびその成果の出版等の活動にも旺盛に取組み、独自の経営科学を世に問い続けている。

日本では、一九七一年に支社を開設。経営コンサルティングのパイオニアとして活動を開始し、現在、約一六〇人のコンサルタントがハイテク、金融、ヘルスケア、通信をはじめとする各業界の国内外の主要企業を対象にコンサルティング・サービスを提供している。

山梨　広一（全体統括）Hirokazu Yamanashi
マッキンゼー・アンド・カンパニー東京支社プリンシパル。東京大学卒業。スタンフォード大学ビジネススクール（経営学大学院）修士課程修了（MBA）。富士写真フィルムを経てマッキンゼー入社。東京支社の消費財・小売グループのリーダー。全社戦略、組織変革、人材マネジメントなどのコンサルティングを実施。

窪川　泰（日本版序文、第二章）Yasushi Kubokawa
マッキンゼー・アンド・カンパニー東京支社コンサルタント。東京大学卒業。コーネル大学ジョンソンスクール（経営学大学院）修士課程修了（MBA）。旧日本輸出入銀行を経てマッキンゼー入社。金融機関、小売業、システム会社向け戦略立案、組織変革などのコンサルティングに従事。

坂本　和子（第五章）Kazuko Sakamoto
マッキンゼー・アンド・カンパニー東京支社コンサルタント。慶應義塾大学卒業。マッキンゼーでは、主に小売業、システム関連会社などの分野で、人事・組織改革、成長戦略、事業戦略などのコンサルティングに従事。

鷹野　薫（第六章）Kaoru Takano
マッキンゼー・アンド・カンパニー東京支社コンサルタント。国際基督教大学卒業、一橋大学修士課程修了（労働経済学）。マッキンゼーでは、金融機関、製造業、ヘルスケアなどの分野において、人事改革、事業戦略立案、M&Aなどのコンサルティングに従事。

竹之下　泰志（第一章）Takashi Takenoshita
マッキンゼー・アンド・カンパニー東京支社アソシエート・プリンシパル。ブラウン大学卒業。マッキンゼーでは主にヘルスケア分野で全社戦略、営業推進、組織改善、新製品上市、M&Aなどのコンサルティングに従事。

東原　俊哉（全体監修、序章、第七章）Toshiya Tsukahara

マッキンゼー・アンド・カンパニー東京支社コンサルタント。早稲田大学卒業。ペンシルバニア大学ウォートンスクール（経営学大学院）修士課程修了（ＭＢＡ）。旧富士銀行を経てマッキンゼー入社。小売、ヘルスケア、ＩＴ分野での戦略立案、営業力強化などのコンサルティングに従事。

中島　正樹（第三章）Masaki Nakajima

マッキンゼー・アンド・カンパニー東京支社コンサルタント。一橋大学卒業。カリフォルニア大学ロスアンジェルス校アンダーソンスクール（経営学大学院）修士課程修了（ＭＢＡ）。日本開発銀行を経てマッキンゼー入社。通信、ハイテク、製造業などの分野で、戦略立案、組織変革、企業再生などのコンサルティングに従事。

中村　和代（第四章）Kazuyo Nakamura

マッキンゼー・アンド・カンパニー東京支社コンサルタント。慶応義塾大学卒業。公認会計士。旧アーサー・アンダーセンおよび旧ケミカル・バンクを経てマッキンゼー入社。ハイテク、通信、ＩＴなどの分野で、人材開発、新規事業構築、戦略立案などのコンサルティングに従事。

■訳者紹介

渡会圭子（わたらいけいこ）

東京出身。上智大学文学部卒業。主な訳書に『シリコン・バレーに行きたいか！』（翔泳社・共訳）、『やがて中国の崩壊が始まる』（草思社・共訳）、『「お金の達人」７つの教え』（徳間書店）『「顧客力」が世界を制す――この一〇〇社が業界をリードしているわけ』（早川書房）など。

ホ

マ

ミ

ム

メ

モ

ノ

ハ

ヒ

フ

ヘ

ス

セ

ソ

ウ

エ

オ

カ

キ

■索引

本書内容に関するお問い合わせについて

このたびは翔泳社の書籍をお買い上げいただき、誠にありがとうございます。弊社では、読者の皆様からのお問い合わせに適切に対応させていただくため、以下のガイドラインへのご協力をお願い致しております。下記項目をお読みいただき、手順に従ってお問い合わせください。

●ご質問される前に

弊社Webサイトの「正誤表」をご参照ください。これまでに判明した正誤や追加情報を掲載しています。

正誤表　http://www.shoeisha.co.jp/book/errata/

●ご質問方法

弊社Webサイトの「刊行物Q&A」をご利用ください。

刊行物Q&A　http://www.shoeisha.co.jp/book/qa/

インターネットをご利用でない場合は、FAXまたは郵便にて、下記“翔泳社 愛読者サービスセンター”までお問い合わせください。
電話でのご質問は、お受けしておりません。

●回答について

回答は、ご質問いただいた手段によってご返事申し上げます。ご質問の内容によっては、回答に数日ないしはそれ以上の期間を要する場合があります。

●ご質問に際してのご注意

本書の対象を越えるもの、記述個所を特定されないもの、また読者固有の環境に起因するご質問等にはお答えできませんので、予めご了承ください。

●郵便物送付先およびFAX番号

送付先住所	〒160-0006　東京都新宿区舟町5
FAX番号	03-5362-3818
宛先	(株) 翔泳社 愛読者サービスセンター

ウォー・フォー・タレント

2002年5月17日　初版第1刷発行
2024年9月20日　初版第6刷発行

著　者：　エド・マイケルズ、ヘレン・ハンドフィールド-ジョーンズ、ベス・アクセルロッド
監訳者：　マッキンゼー・アンド・カンパニー
訳　者：　渡会圭子
発行人：　佐々木 幹夫
発行所：　株式会社 翔泳社（https://www.shoeisha.co.jp）
印刷・製本：日経印刷株式会社

　Printed in Japan　ISBN978-4-7981-0149-1

落丁、乱丁はお取り替えいたします。03-5362-3705までご連絡ください。
本書へのお問い合わせについては、278ページに記載の内容をお読みください。